親子關係治療
父母的十單元親子遊戲治療訓練模式

Child Parent Relationship Therapy (CPRT) Treatment Manual:
A 10-Session Filial Therapy Model for Training Parents

Sue C. Bratton、Garry L. Landreth、Theresa Kellam、Sandra R. Blackard　著

自然就好心理諮商所　策畫

陳信昭、陳碧玲　校閱

陳信昭、曾正奇、蔡翊楦、蔡若玫、陳碧玲　合譯

CHILD PARENT RELATIONSHIP THERAPY (CPRT) TREATMENT MANUAL

A 10-Session Filial Therapy Model for Training Parents

Sue C. Bratton • Garry L. Landreth

Theresa Kellam • Sandra R. Blackard

目錄

作者簡介

Sue C. Bratton 是北德州大學諮商、發展與高等教育學系副教授以及遊戲治療中心主任。她曾任美國遊戲治療學會理事長。

Garry L. Landreth 是北德州大學諮商、發展與高等教育學系董事級教授。他是遊戲治療中心的創辦人，以及美國遊戲治療學會的榮譽主席。他著有 *Play therapy: The art of the relationship*（中譯本《遊戲治療：建立關係的藝術》，心理出版社 2014 年出版）以及其他眾多有關遊戲治療的書籍。

Theresa Kellam 在德州阿靈頓從事有關個別、婚姻及家庭諮商方面的私人執業，以及擔任郡立塔倫學院的助理教授。她也在德州達拉斯兒童與家庭指導中心擔任親子遊戲治療方案主任及主要研究者。

Sandra R. Blackard 是溝通及訓練方面的獨立諮詢師。她之前曾設計並出版一系列親子溝通課程的訓練手冊，課程名稱是「傾聽的語言」（Language of Listening）。

校閱者簡介

陳信昭

學歷：臺北醫學大學醫學系畢業

現職：殷建智精神科診所主治醫師

臺南市立醫院精神科兼任主治醫師

臺灣兒童青少年精神醫學會監事

國際哲卡・馬任諾心理劇機構導演及訓練師

臺灣心理劇學會認證導演及訓練師

臺南一區中等學校心理衛生諮詢服務中心顧問醫師

社團法人臺灣心陽光協會理事長

自然就好心理諮商所創辦人

《台灣心理劇學刊》共同主編

專長：兒童青少年精神疾患之診斷與治療

心理劇實務、訓練及督導

心理諮商督導

沙盤／遊戲治療應用

陳碧玲

學歷：國立彰化師範大學輔導與諮商研究所碩士

現職：自然就好心理諮商所總監

臺南市諮商心理師公會監事

國立臺南大學諮商與輔導學系兼任講師

國際沙遊治療學會認證治療師

專長：沙遊治療

遊戲治療

兒童心理諮商

中年婦女心理諮商

譯者簡介

陳信昭

請見校閱者簡介

曾正奇

學歷：國立高雄師範大學諮商心理與復健諮商研究所博士

現職：自然就好心理諮商所所長

臺南市諮商心理師公會理事

臺灣心理劇學會理事

專長：兒童與青少年個別心理諮商及團體諮商

心理劇

敘事治療

蔡翊楦

學歷：國立暨南國際大學諮商心理與人力資源發展學系碩士

現職：自然就好心理諮商所諮商心理師

專長：兒童青少年個別心理諮商及團體諮商

星座諮商

焦點解決心理諮商

蔡若玫

學歷：香港理工大學管理學院品質管理研究所碩士

長榮大學翻譯研究所碩士

現職：自由譯者

陳碧玲

請見校閱者簡介

校閱者序

　　我們最早運用玩具與遊戲接觸個案是二十多年前在臺南師範學院（現臺南大學）兒童諮商中心從事兒童諮商工作的時候，當時中心有一間大遊戲室擺放著各式各樣的玩具。個案們都很喜歡接觸玩具，有的還相當著迷，甚至時間到了還捨不得離開，而也因為有了玩具，我們跟個案之間的關係似乎更容易建立。

　　1999 年底，信昭剛好有一筆經費可以用來更新他所任職的成大醫院兒童青少年精神科的兩間遊戲治療室，於是我們開始汰換那些被踩躪多年的玩具，並且將兩個房間分別規劃成遊戲治療室和沙盤治療室。碧玲負責玩具和迷你物件的採購工作，時常看她拿著大包小包回家，細數著一天的戰果，臉上流露出天真的滿足。等到兩間治療室裝備得差不多的時候，裡面景觀煥然一新，兒童心理治療的環境與硬體獲得大大的改善。當精神科住院醫師輪到兒童青少年精神科訓練的時候，即使對遊戲或沙盤治療並不熟悉，他們也願意開始投入與兒童個案的遊玩之中，並且驚訝於「遊戲」也能帶來如此好的效果。諮商與輔導研究所的研究生到兒童青少年精神科來實習時，這兩間遊戲室也正是最頻繁運用的空間。

　　2004 年成大醫院兒童青少年精神科門診遷移到醫院正對面一棟整建後的四層樓房中的二樓，其中規劃出診間、測驗室、團體治療室、家庭治療室、遊戲治療室以及沙盤治療室，整體的兒童治療空間及設施大為完善，提供住院醫師、諮商與輔導研究所碩博士班研究生、行為醫學研究所碩博士班研究生更為完整且多樣化的學習場域。

　　信昭於 2006 年離開任職將近 16 年的成大醫院，選擇到精神科診所服務，並且設立心理工作室從事心理諮商或治療實務、督導工作，以及心理劇團體。在從事心理治療實務及督導工作中，遊戲、沙盤及角色扮演都是經常運用到的方式。

　　碧玲在臺南大學任教 25 年，最常教授的課程就是遊戲治療、沙遊治療，以及兒童青少年諮商輔導等方面的課程。最近幾年來，碧玲全心投入沙遊工作中，不但走過了自己的沙遊治療體驗，也參加了讀書會、個別督導、團體督導，還曾一年內兩度前往美國加州參加各為期兩周的榮格取向沙遊治療工作坊，以及會後的個別督導。第二次去加州參加工作坊時，離我們家大兒子參加基測的時間只有一個多月，由此

可知碧玲在學習沙遊治療方面的強烈決心。還好我們家老大如願考上他的第一志願臺南二中美術班，如今已是臺灣藝術大學美術系畢業。莫拉克颱風那年剛好是碧玲留職停薪一年的期間，她之前任教的臺南大學輔諮系認輔了那瑪夏三民國中（災後借用普門中學校舍上課），在那半年期間，碧玲每周有兩個半天到三民國中從事受災學生的沙遊治療，她更特別去找到適合帶上車的迷你物件收集推車，時常看著她將沙盤、物件搬上搬下載運到學校，做完之後再載回家，看起來真是忙碌，但碧玲似乎樂在其中。在與受災學生的沙遊治療過程中，碧玲本身在專業上獲益良多，同時家裡也多了許多關於象徵及神話的書籍，藉此加深了對於沙盤世界的理解。

2011 年 8 月，碧玲和她的沙遊學習夥伴及老師一起在瑞士舉行的世界沙遊治療學會 2011 年年會中，口頭報告了她們對受災兒童青少年的沙遊治療成果。為了這趟報告，信昭特地將家庭的年度旅遊安排到瑞士，於是全家四人提前兩周出發，以自助搭火車的方式遊覽了聖模里茲、策馬特、蒙投、茵特拉根、琉森、伯恩、蘇黎世等地，看見了號稱全世界最美麗國度令人讚嘆的美景，也是我們全家人對碧玲超級用心學習沙遊治療以及努力從事沙遊實務工作的鼓勵及見證。如今，很慶幸碧玲在沙遊治療方面有了長足的進展，並且實際幫助了諸多的臨床個案。

2010 年 5 月，信昭在臺南創辦了自然就好心理諮商所，裡面設有個別治療室、婚姻與家庭治療室、心理劇團體室、遊戲治療室以及沙盤治療室。自然就好心理諮商所的個案以兒童及青少年為主，因此遊戲治療室便是最常用到的一間治療室，個案較多的某些時段還會發生「搶」治療室的情況。於是，我們將沙盤治療室布置成遊戲與沙盤治療雙功能的房間，以便滿足實際需要。經營一間心理諮商所沒有想像中簡單，還好參與其中的夥伴都彼此支持，再加上不是以賺錢為最大考量，近九年來諮商所已經慢慢步上軌道，感謝所有曾經在諮商所付出的夥伴們。碧玲於 2014 年 2 月從大學教職退休之後加入自然就好心理諮商所一起努力，在遊戲治療及沙遊治療方面提供了更多元的服務。

隨著我們這些年來對遊戲治療以及沙遊或沙盤治療的熱衷及興趣，我們也翻譯了相關的書籍，前後參與出版了《策略取向遊戲治療》、《沙遊治療》、《遊戲治療新趨勢》、《孩子的第一本遊戲治療書》、《兒童遊戲治療案例研究》、《經驗取向遊戲治療》、《沙盤治療實務手冊》、《沙遊分析：沙遊類別檢核表之應用》、《遊戲治療：建立關係的藝術》、《親子遊戲治療：透過遊戲增進親子關係》、《團

體遊戲治療：動力取向》等書。上述每一本書在遊戲治療領域裡面各有不同層面的功用，期待能夠為這方面的專業人員提供多元的參考資料。到後來卻發現，收穫最大的其實是我們自己，因為在翻譯的過程中讓我們體會到遊戲治療和沙遊治療的多元面貌，進而找到我們本身各自最適合的方法及取向。

多年之前在網路書店就已發現本書原文版，買來看過之後就很想將之翻譯成中文供有興趣的專業人員參考，但是國外版權一直無法確認，就這樣拖過了好幾年，甚至在前年我也已經翻譯了另外一本親子遊戲治療的書籍《親子遊戲治療：透過遊戲增進親子關係》（心理出版社出版）。前年出版社跟我確認翻譯版權已經沒問題，便快馬加鞭盡速翻譯此書，因為這本是相當實用的親子遊戲治療手冊，裡面不但詳述了理念、方法及步驟，同時更提供了很詳實的各種表格和檢核表，甚至還有治療師手冊和父母手冊，專業人員可以清楚地知道整個流程及細分步驟，也省下了專業人員許多的準備時間，是從事親子遊戲治療人員不可多得的一本絕佳工具書。在翻譯本書的過程中，感謝正奇、翊楨及若玫的協助，他們都是我們共事過的夥伴，深知他們在這方面的熱情及能力，很高興有機會一起完成這本這麼重要且經典的書籍。非常感謝心理出版社林敬堯總編輯及高碧嶸編輯的協助，方使本書得以順利出版。

本書雖經多次校閱，疏漏尚且難免，還望各位先進不吝指正。

陳信昭、陳碧玲

2019 年 1 月於臺南自然就好心理諮商所

親子關係治療手冊用法說明

《親子關係治療手冊：父母的十單元親子遊戲治療訓練模式》是《親子關係治療：十單元親子遊戲治療模式》〔*Child Parent Relationship Therapy（CPRT）: A 10-Session Filial Therapy Model*〕（Landreth & Bratton, 2006）這本教科書的成對書籍，同樣是由 Routledge 出版社所出版。本手冊裡的訓練材料，是假設讀者已熟悉《親子關係治療》（Child Parent Relationship Therapy，簡稱 CPRT）教科書裡面的內容來做呈現，並可以適用於不同經驗程度的治療師。

親子關係治療手冊有三個主要部分：治療師手冊、課程指引及父母手冊，還包括一份完整的訓練資源以及數個附錄。**治療師手冊**是依治療單元做編排，裡面有治療師進行十單元親子關係治療模式所需要的所有材料，包括單元 1 至 10 的「治療大綱」以及所有相配合的父母講義、家庭作業及父母工作單，並為治療師附上範本答案。然而範本答案只是範本，還是有其他的回應可以吻合兒童中心遊戲治療（Child-Centered Play Therapy, CCPT）的哲學觀。若想了解額外的親子關係治療技巧及回應，請參閱《親子關係治療》教科書第五章〈親子關係治療的技巧、概念及態度〉（CPRT Skills, Concepts, and Attitudes）（Landreth & Bratton, 2006）。治療師手冊包括了父母手冊裡所有講義的副本，在準備每一個父母訓練單元時，可以事先列印「材料檢核表」（參見附錄 A），並且研讀該單元的課程指引。

我們建議治療師在治療開始之前先複印一整份治療師手冊。治療師手冊裡的「治療大綱」可以依照個別的訓練風格以及治療師的經驗多寡加以調整，舉例來說，有經驗的親子關係治療／親子遊戲治療師可能偏好不那麼詳細的大綱，而親子關係治療新手治療師可能偏好添加更多詳細的概念和技巧說明。「治療大綱」也可以修改以符合共同帶領者之使用。

這些材料是為了讓你可以有彈性地將訓練改編成適合各種父母及兒童的發展需求。正如《親子關係治療》教科書（Landreth & Bratton, 2006）所提到，本手冊的十單元課程可以改編成較少單元次數的課程，或是延伸成更多單元次數的課程，取決於父母的需求以及團體的大小。雖然本手冊的設計是為了父母團體，但裡面的材料也很容易改編適用於個別父母或伴侶。正如其他任何治療或介入，治療師在使用材

料及程序時也需運用自己的臨床判斷。

　　課程指引的內容請治療師必須在每個親子關係治療訓練單元之前詳細閱讀，而非在訓練單元進行當中閱讀。課程指引是治療師手冊的延伸版本，目的是提供新手親子關係治療／親子遊戲治療師一份更深入的內容說明。課程指引的一開始是綜論，也就是進行親子關係治療時有用的提醒。在每一單元「課程指引」裡面都含有一些以灰底呈現的本文方框（text boxes），為每一個訓練概念或活動提供額外的資訊和例子，以便協助你準備每一個單元。本文方框裡的材料並不是都要被完整呈現或熟記。在一些例子中，作者藉分享個人的教養經驗來說明某些重點，但重要的是你必須使用自己的故事和象徵，才能使闡述重點的過程更為自在和一致。假如你還沒當過父母、與孩子相處的經驗也不多，就不要假裝你很有經驗。你可以借助你當遊戲治療師、老師或其他角色的專業經驗，或是分享你朋友或親戚教養孩子的經驗。對有經驗的親子關係治療／親子遊戲治療師而言，課程指引可以當作是簡單的複習。

　　我們建議在為每一個單元做準備而閱讀課程指引時，治療師要將治療師手冊帶在身邊，同時直接在該單元的「治療大綱」上面做補充說明。千萬不要在治療單元進行中使用課程指引，訓練不應照稿子唸。親子關係治療課程是設計給有經驗的遊戲治療師使用，治療師之前應該在兒童中心遊戲治療及團體治療方面都經過訓練且有經驗，同時對兒童中心遊戲治療的技巧、概念及程序都有確實的了解。為了能夠催化一種靈活、自發及有互動性的團體訓練過程，這樣的訓練及經驗有其必要性。在治療單元進行中使用課程指引將會干擾整個過程，並且妨礙父母與治療師之間關係連結的發展。治療師必須對課程指引的材料充分熟悉，才能在治療過程中以自己獨特的方式讓父母投入訓練。如同前面所提，治療師在運用這些材料時應該加上自己的臨床判斷，才能符合某些特定父母團體的個別需求。注意：在準備每一個訓練單元時，你也必須參考「材料檢核表」（參見附錄 A）。

　　父母手冊裡面包括父母要完成親子關係治療訓練所需要的所有材料，可以事先印製好整個父母手冊，並且在訓練的第一天就發給父母。手冊中的每個單元前可以貼上標籤，這樣就可方便找到每一次的單元內容，以增加父母手冊的可用性。不過，有些治療師還是偏好在每個單元開始時才發放該單元的講義。其他編排訓練材料的有用方式還包括以不同顏色的紙張印出兩張最常用到的講義——「遊戲單元中『應做』與『不應做』事項」及「遊戲單元程序檢核表」，或是利用標籤之類的工具，

來幫助父母更容易在父母手冊裡面找到這兩張講義（在單元 3 會介紹這兩張講義，但之後每一個單元都會提到）。

講義的編排方式是依照一般親子關係治療的訓練單元來安排，不過依據個別父母團體的需求，在呈現材料時可以有些彈性。給父母使用的補充技巧練習工作單收錄在附錄 C 中，雖然這些補充工作單是為了對父母團體遇到的困難做額外的親子關係治療技巧練習，但治療師必須小心避免家長因過多的訊息或家庭作業而招架不住。同樣地，治療師應該運用臨床判斷來決定何時或是否使用補充工作單。

訓練資源是一份有用的親子關係治療訓練資源清單，包含錄影帶、書籍及手冊，以及測驗工具。每個類別進一步分成推薦資源及補充資源。

附錄 A 包括了對親子關係治療訓練很有用的組織性及實用性材料，這些材料便於在每個新團體開始之前進行複印，並包括一份在單元 1 之前需完成的「父母訊息表格」，用來記錄有關團體成員的重要訊息（此表格每一個單元都要帶來，因此建議把它收在治療師手冊的最前面）；單元 1 至 10 的「材料檢核表」有助於治療師記得每一單元所需攜帶的東西（治療師最好每次多帶幾份印好的備用講義，以備父母忘了攜帶父母手冊時可以使用）；「親子關係治療進展筆記」可以評估個別團體成員在單元 1 至 10 的臨床進展；「治療師技巧檢核表」可以讓親子關係治療新手治療師或實習學生用來自我評估重要的親子關係治療技巧。此附錄也包括了要給父母但不宜放在父母手冊中的一些資料，像是「遊戲時間預約卡」、「『請勿干擾』門牌範本」以及「給父母的結業證書」。

附錄 B 是最常用的講義「遊戲單元中『應做』與『不應做』事項」的海報格式，治療師可以將它印製在海報紙上，在單元 3 至 10 當中作為提示重要技巧的視覺輔助。

附錄 C 包括了給父母的補充工作單以及附有範本答案的治療師版本，這些補充講義提供額外練習親子關係治療技巧的機會，但其運用取決於治療師對父母需求的評估。每份工作單的單元次數通常配合著某些技巧的引入或練習期間。工作單包括：單元 2 的「回應感受練習工作單」、單元 6 的「給予選擇練習工作單」、單元 7 的「建立自尊的回應工作單」、單元 8 的「鼓勵 vs.讚美工作單」，以及單元 9 的「進階設限：給予選擇當作後果工作單」。在一些單元的課程指引中會提及如何使用選做的工作單，然而，其運用取決於個別父母團體的需要。儘管這些補充工作單提供父母額外練習一些他們感到困難的親子關係治療技巧，治療師仍需避免給父母過多

的訊息或家庭作業，以免他們吸收不了。再次提醒，治療師應該運用臨床判斷來決定何時及是否運用補充工作單。

我們希望你們會發現這本手冊有所幫助並且帶來一些新的想法！

Sue、Garry、Theresa 以及 Sandy

治療師手冊

單元 1 至 10 的治療大綱及講義

治療師手冊的使用

治療師手冊是依治療單元做編排，裡面有治療師進行十單元親子關係治療模式所需要的所有材料，包括單元 1 至 10 的「治療大綱」以及所有相配合的父母講義、家庭作業及父母工作單，並為治療師附上範本答案。然而範本答案只是範本，還是有其他的回應可以吻合兒童中心遊戲治療（CCPT）的哲學觀。若想了解額外的親子關係治療技巧及回應，請參閱《親子關係治療》教科書第五章〈親子關係治療的技巧、概念及態度〉（Landreth & Bratton, 2006）。治療師手冊包括了父母手冊裡所有講義的副本，在準備每一個父母訓練單元時，可以事先列印「材料檢核表」（參見附錄 A），並且研讀該單元的課程指引。

我們建議治療師在治療開始之前先複印一整份治療師手冊。治療師手冊裡的「治療大綱」可以依照個別的訓練風格以及治療師的經驗多寡加以調整，舉例來說，有經驗的親子關係治療／親子遊戲治療師可能偏好不那麼詳細的大綱，而親子關係治療新手治療師可能偏好添加更多詳細的概念和技巧說明。「治療大綱」也可以修改以符合共同帶領者之使用。

這些材料是為了讓你可以有彈性地將訓練改編成適合各種父母及兒童的發展需求。正如《親子關係治療》教科書（Landreth & Bratton, 2006）所提到，本手冊的十單元課程可以改編成較少單元次數的課程，或是延伸成更多單元次數的課程，取決於父母的需求以及團體的大小。雖然本手冊的設計是為了父母團體，但裡面的材料也很容易改編適用於個別父母或伴侶。正如其他任何治療或介入，治療師在使用材料及程序時也需運用自己的臨床判斷。

親子關係治療 單元 1
治療大綱

一、家長到達時，將名牌和父母手冊分發給他們

（需要完成報名資料的家長，請他們事後留下）

進行自我介紹／歡迎團體成員──請父母各自做簡短的自我介紹，說出他們為什麼來這裡，並幫助他們感到自己受到支持，而不是獨自艱苦奮鬥。

二、親子關係治療訓練目標與基本概念之綜論

基本原則：「把焦點放在甜甜圈，而不是那個洞上！」

親子關係治療聚焦在親子關係、你的長處和孩子的長處，而不是在問題上。

- 遊戲是孩子的語言。
- 你對孩子需求的覺察有助於預防問題的出現。

基本原則：「做個恆溫器，而不是溫度計！」

要學著回應（反映）而不是反應。孩子的感受不是你的感受，不須隨之起舞。

當孩子的感受和行為加劇時，你可以學著以一種有幫助的方式回應，而不是單純地反應並讓自己的感受和行為隨之起舞。**切記**：能自我控制的父母是恆溫器，失去自我控制的父母是溫度計。

- 你會學到和研究生一學期所學同樣的基本遊戲治療技巧，這些技巧能夠：
  - 將作為父母的控制權交還給你──並協助孩子發展自我控制的能力。
  - 和你的孩子度過更親密、更快樂的時光──更多歡樂和歡笑，給他們溫暖的記憶。

    問問父母：「20年後，你希望孩子記得你／與你的關係是什麼？」（父母最好的童年記憶是什麼？）
  - 給予你進入孩子內在世界的鑰匙──學著如何真正了解你的孩子，以及如何幫助孩子感受到你的了解。
- 最棒的是──你每星期只要花30分鐘練習這些技巧和去做些不同的事！
- 在學一種新的語言時，耐心很重要。

「十個星期以後，你會變得不一樣，而且你和孩子之間的關係也會變得不一樣。」

三、團體介紹

- 描述整個家庭——如果報名時未選出主要聚焦的孩子，可藉此活動選出。
- 説出對這個孩子的擔憂（在「父母訊息表格」上做筆記），「父母訊息表格」請見附錄 A（p. 258）。
- 促發分享。
- 將情況普遍化，對其他家長表示，這種情形是很正常的（例如：「這個星期裡，有其他人對孩子生氣嗎？」）。

基本原則：「最重要的也許不是你做了什麼，而是在你做了那件事之後，你接著做什麼！」

我們都會犯錯，但我們可以挽回。使情況變得不一樣的是我們處理過失的方式。

四、反映式回應

- 不要用主導的方式，而是用跟循的方式。
- 反映孩子的行為、想法、需求／願望和感受（不問任何問題）。
- 幫助父母了解他們的孩子並幫助孩子感到自己被了解。

「同在」態度傳達出：	而不是：
我在這裡、我聽到你	我總是同意
我了解	我必須讓你快樂
我關心	我會解決你的問題

五、選做——播放短片：生命的最初感覺（*Life first feelings*）

短片 1：討論。

短片 2：討論反應（尤其是生氣／傷心之不同）作為引導進入「回應感受：課堂練習工作單」（請家長看父母手冊 1-2）。

六、完成「回應感受：課堂練習工作單」

和父母一起完成這張工作單，請所有人一起找出一個最能描述孩子感受的感覺詞彙，接著所有人一起決定一個簡短的回答。

七、角色扮演

與你的共同帶領者一起示範，或請一位家長描述他／她的一天，這位家長敍述時，你只需要單純地反映；接著讓家長兩人一組輪流練習扮演「聆聽者」的角色。

八、播放示範短片（選做，如果時間允許的話就做）

播放「反映感受」以及「讓孩子主導」這些遊戲單元進行技巧的示範短片。

九、家庭作業（請家長看父母手冊的家庭作業部分）

1. 在孩子身上，找出一種你之前從來沒有見過的身體特徵：

   _____

2. 練習反映式回應——完成「回應感受：家庭作業工作單」，下星期帶回來。

3. 針對你目前所聚焦的孩子，帶一張你最喜歡、讓你感到揪心的照片。

4. 練習給孩子 30 秒的瞬間關注。如果你正在講電話，請告訴對方：「你可以等 30 秒嗎？我馬上回來。」然後把電話放到一旁，彎下身來，給你的孩子完全沒有分心的、完全專注的 30 秒關注；然後對孩子說：「我必須繼續和＿＿說話。」直起身來，繼續和你的朋友講電話。

十、以激勵人心的詩、故事或基本原則來結束此單元（選做）

需謹記的基本原則

1. 「把焦點放在甜甜圈，而不是那個洞上！」聚焦在親子關係，而非問題。

2. 「做個恆溫器，而不是溫度計！」學習回應（反映），而非反應。

3. 「最重要的也許不是你做了什麼，而是在你做了那件事之後，你接著做什麼！」我們都會犯錯，但我們可以挽回。使情況變得不一樣的是我們處理過失的方式。

親子關係訓練 單元 1
父母筆記和家庭作業

需謹記的基本原則

1. 「把焦點放在甜甜圈，而不是那個洞上！」聚焦在親子關係，而非問題。

2. 「做個恆溫器，而不是溫度計！」學習回應（反映），而非反應。

3. 「最重要的也許不是你做了什麼，而是在你做了那件事之後，你接著做什麼！」我們都會犯錯，但我們可以挽回。使情況變得不一樣的是我們處理過失的方式。

反映式回應

不要用主導的方式，而是用跟循的方式。

反映出孩子的行為、想法、需求／願望和感覺（不問任何問題）。

幫助你了解孩子並幫助孩子感到自己被了解。

「同在」態度表達出：	而不是：
我在這裡、我聽到你	我總是同意
我了解	我必須讓你快樂
我關心	我會解決你的問題

筆記（另可使用空白處記載）

_____

_____

家庭作業

1. 在孩子身上，找出一種你之前從來沒有見過的身體特徵：

   _____

2. 練習反映式回應——完成「回應感受：家庭作業工作單」，下星期帶回來。

3. 針對你目前所聚焦的孩子，帶一張你最喜歡、讓你感到揪心的照片。

4. 練習給孩子 30 秒的瞬間關注。如果你正在講電話，請告訴對方：「你可以等 30 秒嗎？我馬上回來。」然後把電話放到一旁，彎下身來，給你的孩子完全沒有分心的、完全專注的 30 秒關注；然後對孩子說：「我必須繼續和____說話。」直起身來，繼續和你的朋友講電話。

親子關係訓練 單元 1
回應感受：課堂練習工作單

指示：(1)看著孩子的眼睛以找出有關他的感受之線索。(2)在你找出孩子的感受之後，將此感受轉換成一個簡短的回應，一般而言都用「你」開始：「你看起來很傷心」或「你現在對我很生氣」。(3)你的臉部表情和音調應該配合孩子的表情和音調（同理心多透過非語言管道傳達，而不是言語管道）。

快樂

孩子：亞當在告訴你，祖父母來的時候，他要給他們看的東西。

孩子感到：興奮、快樂、高興

父母回應：你很興奮祖父和祖母要來。

悲傷

孩子：莎莉放學後上車，告訴你班上養的寵物天竺鼠小博死掉了。她又告訴你上星期負責餵小博的情形，説牠會看著她，然後爬上滾輪開始跑。

孩子感到：傷心、失望

父母回應：小博死掉了，你很傷心。

生氣

孩子：安迪正跟他的朋友哈利一起玩，結果哈利拿走了安迪的消防車，不還給他。安迪想辦法把消防車搶回來，結果消防車的梯子脫落了。安迪哭著跑來跟你説發生了什麼事，説這都是哈利的錯。

孩子感到：憤怒、生氣、不舒服

父母回應：你對哈利很生氣。

害怕

孩子：莎拉正車庫裡玩，而你正在清理車庫。這時候，一個裝著書的大箱子從架子上掉下來，砸在她後面的地板上。她跳起來跑向你。

孩子感到：害怕、嚇到（取決於孩子的表情）

父母回應：那讓妳感到害怕（嚇到了）！

親子關係訓練單元 1
回應感受：家庭作業工作單

指示：(1)看著孩子的眼睛以找出有關他的感受之線索。(2)在你找出孩子的感受之後，將此感受轉換成一個簡短的回應，一般而言都用「你」開始：「你看起來很傷心」或「你現在對我很生氣」。(3)你的臉部表情和音調應該配合孩子的表情和音調（同理心多透過非語言管道傳達，而不是言語管道）。

快樂

孩子：（發生什麼事／孩子做或說了什麼）

_____

孩子感到：_____

父母回應：_____

修正的回應：_____

悲傷

孩子：（發生什麼事／孩子做或說了什麼）

_____

孩子感到：_____

父母回應：_____

修正的回應：_____

生氣

孩子：（發生什麼事／孩子做或說了什麼）

_____

孩子感到：_____

父母回應：_____

修正的回應：_____

害怕

孩子：（發生什麼事／孩子做或說了什麼）

_____

孩子感到：_____

父母回應：_____

修正的回應：_____

親子關係訓練
這是什麼以及這能如何幫助孩子？

這是什麼？

親子關係訓練是為父母設計的為期十單元的特別訓練課程，利用每星期一次 30 分鐘的遊戲時間幫助加強父母和孩子之間的關係。對孩子而言，遊戲很重要，因為它是孩子用以溝通最自然的方式，玩具就是孩子的字彙，而遊戲是他們的語言。大人可以用言語表達自己的經驗、想法和感受，而孩子則用玩具去探索經驗並表達他們的想法和感受。因此，這套訓練課程教導父母在家裡利用一套謹慎選出的玩具，與孩子享有特別建構的 30 分鐘遊戲時間。父母也學習如何以同理的方式回應孩子的感受，建立孩子的自尊，幫助孩子學習自我控制和自我負責，並在這些特別遊戲時間裡設下有療效的限制。

每星期有 30 分鐘，孩子是父母的宇宙中心。在這個特別遊戲時間裡，父母創造一種接納的關係，讓孩子感到可以完全安全地透過遊戲表達自己——害怕、喜歡、不喜歡、願望、生氣、孤獨、喜樂或感到失敗。這不是一般的遊戲時間，而是一個特別的遊戲時間，在這段時間裡，孩子主導而父母跟循。在這份特別關係裡，沒有：

- 斥責。
- 貶損。
- 評價。
- 要求（以特定的方式來畫圖等等）。
- 判斷（孩子或他玩耍的方式好或不好、對或錯）。

這能如何幫助孩子？

在這個特別遊戲時間裡，父母會和孩子建立一種不一樣的關係，而孩子會發現自己是有能力的、重要的、被理解的，以及自己原本的樣子是被接受的。當孩子經驗到一種被接受、理解和關心的遊戲關係時，他們會透過遊戲表達出許多自己的問題，這個過程釋放出緊張、各種感受和負擔。孩子將因此對自己有更好的感覺，能夠發現自己的長處，並且在主控遊戲情境時建立更大的自我責任感。

孩子對自己的感覺會使他的行為有顯著的不同。在特別遊戲時間裡，父母學著將焦點放在孩子而不是問題上時，孩子會開始有不同的反應，因為孩子的行為、想法和學校表現，與他對自己的感覺直接相關。當孩子對自己有更好的感覺時，他會展現更多自我提升的行為，而不是自我挫敗的行為。

親子關係治療單元 2
治療大綱

一、非正式分享和檢視家庭作業

詢問父母這一星期的生活且簡要地反映，並檢視單元 1 的家庭作業：

1. 30 秒的瞬間關注。

2. 「回應感受：家庭作業工作單」——請家長完成這張工作單並練習。記得反映父母的經驗／父母分享時，治療師要表示鼓勵。

3. 身體特徵／最喜歡的照片。提出問題並反映對方的回答：請父母在孩子身上，找出一個到目前為止他們沒有注意到的身體特徵。

二、講義：「遊戲單元的基本原則」（請家長看父母手冊 2-2）

1. 父母允許孩子主導，而父母跟循，不問任何問題或提任何建議

   - 父母展現極大興趣並密切觀察。

   基本原則：「父母的腳趾頭應該和鼻子向著同一個方向。」

   身體語言表達出興趣和全心關注。

   - 受到邀請時，要積極參與。
   - 父母要當 30 分鐘的「啞巴」。

2. 父母的主要任務是同理孩子

   - 透過孩子的眼睛去觀看並經驗孩子的遊戲。
   - 理解孩子透過遊戲所表達的需求、感受和想法。

3. 父母接著向孩子傳達這份理解

   - 描述孩子在做／玩什麼。
   - 反映孩子正在說的話。
   - 反映孩子的感受。

4. 對孩子的行為所設下的少數「限制」，父母要非常清楚並堅定

   - 讓孩子為自己的行為負責。
   - 對時間和安全設限，並預防孩子破壞玩具或損壞遊戲區。
   - 只有需要時才說出限制，但要堅持貫徹。

5. **注意**：如果時間允許，簡要複習一下講義上遊戲單元的目標

三、展示遊戲單元的玩具

- 簡要瀏覽「遊戲單元的玩具檢核表」（請家長看父母手冊2-3，不用閱讀全部清單）。
- 示範／展示玩具，並簡要解釋其原理——特別是可能與父母有關的玩具（飛鏢槍和嬰兒奶瓶）。
- 展示玩具時，簡要示範如何在孩子玩的時候給予回應（可與共同帶領者做角色扮演）。
- 討論如何找到二手、免費及平價的玩具。
- 強調玩具的重要性——請每一位家長承諾下星期來時要帶超過一半的玩具——最好是全部都帶；如果家長沒有做到這一點，他們就沒有為第一次遊戲單元做好準備。
- 討論讓孩子參與遊戲單元之玩具收集這項活動的優缺點。

四、選擇遊戲單元的時間和地點

- 建議選一個家長認為對孩子造成最少分心，且有最大自由而不必擔心打破東西或造成一團糟的房間。

  若沒有其他人在家，餐廳是個理想的地方——否則，找一個能夠關上門的地方。
- 事前選定一個固定的時間。
  - 這個時間不可被打擾——不可有任何電話或被其他孩子打擾。
  - 最重要的是，選擇一個父母覺得最放鬆、最能休息，並且在情緒上能陪伴孩子的時間。

  基本原則：「你無法給出你未曾擁有的事物。」

  （類比情況：在飛機上，先給自己戴上氧氣罩，再給孩子戴）

  如果你不先對自己有耐心並接受自己，你也無法對孩子做到這兩件事。

  作為孩子最重要的照護者，你被要求付出許多，而且很多時候是在你沒有資源去做到各種教養要求的當下。作為父母，你可能深刻意識到自己的失敗，然而，如果你對自己都沒有耐心、不接受自己，你更不能給予孩子耐心並接受他／她。
  - **注意**：告知父母，下星期你會請他們報告自己為特別遊戲時間所選的時間和地點

五、遊戲單元基本技巧的角色扮演及示範（短片或現場示範）

切記要示範至少15～20分鐘，中間要停下來回答家長的問題和得到他們的反應，接下來有5～10分鐘讓家長兩人一組進行角色扮演，最後治療師要再用5～10分鐘對家長在成對練習時有困難的「場景」做角色扮演。

1. 播放短片，內容包括清楚示範準備、允許孩子主導（不問任何問題）、跟循，並傳達「同在」態度（或進行現場示範，焦點放在同樣的態度和技巧上）。
   - 複習「同在」態度：我在這裡，我聽到你，我了解，而且我關心！
2. 利用親子玩具包或遊戲間裡的玩具，讓家長輪流扮演遊戲時間裡的孩子和父母的角色，練習剛才示範的那些技巧。

六、家庭作業（請家長看父母手冊裡的家庭作業部分）

1. 第一優先——收集「遊戲單元的玩具檢核表」中的玩具。
   請大家針對玩具的構想和來源進行腦力激盪，並建議父母分享資源。
2. 在家裡選出一個適合進行遊戲單元的固定時間和不受干擾的地點，並在下星期報告。選一個家長認為對孩子造成最少分心，又有最大自由而不必擔心打破東西或造成一團糟的房間。事先選出一個固定的時間，這個時間不可被打擾——不會有任何電話或被其他孩子打擾。
   時間：＿＿＿＿＿＿＿＿　地點：＿＿＿＿＿＿＿＿＿＿＿＿＿＿＿＿
3. 額外的作業：＿＿＿＿＿＿＿＿＿＿＿＿＿＿＿＿＿＿＿＿＿＿＿＿＿

七、以激勵人心的詩、故事或基本原則結束此單元（選做）

以激勵人心的書、詩或像 *"I'll Love You Forever."* 這樣的故事結束這堂課。

需謹記的基本原則

1. 「父母的腳趾頭應該和鼻子向著同一個方向。」
2. 「你無法給出你未曾擁有的事物。」如果你不先對自己有耐心並接受自己，你也無法對孩子做到這兩件事。作為孩子最重要的照護者，你被要求付出許多，而且很多時候是在你沒有資源去做到各種教養要求的當下。作為父母，你可能深刻意識到自己的失敗，然而，如果你對自己都沒有耐心、不接受自己，你更不能給予孩子耐心並接受他／她。

不要忘了飛機上的氧氣罩這個類比情況！

親子關係訓練 單元 2
父母筆記和家庭作業

需謹記的基本原則

1. 「父母的腳趾頭應該和鼻子向著同一個方向。」

2. 「你無法給出你未曾擁有的事物。」如果你不先對自己有耐心並接受自己，你也無法對孩子做到這兩件事。作為孩子最重要的照護者，你被要求付出許多，而且很多時候是在你沒有資源去做到各種教養要求的當下。作為父母，你可能深刻意識到自己的失敗，然而，如果你對自己都沒有耐心、不接受自己，你更不能給予孩子耐心並接受他／她。

不要忘了飛機上的氧氣罩這個類比情況。

牢記「同在」的態度：我在這裡，我聽到你，我了解，而且我關心！

筆記（另可使用空白處記載）

_____
_____
_____
_____
_____
_____
_____
_____
_____

家庭作業

1. 第一優先——收集「遊戲單元的玩具檢核表」中的玩具。

2. 在家裡選出一個適合進行遊戲單元的固定時間和不受干擾的地點，並在下星期報告。選一個家長認為對孩子造成最少分心，又有最大自由而不必擔心打破東西或造成一團糟的房間。事先選出一個固定的時間，這個時間不可被打擾——不會有任何電話或被其他孩子打擾。

　　時間：_____地點：_____

3. 額外的作業：_____

親子關係訓練 單元 2
遊戲單元的基本原則

遊戲單元的基本原則

1. 父母透過營造讓孩子感到能自由地決定如何利用這 30 分鐘遊戲時間的氣氛，來完成準備。孩子主導遊戲，而父母跟循。父母展現高度興趣並小心觀察孩子的遊戲，不提出任何建議或問題，並在受到邀請時，積極地參與遊戲。在這 30 分鐘裡，你（父母）是「啞巴」，而且不給任何答案；讓孩子自己決定並尋找自己的解決方法。

2. 父母的主要任務是對孩子展現同理心：理解孩子透過遊戲所表達的想法、感受和意圖，努力以孩子的眼睛去觀看並經驗孩子的遊戲。這個任務透過傳達「同在」的態度來運作。

3. 接著，父母要向孩子表達出這份理解，透過：(1)口語描述孩子正在做／玩的事，(2)口語反映出孩子正在說的事，和(3)最重要的是，口語反映出孩子透過遊戲正積極經驗到的感受。

4. 對孩子的行為所設下的少數「限制」，父母要非常清楚並堅定。限制能讓孩子為自己的行動和行為負責——幫助他培養自我控制的能力。需設定的限制包括：時間限制、不可破壞玩具或損壞遊戲區裡的物品，以及不可傷害自己或父母的身體。只有需要時，才說出這些限制，但要在所有的遊戲時間貫徹執行（什麼時候和如何設限的特定範例會在下幾個星期教導，你會有很多機會去練習這項非常重要的技巧）。

> 謹記「同在」的態度：
> 你透過行動、陪伴和回應所表達的意圖是最重要的事，並且應該傳達給你的孩子：「我在這裡—我聽到／看到你—我了解—我關心。」

遊戲單元的目標

1. 允許孩子透過遊戲這個媒介向父母表達想法、需要和感受，而父母也藉此向孩子表達他們的理解。

2. 透過感受自己得到接受、理解和重視，孩子經驗到更多自我尊重、自我價值、自信、有能力的正面感受，並最終發展出自我控制，為自己的行為負責，以及學會以恰當的方式讓自己的需求得到滿足。

3. 加強親子關係並培養信任感、安全感和親子之間的親密感。

4. 增加遊戲的好玩度和親子之間的樂趣。

親子關係訓練單元 2
遊戲單元的玩具檢核表

注意：找一個有蓋子的堅固紙箱來存放玩具（裝影印紙的箱子就很理想——有深度的蓋子可以做娃娃屋）。將玩具攤開擺放在一張舊毛毯上，作為遊戲區域。

真實生活的玩具（亦能促進想像遊戲）

- ☐ 小嬰兒娃娃：不應該是「特別的」；可以是孩子不再玩的娃娃。
- ☐ 奶瓶：真的奶瓶，如此一來孩子可以在裡面裝飲料，以便遊戲時間當中飲用。
- ☐ 醫生包（含有聽診器）：為每一次遊戲時間準備三片 OK 繃（如果有的話，可加上用一次就丟的手套／彈性繃帶）。
- ☐ 玩具電話：建議準備兩個，可以互相通話；一支手機，一支普通座機。
- ☐ 小娃娃屋：利用放玩具的深蓋子——蓋子裡畫上房間隔間、窗戶、門等等。
- ☐ 娃娃家庭：可以彎曲的娃娃，媽媽、爸爸、哥哥、姐姐、嬰兒等等（具種族代表性）。
- ☐ 遊戲假錢：紙鈔和錢幣，信用卡可選擇性使用。
- ☐ 一些家畜和野生動動：如果你沒有娃娃家庭，可以用動物家庭代替（比如：馬隻家庭或牛隻家庭）。
- ☐ 汽車／卡車：一輛或兩輛（可按孩子需要選特定的車，比如：救護車）。
- ☐ 餐具：一些塑膠餐盤、杯子和食器。

選做

- ☐ 布偶：一隻兇猛的、一隻溫和的；可以自己做或購買（動物形狀的隔熱手套等等）。
- ☐ 娃娃屋家具：臥室家具、浴室家具和廚房家具。
- ☐ 小配飾：小鏡子、印染大手帕、圍巾或其他家中現成的小物品。

宣洩攻擊性的玩具（亦能促進想像遊戲）

- ☐ 玩具飛鏢槍、幾支飛鏢和靶：父母必須知道如何使用。
- ☐ 橡皮玩具刀：小型、可彎曲的軍刀類。
- ☐ 繩子：最好是軟的繩子（可以從跳繩剪下一段）。
- ☐ 兇猛動物：比如蛇、鯊魚、獅子、恐龍——強烈建議準備中空的鯊魚！
- ☐ 小玩具兵（12～15 個）：兩種不同顏色，以分成兩隊或好人和壞人。
- ☐ 充氣式不倒翁（最好是小丑）。
- ☐ 面具：獨行俠之類。

選做

☐ 有鑰匙的玩具手銬。

創作型／情緒表達型玩具

☐ 黏土：建議將黏土放在餅乾烤盤上，以免弄得到處都是，而且也可以當作畫畫的平台。

☐ 蠟筆：八種顏色，把包裝紙剝一些下來（也可以為年紀大一點的孩子準備麥克筆，但比較容易弄髒）。

☐ 白紙：每次遊戲時間都要準備幾張白紙。

☐ 剪刀：不要尖頭的，但要很好剪的（比如：兒童剪刀）。

☐ 透明膠帶：不要忘了，孩子會很快就用光，所以多買幾卷小型的。

☐ 空的蛋盒、保麗龍杯／碗：給孩子弄壞、打破或著色用。

☐ 套圈圈玩具。

☐ 一副紙牌。

☐ 軟海綿球。

☐ 每次遊戲時間準備兩個汽球。

選做

☐ 各式各樣勞作材料，放在一個夾鏈袋裡（比如：有色的西卡紙、膠水、毛線、鈕釦、小珠子、碎布、生麵條等等——視兒童年齡而定）。

☐ 拼裝建構式玩具，如 Tinkertoys® 或其他各式各樣的積木。

☐ 望遠鏡。

☐ 鈴鼓、鼓或其他小型樂器。

☐ 魔術棒。

提醒：玩具不必是全新或昂貴的。避免因選太大而無法放進盒子裡的玩具，玩具應該要小一點。在某些情況下，按照孩子的需要並在治療師同意之下可以加入額外的玩具。如果無法在第一次遊戲單元之前準備好所有玩具，就每一類準備幾樣——詢問治療師要優先準備哪些。

注意：在遊戲時間之前將新玩具包裝拆掉或從盒子裡拿出來。玩具應該要看起來很誘人。

尋找玩具的好地方：
二手拍賣、閣樓／儲藏室、朋友／親戚、十元商店、雜貨店或藥妝放在走道上的玩具。

親子關係治療 單元 3
治療大綱

一、非正式分享以及檢視家庭作業

1. 玩具的收集。

2. 遊戲單元的時間與地點。

   必須非常具體地詢問時間和地點。

   發放遊戲單元預約卡——一張給父母使用，另一張給孩子使用。

3. 任何問題都可以問。

二、講義：「遊戲單元中『應做』與『不應做』事項」（請家長看父母手冊 3-2）

- 當你指著海報並提供範例時，請父母參考「遊戲單元中『應做』與『不應做』事項」講義。

- 示範：當你逐點講解應做事項時，運用玩具以肢體動作示範（或與共同帶領者進行角色扮演）。

應做事項：

1. 準備（組織化）。

2. 讓孩子主導。

3. 積極參與孩子的遊戲，但是當一個跟隨者。

4. 用口語跟循孩子的遊戲（描述你所看到的）。

5. 反映孩子的感受。

6. 設定明確和一致的限制。

7. 對孩子的力量致意，並且鼓勵他的努力。

8. 在口語上要積極主動。

   注意：強調第 1、2、3、6 點，讓父母在第一次遊戲單元就聚焦於此。

不應做事項：

1. 不批評任何行為。

2. 不讚美孩子。

3. 不詢問引導式的問題。

4. 不允許遊戲單元中的干擾。

5. 不給予訊息或教導。

6. 不說教。

7. 不主動開啟新的活動。

8. 不消極或沉默。

（不應做事項的第 1 至 7 項引自 Guerney, 1972）

三、觀看示範錄影帶片段或現場示範以說明應做事項

錄影帶主要應該聚焦在示範「同在」態度以及「允許孩子主導」的技巧。

四、講義：「遊戲單元程序檢核表」（請家長看父母手冊 3-3）

簡短瀏覽講義——特別是那些應該在單元前完成的，以便能使遊戲單元更結構化而成功。請父母至少在他們進行遊戲單元前兩天仔細閱讀。

請父母參考父母手冊 3-4「遊戲單元中玩具擺設的照片」。

五、父母夥伴的角色扮演

聚焦在他們所見到你示範的技巧，以及練習開始和結束遊戲單元。

六、與父母討論如何向他們的孩子解釋「特別的遊戲時間」

解釋的例子像：「你可以向孩子解釋，你會和他有這些特別的遊戲時間，是因為『我要去上個特別的遊戲課程，學習一些特別的方式來和你一起玩！』」

七、安排一到兩位父母在這週進行錄影

姓名／電話號碼＿＿＿＿＿＿　日期／時間（若是在諮商所錄影）＿＿＿＿

姓名／電話號碼＿＿＿＿＿＿　日期／時間（若是在諮商所錄影）＿＿＿＿

提醒這週要錄影的父母在「父母筆記和家庭作業」講義上做記錄。

基本原則：「做個恆溫器，而不是溫度計！」

要學著回應（反映）而不是反應。孩子的感受不是你的感受，不需隨之起舞。

反映／回應孩子的想法、感受和需求，能夠創造一個了解和接納孩子的自在氛圍。

在 30 分鐘的遊戲單元中，父母要當孩子的恆溫器。

八、家庭作業（請家長看父母手冊的家庭作業部分）

1. 完成遊戲單元玩具裝備——取得毯子／桌布和其他器材（參見父母手冊3-4「遊戲單元中玩具擺設的照片」），並且確認你選擇的時間和地點。安排好其他孩子。

2. 給孩子遊戲單元預約卡，並在一到三天前（依照孩子的年紀）與孩子一起製作一個「特別遊戲時間——請勿干擾」的標記。參見附錄 A 中「『請勿干擾』門牌範本」。

   孩子年紀越小，製作的時間就要越接近遊戲單元的時間。

3. 在遊戲單元前先閱讀講義：

   「遊戲單元中『應做』與『不應做』事項」。

   「遊戲單元程序檢核表」。

4. 這週會在家裡開始遊戲單元——安排錄下你的遊戲單元，並記下你在遊戲單元中的問題或疑惑。

   我下週會帶著我的錄影帶（若是在諮商所錄製：我預約的日期／時間＿＿＿＿＿＿）。

九、以激勵人心的詩、故事或基本原則結束此單元（選做）

需謹記的基本原則

「做個恆溫器，而不是溫度計！」

反映／回應孩子的想法、感受和需求，能夠創造一個了解和接納孩子的自在氛圍。

親子關係訓練 單元 3
父母筆記和家庭作業

需謹記的基本原則

「做個恆溫器，而不是溫度計！」

反映／回應你孩子的想法、感受和需求，能夠創造一個了解和接納你孩子的自在氛圍。

基本的設限

「莎拉，我知道妳想要拿槍射我，但我不是用來射的，妳可以選擇射那個。」（指向可以被射的東西）。

筆記（另可使用空白處記載）

_____

_____

_____

_____

_____

_____

_____

注意：你可以向孩子解釋，你會和他有這些特別的遊戲時間，是因為「我要去上個特別的遊戲課程，學習一些特別的方式來和你一起玩！」

家庭作業

1. 完成遊戲單元玩具裝備──取得毯子／桌布和其他器材（參見父母手冊 3-4「遊戲單元中玩具擺設的照片」），並且確認你選擇的時間和地點。安排好其他孩子。

2. 給孩子遊戲單元預約卡，並在一到三天前（依照孩子的年紀）與孩子一起製作一個「特別遊戲時間──請勿干擾」的標記。參見附錄 A 中「『請勿干擾』門牌範本」。

3. 在遊戲單元前先閱讀講義：

   「遊戲單元中『應做』與『不應做』事項」。

   「遊戲單元程序檢核表」。

4. 這週會在家裡開始遊戲單元──安排錄下你的遊戲單元，並記下你在遊戲單元中的問題或疑惑。

   我下週會帶著我的錄影帶（若是在諮商所錄製：我預約的日期／時間_____）。

親子關係訓練 單元 3
遊戲單元的「應做」與「不應做」事項

　　你的主要任務是強烈地表達出你對孩子遊戲的興趣，還有藉由你的語言、行動和對孩子的專注來傳遞你對孩子想法、感受和行為的興趣及了解。

應做事項

1. 準備。

    (1) 事先準備好遊戲區（舊的毛毯或尼龍布可以在視覺上建立遊戲區的範圍，也提供地板保護；在藝術材料／蠟筆下鋪厚紙板，可以在捏黏土、畫圖和塗膠水時提供比較硬的表面，也比較容易清理）。

    (2) 用一致性的方式將玩具擺設在遊戲區的周圍。

    (3) 透過你的指導語來傳達特別遊戲時間可享有的自由度：「在我們的特別遊戲時間裡，你可以用許多你想要的方式來玩玩具。」

    (4) 透過返還責任讓你的孩子主導，可以回應「你可以作主」、「這你可以決定」或「你希望它是什麼，它就是什麼」。

2. 讓孩子主導。

    在遊戲時間中允許孩子主導，能夠幫助你更了解孩子的世界，以及孩子需要從你這裡獲得什麼。透過如下的回應，傳達你願意跟隨孩子的主導：「讓我知道你想要我做什麼」、「你想要我放上那個」、「嗯……」或「我想知道……」。當孩子想要你扮演某個角色時，使用耳語技術（一起的共謀者）：「我應該說什麼？」或「接下來會發生什麼事？」（對年紀較大的孩子請調整你的回應，用共謀者的聲調：「現在發生什麼事？」或「我是個什麼樣的老師？」等等）。

3. 積極參與孩子的遊戲，但是當一個跟隨者。

    透過你積極參與遊戲的回應以及行動，傳達你願意跟隨孩子的主導（孩子是導演，父母是演員）：「所以我應該是老師」、「你想要我當個強盜，所以我應該戴這個黑色面具」、「現在我應該假裝被關在監獄，直到你說我可以出來為止」或「你想要我把這些東西堆得和你的一樣高」。在角色扮演時，使用耳語技術：「我應該說什麼？」或「接下來會發生什麼事？」

4. 用口語跟循孩子的遊戲（描述你所看到的）。

用口語跟循孩子的遊戲，這個方法可以讓孩子知道你很專注，也很感興趣並且投入：「你想盡辦法把那個堆高」、「你已經決定接下來要畫畫」、「你已經讓他們如你所想要的整好隊」。

5. 反映孩子的感受。

用口語反映孩子的感受，能夠讓他們覺得被了解，也表達你對他們感受和需要的接納：「你對你的圖畫感到很自豪」、「那種東西讓你感到驚訝」、「你真的很喜歡手上的那種感覺」、「你真的很希望我們可以玩久一點」、「你不喜歡這個結果」或「你聽起來很失望」。（**提示**：近一點看孩子的臉，更可以辨識出孩子的情緒感受是如何）

6. 設定明確和一致的限制。

一致性的限制能夠提供一種結構，讓孩子感到安全並且可以預測環境。永遠都不容許孩子傷害他們自己或是你。設限提供你的孩子發展自我控制和自我負責的機會，使用平穩、有耐性並堅定的聲音說：「地板不是用來放黏土的，你可以將它放在托盤裡玩」或「我知道你想要用槍射我，但我不是用來被射的，你可以選擇射那個」（指出可以被射的東西）。

7. 對孩子的力量致意，並且鼓勵他的努力。

用口語認可和鼓勵孩子，這很有助於建立自尊和自信，也可以促進自我動力：「你很努力的做這個」、「你做到了」、「你想到了」、「對於你要做的事，你已經有計畫了」、「你就是知道你想要它怎麼樣」或「聽起來你知道很多照顧寶寶的事情」。

8. 在口語上要積極主動。

口語上的積極主動可以向孩子傳達出你很感興趣、也很投入他的遊戲。如果你都不說話，你的孩子會覺得被監視。**注意**：當你不確定要如何回應時，同理的「嗯哼……」等等也能夠傳達興趣和投入。

不應做事項（1～7 項引自 Guerney, 1972）

1. 不批評任何行為。
2. 不讚美孩子。
3. 不詢問引導式的問題。
4. 不允許遊戲單元中的干擾。
5. 不給予訊息或教導。

6. 不說教。

7. 不主動開啟新的活動。

8. 不消極或沉默。

謹記「同在」的態度：

你回應中的意圖最為重要，要傳達給你的孩子：「我在這裡—我聽到／看到你—我了解—我關心」。

提醒：如果這些遊戲單元的技巧（你所應用的新技巧）只是機械式地使用，而不是真誠同理並且真正想要了解你的孩子的話，那就沒有什麼意義。你的意圖和態度比你所說的話來得更重要。

親子關係訓練 單元 3
遊戲單元程序檢核表

取決於孩子的年紀，可能需要提醒他／她：「今天是我們特別遊戲時間的日子噢！」

遊戲單元之前（記得要做好準備）

☐ 安排好其他家庭成員（這樣才能夠沒有干擾）。

☐ 將玩具擺設在舊的毯子上——讓玩具的擺設有預期性。

☐ 在房間裡可以看得到的地方放一個時鐘。

☐ 將寵物放到房間外或另一個房間。

☐ 遊戲單元開始之前先讓孩子上廁所。

☐ 打開錄影設備。

遊戲單元一開始

☐ 孩子和父母：掛上「請勿干擾」的標示（如果遊戲單元的地點有電話的話，也可以將電話線「拔」掉）。給予孩子「這段時間是重要的，任何人不得打擾」的訊息。

☐ 告訴孩子：「我們將會有 30 分鐘的特別遊戲時間，你可以用很多你想要的方式來玩玩具。」（聲音需要傳達出你很期待與孩子有這段時間）

☐ 從這個時間點開始，讓孩子主導。

遊戲單元期間

☐ 與孩子坐在一樣的高度，要接近孩子至能夠顯示出興趣的距離，但仍提供足夠的空間讓孩子可以自由行動。

☐ 將你的眼睛、耳朵和身體全然地聚焦在孩子身上（腳趾頭應該和鼻子朝向同一個方向）。傳達出全然的專注。

☐ 你的聲音應該是溫和並顯出關懷，但要隨著孩子遊戲的強度和情感而變化。

☐ 讓孩子定義玩具。〔為了促進假扮遊戲（亦即：對你來說看起來像車子，可能對你的孩子來說是太空船），如果孩子沒有為玩具命名，就盡量用非特定的詞（「這個」、「那個」、「它」）〕。

☐ 如果孩子要求你參與，那麼就積極和孩子一起玩。

☐ 用口語反應你所看到和聽到的（孩子的遊戲／活動、想法、感受）。

☐ 讓你不舒服的行為要設限。

☐ 遊戲單元結束前五分鐘給提醒，然後一分鐘前再提醒一次。
（「比利，我們的特別遊戲時間還剩五分鐘。」）

結束遊戲單元

☐ 在 30 分鐘時，站起來並說「我們今天的遊戲時間結束了」。超時不要多於二到三分鐘。

☐ 由父母進行整理工作。如果孩子選擇幫忙，可以讓其幫忙（如果孩子在「整理」時繼續玩，做下方的設限）。

☐ 如果孩子難以離開：

1. 打開門或開始把玩具拿走。

2. 反映孩子還不想離開的感受，但平穩且堅定地重申遊戲時間結束了。

   （可能需要重申幾次設限——目的在讓孩子能夠自己停下來）

   「我知道你很想留在這裡玩玩具，但我們今天的特別遊戲時間結束了。」

3. 加入一些說法，給予某些孩子期待的東西，以幫助孩子看到雖然無法繼續玩這些特別的玩具，但還是可以做一些其他有趣的事情。例如：

   • 「在下週我們的特別遊戲時間裡，你還可以玩這些玩具。」

   • 「點心時間到了，今天你想要吃葡萄或櫻桃？」

   • 「我們可以到外面去，在彈簧墊上玩。」

注意：耐心是幫助孩子離開最重要的部分——可以沉穩地重複幾次限制，讓孩子最後能夠靠他自己離開（關鍵在於陳述限制時，要從語調和臉部表情中顯示你的同理和了解）。較小的小孩可能需要更多次才能「聽到」限制及做出回應。

永遠不要用特別遊戲時間作為獎賞或懲罰——不論孩子當天的行為如何！

親子關係訓練單元 3
遊戲單元中玩具擺設的照片

親子關係治療 單元 4

治療大綱

> **需謹記的基本原則**
>
> 「**當孩子正在溺水，別在此時嘗試教他游泳。**」
>
> 當孩子感到沮喪或失控，那不是告知規則或教導他的時間。

一、非正式分享，然後由父母分享準備及執行家庭遊戲單元的精采片段（錄製錄影帶的父母最後分享）

注意時間——保持團體歷程的進行！

- 為每個父母尋找一些正向的事例來加以反映。
- 透過稱讚父母的努力來示範鼓勵。
- 使用父母的分享內容來強調遊戲單元中應做事項（使用海報或講義，並鼓勵父母努力認識遊戲單元中應做事項）。
- 抓住機會建立處於類似掙扎的父母之間的連結。

二、討論及督導錄製的遊戲單元

- 基本上做正向評論，摘出一些父母說的話或非口語行為，並將它轉換成遊戲單元中應做事項或另一個教學重點。

  聚焦在父母的優點（記得，甜甜圈比喻也可以應用於父母）。

  - 鼓勵錄製錄影帶的父母分享，知道要在課堂中分享內容之後在家錄製錄影帶的心情。
  - 播放錄影帶，直到優點明顯出現時才暫停。
  - 重點聚焦在父母於遊戲單元中的自我覺察。
  - 詢問父母是否對於遊戲單元的某部分有疑問，或是否有某些部分特別想要呈現——有的話就播放那部分的錄影帶。
  - 僅建議一件他們需要改變做法的事項。
- 持續指著「遊戲單元中『應做』與『不應做』事項」的海報或講義，請父母嘗試辨識出所看的遊戲單元錄影帶中呈現的應做事項。

三、講義：「設限：在太遲之前執行 A-C-T」（請家長看父母手冊 4-2）

（選做）播放設限的錄影帶片段。

- 簡短複習 A-C-T 模式——討論一致性的重要性。
- 父母負責遊戲單元的結構：選擇時間和地點、建立需要的限制以及執行限制。
- 在遊戲時間裡，孩子負責做選擇和決定，但要符合父母所設的限制。
- 簡短給予遊戲單元中可能需要設限的一些例子。

基本原則：「在遊戲單元期間，只有在需要的時候才設限！」

- 討論「設限：A-C-T 練習工作單」（請家長看父母手冊 4-3）。

　閱讀一遍並一起做至少兩或三個例子——剩下的就當成家庭作業，留待下週討論；指出練習 5，要求父母寫下一個他們認為需要對他們孩子設下的限制。

- 準備好討論父母所關心的用槍部分（用來設限的例子）。

四、角色扮演／觀看錄影帶或現場示範遊戲單元技巧和設限

- 一定要讓父母有時間觀看遊戲單元技巧的示範，其中包括那些你想要他們模仿的技術，並聚焦在他們表示最為困難的技巧。
- 看完示範之後，邀請父母角色扮演他們自認最困難的一些情況，其中至少包含一個設限的角色扮演。

五、安排一到兩位父母在這週進行錄影

　姓名／電話號碼＿＿＿＿＿＿＿　日期／時間（若是在諮商所錄影）＿＿＿＿

　姓字／電話號碼＿＿＿＿＿＿＿　日期／時間（若是在諮商所錄影）＿＿＿＿

　提醒這週要錄影的父母在「父母筆記和家庭作業」講義上做記錄。

六、家庭作業（請家長看父母手冊的家庭作業部分）

1. 完成「設限：A-C-T 練習工作單」。
2. 在遊戲單元前先閱讀講義：

　「設限：在太遲之前執行 A-C-T」。

　「遊戲單元中『應做』與『不應做』事項」（單元 3）。

　「遊戲單元程序檢核表」（單元 3）。

3. 進行遊戲單元並完成「父母遊戲單元筆記」。

　注意這週遊戲單元中你自己的一個強烈感受。

　我下週會帶著我的錄影帶（若是在諮商所錄製：我的預約日期／時間＿＿＿＿＿＿）。

七、以激勵人心的詩、故事或基本原則結束此單元（選做）

需謹記的基本原則
1.「當孩子正在溺水，別在此時嘗試教他游泳。」當孩子感到沮喪或失控，那不是告知規則或教導他的時間。 2.「在遊戲單元期間，只有在需要的時候才設限！」

親子關係訓練 單元 4
父母筆記和家庭作業

需謹記的基本原則

1. 「當孩子正在溺水，別在此時嘗試教他游泳。」當孩子感到沮喪或失控，那不是告知規則或教導的時間。

2. 「在遊戲單元期間，只有在需要的時候才設限！」

基本的設限

從叫孩子的名字開始：「莎拉」。

反映感受：「我知道你想要拿槍射我……」。

設限：「但我不是用來射的」。

給一個可接受的其他選擇：「你可以選擇射那個」（指向可以被射的東西）。

筆記（另可使用空白處記載）

_____

_____

_____

_____

_____

_____

_____

家庭作業

1. 「完成設限：A-C-T 練習工作單」。

2. 在遊戲單元前先閱讀講義：

   「設限：在太遲之前執行 A-C-T」。

   「遊戲單元中『應做』與『不應做』事項」（單元 3）。

   「遊戲單元程序檢核表」（單元 3）。

3. 進行遊戲單元並完成「父母遊戲單元筆記」。

   注意這週遊戲單元中你自己的一個強烈感受。

   我下週會帶著我的錄影帶（若是在諮商所錄製：我的預約日期／時間_____）。

親子關係訓練單元 4
設限：在太遲之前執行 A-C-T

Acknowledge：確認感受

Communicate：表達限制

Target：指出其他選擇

A-C-T 設限方法三步驟

情景：比利正假裝充氣式不倒翁是個壞蛋，並用飛鏢槍射它；他看向你並用飛鏢槍瞄準你，接著笑著說：「現在，你也是其中一個壞蛋」。

　A：確認你孩子的感受或渴望（你的聲音必須傳達出同理和了解）。

　　　「比利，我知道你認為射我也會很有趣……」

　　　孩子會知道他的感受、渴望和希望被父母所認可和接納（但不是所有行為）；只要同理式地反映孩子的感覺，通常就可以減輕感受或需求的強度。

　C：表達限制（必須明確、清楚且簡短）。

　　　「但我不是用來射的。」

　T：指出可被接受的其他選擇（取決於孩子的年齡，提供一個或多個選擇）。

　　　「你可以假裝這個娃娃是我（指著那個娃娃）並射它。」

　　　目標是提供你孩子可被接受的出口來表達感受或原始行動，同時給他練習自我控制的機會。**注意**：用手指著某物能幫助孩子重新導向他的注意力。

何時該設限？

基本原則：「在遊戲單元期間，只有在需要的時候才設限！」

只有在需要的時候才設限，而且基於四個基本理由：

1. 為了避免孩子傷害自己或父母。
2. 為了保護有價值的物品。
3. 為了維持父母對孩子的接納。
4. 透過限制孩子、將玩具保持在遊戲區域內以及準時結束，提供遊戲單元的一致性。

　　在遊戲單元中設限之前，問問自己：

- 「這個限制是必要的嗎？」
- 「我能夠一致地執行這個限制嗎？」
- 「如果我不在這個行為上設限，我能夠一致地允許這個行為並且接納我的孩子嗎？」

避免在家中需要過多限制的區域裡進行遊戲單元，遊戲單元的設限應該要比一般情況允許更大的表達自由。限制越少，你就越容易做到一致——一致性是很重要的。事先決定一些限制（練習 A-C-T）：不能打或射擊父母、不能在地毯上玩黏土、不能故意弄壞玩具等等。**提醒**：孩子真的可以了解遊戲時間是「特別的」，而且它的規則有所不同——他們不會期待在一週中其餘的時間裡也享有同等的容許程度。

如何設限？

限制不是一種懲罰，它需要以堅定、沉穩且就事論事的語氣説出來。在用同理確認孩子的感受和渴望之後（非常重要的步驟），你説「黏土不是用來丟在桌子上的」，就像是你在説「天空是藍色的」一樣。不要強迫你的孩子遵守限制，記得提供可接受的替代選擇。在這個方法中，真的是靠孩子決定要接受或打破限制，但身為父母，一致性的執行限制就是你的工作。

為何要建立一致的限制？

提供孩子一致的限制，能幫助他們感到安全和穩定。這種限制孩子行為的方法，透過讓他們經驗選擇和決定的後果，來教導孩子自我控制和為自身行為負責。遊戲單元中的設限幫助孩子練習自我控制，並開始學習在真實世界中停下自己的某些行為。

一致的限制→可預測、安全的環境→安全感

親子關係訓練單元 4
設限：A-C-T 練習工作單

Acknowledge：確認感受

Communicate：表達限制

Target：指出其他選擇

範例 1

比利正把充氣式不倒翁當作壞蛋在玩，而且正在打它；他拿起剪刀看著你，並笑著說：「它是壞蛋，所以我要刺他！」

A：「比利，我知道你認為刺不倒翁很有趣……」

C：「但不倒翁不是拿來用剪刀戳的」

T：「你可以用這把橡膠刀」

範例 2

遊戲單元時間結束了，你已經說了兩次時間限制，因為針對讓他玩更久這件事你不讓步，你的孩子開始生氣，想要打你。打人並不被允許，所以立即進行 A-C-T 的第二步，接著再用 A-C-T 三步驟設限。

C（堅定地）：「比利，我不是用來被打的」

A（同理地）：「我知道你對我很生氣……」

C（堅定地）：「但人不是用來被打的」

T（中立的語氣）：「你可以假裝不倒翁是我，打他（指著充氣式不倒翁）」

練習

1. 你的孩子開始彩繪娃娃屋，並說：「它需要一些紅色的窗簾！」

    （假設你有買一個娃娃屋的話；然而，塗顏色在紙板製的娃娃屋是可以的）

    A：我知道你真的想要幫娃娃屋裝窗簾

    C：但娃娃屋不是拿來塗顏色的

    T：你可以在這張紙上做一個紅色的窗簾，並將它們黏在娃娃屋

2. 你的孩子用裝有子彈的飛鏢槍瞄準你。

    A：（孩子的名字），我知道你想要用這個槍射我

    C：但我不是用來被射的

    T：你可以選擇射那個（指著可以被射的東西）

3. 在遊戲單元進行 15 分鐘後，你的孩子說她想要離開，到外面和她的朋友一起玩。

   A：我知道妳現在想要和妳的朋友一起玩

   C：但我們的特別遊戲時間還有 15 分鐘

   T：之後妳就可以到外面玩

4. 你的孩子想扮演醫生，並要求你當病人。你的孩子要求把襯衫拉上來，讓她聽你的心跳聲。

   A：（孩子的名字），我知道妳想要我將襯衫拉上來，就像真的在醫生診間一樣

   C：但我的襯衫不是拿來被拉的

   T：你可以隔著我的襯衫聽我的心跳聲（或妳可以假裝這個娃娃是我，然後把它的襯衫拉上來）

5. 描述你認為在遊戲單元中可能需要設限的一個情境。

   情境：_____

   _____

   A：_____

   C：_____

   T：_____

親子關係訓練 單元 4
父母遊戲單元筆記

第＿＿＿＿次遊戲單元　日期：＿＿＿＿＿

重要事件

我了解到關於孩子

　　表達的感受：

　　遊戲主題：

我了解到關於自己

　　我在遊戲單元中的感受：

　　我認為我做得最好的部分是：

　　對我最困難和最具挑戰的是：

問題或擔心

在下次遊戲單元中我想聚焦的技巧

親子關係治療單元 5
治療大綱

一、非正式分享，接著由父母報告遊戲單元的情況，檢視家庭作業（錄製錄影帶的父母最後分享）

- 父母分享在遊戲單元期間所覺察到的強烈感受

  聚焦於父母進行遊戲單元時自我覺察的重要性；透過反映父母的感覺來做示範。

- 父母分享遊戲單元期間嘗試的設限

  記得只聚焦在遊戲單元中發生的事——將遊戲單元以外所發生的設限問題，改至治療結束前討論。

  讓父母知道看完錄影帶後，你會在稍後檢視設限的家庭作業。

- 聚焦在遊戲單元中應做事項（用海報向父母說明）

  藉父母討論的實例來強化應做事項——指出困難的情況，並與父母針對回應方式進行即興的角色扮演。

- 記住甜甜圈比喻：聚焦於優點和正向範例

  在每一位父母的分享中，找出可以被鼓勵和支持的事——促進團體成員間的「連結」；幫他們看見在教養困境裡自己並不孤單。

二、討論及督導錄製的遊戲單元

- 依照上週一樣的程序，觀看一到兩個親子遊戲單元。
- 示範鼓勵，並促進同儕回饋。
- 請父母看「課堂遊戲單元技巧檢核表」講義，在父母手冊 5-3，將他們在治療師示範過的或其他父母指出的技巧處打勾。
- 繼續看「遊戲單元中『應做』與『不應做』事項」海報或講義（單元 3）。
  - 鼓勵錄影的父母在播放前先分享遊戲單元的一些狀況。
  - 播放錄影帶，直到出現明顯的優點。
  - 聚焦於父母進行遊戲單元時自我覺察的重要性。
  - 播放父母有疑問或特別想展現的影片部分。
  - 問父母認為自己做得好的部分。
  - 問父母在下次遊戲單元中想改善的部分。

三、複習設限

（選做）播放設限的錄影帶片段。

- 複習 A-C-T 方式：

  複習講義：「設限：在太遲之前執行 A-C-T」（請家長看父母手冊 4-2）。

  強調使用這三個步驟的重要性。

  歡迎問問題。

  強調清楚和簡潔陳述限制的重要性。

- 複習「設限：在太遲之前執行 A-C-T」的設限原則（請家長看父母手冊 4-2）

- 檢視家庭作業工作單：「設限：A-C-T 練習工作單」（請家長看父母手冊 4-3）

  查看單元 4 沒有涵蓋到的情景。

  討論父母可能需要設定的限制，且幫忙他們完成。

  歡迎問問題。

- 瀏覽講義：「設限：為什麼使用 A-C-T 三步驟」（請家長看父母手冊 5-2）

  假如時間不夠，請父母在家閱讀。

四、角色扮演／觀看錄影帶片段或現場示範遊戲單元技巧與設限

- 一定要讓父母有時間觀看遊戲單元技巧的示範，其中包括那些你想要他們模仿的技術，並聚焦在他們表示最為困難的技巧。

- 看完示範之後，邀請父母角色扮演他們自認最困難的一些情況，其中至少包含一個設限的角色扮演。

五、安排一到兩位父母在這週進行錄影

姓名／電話號碼_____　日期／時間（若是在諮商所錄影）_____

姓名／電話號碼_____　日期／時間（若是在諮商所錄影）_____

提醒這週要錄影的父母在「父母筆記和家庭作業」講義上做記錄。

六、家庭作業（請家長看父母手冊的家庭作業部分）

1. 給你每一個孩子三明治擁抱和三明治親吻。

2. 在遊戲單元前先閱讀講義：

   「設限：在太遲之前執行 A-C-T」（單元 4）。

   「遊戲單元中『應做』與『不應做』事項」（單元 3）。

   「遊戲單元程序檢核表」（單元 3）。

3. 進行遊戲單元（相同時間和地點）：

　　(1) 完成「父母遊戲單元筆記」。

　　(2) 使用「遊戲單元技巧檢核表」標示你認為做得好的事情，且選擇一個想要在下一次遊戲單元使用的技巧。

　　(3) 若你有在遊戲時間中設限，請在檢核表上寫下事發經過，以及你在過程中說或做了什麼。

　　我下週會帶著我的錄影帶（若是在諮商所錄製：我的預約日期／時間_____）。

4. 額外的作業：_____

七、以基本原則結束此單元

需謹記的基本原則

「若你無法在 16 個字以內說完，就別說了。」

（譯註：原著是 10 個英文字，換成中文大約 16 個字）

身為父母，我們很容易對孩子做過多的解釋，並在字裡行間將訊息混淆。

親子關係訓練 單元 5
父母筆記和家庭作業

需謹記的基本原則

「若你無法在 16 個字以內說完，就別說了。」

身為父母，我們很容易對孩子做過多的解釋，並在字裡行間將訊息混淆。

筆記（另可使用空白處記載）

_____

_____

_____

_____

_____

_____

_____

_____

家庭作業

1. 給你每一個孩子三明治擁抱和三明治親吻。

2. 在遊戲單元前先閱讀講義：

   「設限：在太遲之前執行 A-C-T」（單元 4）。

   「遊戲單元中『應做』與『不應做』事項」（單元 3）。

   「遊戲單元程序檢核表」（單元 3）。

3. 進行遊戲單元（相同時間和地點）：

   (1) 完成「父母遊戲單元筆記」。

   (2) 使用「遊戲單元技巧檢核表」標示你認為做得好的事情，且選擇一個想要在下一次遊戲單元使用的技巧。

   (3) 若你有在遊戲時間中設限，請在檢核表上寫下事發經過，以及你在過程中說或做了什麼。

   我下週會帶著我的錄影帶（若是在諮商所錄製：我的預約日期／時間_____）。

4. 額外的作業：_____

親子關係訓練單元 5
設限：為什麼使用 A-C-T 三步驟

Acknowledge：確認感受

Communicate：表達限制

Target：指出其他選擇

討論下列一般父母回應無法接受的行為時所隱含的不同訊息：

- 在牆壁上畫畫或許不是個好主意。

  訊息：我真的不確定可不可以畫在牆壁上。可能可以，也可能不可以。

- 你不能畫在這裡的牆上。

  訊息：你可能可以畫在其它房間的牆上。

- 我不能讓你畫在牆上。

  訊息：你做的事情是我的責任，而不是你的責任。

- 你或許可以畫在牆壁以外的地方。

  訊息：你或許能畫在家具上。

- 規則就是你不能畫在牆上。

  訊息：你有什麼感受並不重要。

- 牆壁不是拿來畫畫用的。

  訊息：你會想要畫牆壁並不表示你不乖，而是牆壁不是用來被任何人畫的。

親子關係訓練單元 5
課堂遊戲單元技巧檢核表
檢討錄影帶（或現場）的遊戲單元

指示：當你在錄影帶或現場示範的遊戲單元中觀察到某個遊戲單元技巧時，在空格處標示「√」。

1. ____做好準備／組織遊戲單元

2. ____傳達「同在」的態度

    全然的關注／感興趣

    腳趾頭應與鼻子朝向同一個方向

3. ____允許孩子主導

    避免給建議

    避免問問題

    將責任歸還給孩子

4. ____跟隨孩子的主導

    身體降到孩子視線的高度

    當孩子參與遊戲時，身體更靠近一些

    被邀請時加入遊戲——在適當的情況下扮演想像／假扮的角色

5. ____反映式回應技巧

    ____反映孩子的非口語遊戲行為（跟循）

    ____反映孩子的口語表達（內容）

    ____反映孩子的感受／需求／渴望

    ____聲調配合孩子的強度／情感

    ____回應簡短且有互動性

    ____臉部表情配合孩子的情感

6. ____使用鼓勵／建立自尊的回應

7. ____必要時使用 A-C-T 設限

親子關係訓練 單元 5
父母遊戲單元筆記

第_____次遊戲單元　日期：_____

重要事件

我了解到關於孩子

表達的感受：

遊戲主題：

我了解到關於自己

我在遊戲單元中的感受：

我認為我做得最好的部分是：

對我最困難和最具挑戰的是：

問題或擔心

在下次遊戲單元中我想聚焦的技巧

親子關係訓練 單元 5
遊戲單元技巧檢核表

第＿＿＿＿次遊戲單元　日期：＿＿＿＿＿＿

註：若有使用該項技巧，就在前方空格裡標示「√」；若未使用該項技巧就標示「－」；若該項技巧是強項則標示「＋」。

√－＋	技巧	備註／評語
	做好準備／組織遊戲單元	
	傳達「同在」的態度	
	全然的關注／感興趣	
	腳趾頭應與鼻子朝向同一個方向	
	允許孩子主導	
	避免給建議	
	避免問問題	
	將責任歸還給孩子	
	跟隨孩子的主導	
	身體降到孩子視線的高度	
	當孩子參與遊戲時，身體更靠近一些	
	被邀請時加入遊戲	
	反映式回應技巧	
	反映孩子的非口語遊戲行為（跟循）	
	反映孩子的口語表達（內容）	
	反映孩子的感受／需求／渴望	
	聲調配合孩子的強度／情感	
	回應簡短且有互動性	
	臉部表情配合孩子的情感	
	使用鼓勵／建立自尊的回應	
	必要時使用 A-C-T 設限	

親子關係治療 單元 6
治療大綱

一、非正式分享，接著由父母報告遊戲單元的情況，以檢視家庭作業（錄製錄影帶的父母最後分享）

- 父母分享給每位孩子三明治擁抱和三明治親吻的經驗。
- 父母分享遊戲單元期間所嘗試的設限。必要的話可複習 A-C-T 設限（參見單元 4 的講義，於父母手冊 4-2）。

  記得只聚焦在遊戲單元中發生的事——讓父母知道你稍後將會更聚焦於設限議題，藉以轉移有關設限的其他問題。
- 繼續聽取遊戲單元的報告，聚焦於父母所覺察到的自身行為改變。

  把重點放在遊戲單元中應做事項（用海報向父母說明）。

  藉父母討論的實例來強化應做事項。

  指出困難的情況，並與父母針對回應方式進行即興的角色扮演。
- 記住甜甜圈比喻：聚焦於優點和正向範例！在每一位父母的分享中，找出可以被鼓勵和支持的事——促進團體成員間的「連結」。

二、討論及督導錄製的遊戲單元

- 依照上週一樣的程序，觀看一到兩個親子遊戲單元。
- 示範鼓勵，並促進同儕回饋。
- 請父母看「課堂遊戲單元技巧檢核表」講義，在父母手冊 6-5，將他們在治療師示範過的或其他父母指出的技巧處打勾。
- 繼續看「遊戲單元中『應做』與『不應做』事項」海報或講義（單元 3）。

  提醒父母，對孩子來說，父母的一致性→可預測性→安全感→孩子感受到安全和被愛！

  基本原則：「在現實中不被允許的，可以在幻想中獲得。」

  在遊戲單元裡，允許以行動外化在現實中需要限制的感受和渴望。

三、給予選擇

- 瀏覽講義：「給予選擇 101：教導責任和做決定」（請家長看父母手冊 6-2）

基本原則：「大孩子給大選擇，小孩子給小選擇。」

提供的選擇一定要與孩子的發展階段相符。

- （選做）播放 DVD：《選擇、餅乾和小孩》（心理出版社 2016 年出版）（建議播放 15～20 分鐘，之後在單元 7 將 DVD 播完）。

- 如果時間允許，瀏覽另一篇給予選擇的講義：「給予選擇進階版：提供選擇當作後果」（請家長看父母手冊 6-3）。**注意**：此講義可延至單元 7 使用，或是在本單元使用一部分，再於單元 7 完成。

四、角色扮演／觀看錄影帶片段或現場示範遊戲單元技巧與給予選擇

- 一定要讓父母有時間觀看遊戲單元技巧的示範，其中包括那些你想要他們模仿的技術，並聚焦在他們表示最為困難的技巧。

- 看完示範之後，邀請父母角色扮演他們自認最困難的一些情況，其中至少包含一個給予選擇的角色扮演。

五、安排一到兩位父母在這週錄影

姓名／電話號碼＿＿＿＿＿＿＿＿＿ 日期／時間（若是在諮商所錄影）＿＿＿＿

姓名／電話號碼＿＿＿＿＿＿＿＿＿ 日期／時間（若是在諮商所錄影）＿＿＿＿

提醒這週要錄影的父母在「父母筆記和家庭作業」講義上做記錄。

六、家庭作業（請家長看父母手冊的家庭作業部分）

1. 閱讀「給予選擇 101：教導責任和做決定」以及「給予選擇進階版：提供選擇當作後果」。

2. 閱讀「遊戲單元中常見的問題」，並且標記你有疑問的二至三個議題，或寫下一個未列在工作單上但讓你飽受挑戰的議題。

3. 在遊戲單元以外的時間，練習提供至少一種選擇（「(1)」或「(2)」）。

    (1) 賦能你的孩子是提供選擇的唯一目的（給孩子兩個正向的選擇，對你而言都是可接受的，且都是孩子渴望獲得的）。

    發生什麼事＿＿＿＿＿＿＿＿＿＿＿＿＿＿＿＿＿＿＿＿＿＿＿＿＿＿＿＿

    你說了什麼＿＿＿＿＿＿＿＿＿＿＿＿＿＿＿＿＿＿＿＿＿＿＿＿＿＿＿＿

    孩子如何回應＿＿＿＿＿＿＿＿＿＿＿＿＿＿＿＿＿＿＿＿＿＿＿＿＿＿＿

(2) 練習將給予選擇視為一種訓練紀律的方法（給予選擇是被用來做為不配合限制、家庭規則或政策的後果）。

發生什麼事＿＿＿＿＿＿＿＿＿＿＿＿＿＿＿＿＿＿＿＿＿＿

你說了什麼＿＿＿＿＿＿＿＿＿＿＿＿＿＿＿＿＿＿＿＿＿＿

孩子如何回應＿＿＿＿＿＿＿＿＿＿＿＿＿＿＿＿＿＿＿＿＿

4. 進行遊戲單元（相同時間和地點）——複習「遊戲單元中『應做』與『不應做』事項」和「遊戲單元程序檢核表」。

(1) 完成「父母遊戲單元筆記」。

(2) 使用「遊戲單元技巧檢核表」標示你認為做得好的事情，且選擇一個想要在下一次遊戲單元使用的技巧。

我下週會帶著我的錄影帶（若是在諮商所錄製：我的預約日期／時間＿＿＿＿＿）。

5. 額外的作業：＿＿＿＿＿＿＿＿＿＿＿＿＿＿＿＿＿＿＿＿＿＿

七、以激勵人心的詩、故事或基本原則結束此單元（選做）

需謹記的基本原則

1. 「**在現實中不被允許的，可以在幻想中獲得。**」在遊戲單元裡，允許以行動外化在現實中需要限制的感受和渴望。例如，在遊戲時間裡將「妹妹嬰兒」娃娃丟出窗外是可以的。

2. 「**大孩子給大選擇，小孩子給小選擇。**」提供的選擇一定要與孩子的發展階段相符。

親子關係訓練單元 6
父母筆記和家庭作業

需謹記的基本原則

1. 「**在現實中不被允許的，可以在幻想中獲得。**」在遊戲單元裡，允許以行動外化在現實中需要限制的感受和渴望。例如，在遊戲時間裡將「妹妹嬰兒」娃娃丟出窗外是可以的。

2. 「**大孩子給大選擇，小孩子給小選擇。**」提供的選擇一定要與孩子的發展階段相符。

筆記（另可使用空白處記載）

_____
_____
_____
_____
_____
_____
_____
_____

家庭作業

1. 閱讀「給予選擇 101：教導責任和做決定」以及「給予選擇進階版：提供選擇當作後果」。

2. 閱讀「遊戲單元中常見的問題」，並且標記你有疑問的二至三個議題，或寫下一個未列在工作單上但讓你飽受挑戰的議題。

3. 在遊戲單元以外的時間，練習提供至少一種選擇（「(1)」或「(2)」）。

   (1) 賦能你的孩子是提供選擇的唯一目的（給孩子兩個正向的選擇，對你而言都是可接受的，且都是孩子渴望獲得的）。

   發生什麼事_____
   你說了什麼_____
   孩子如何回應_____

(2) 練習將給予選擇視為一種訓練紀律的方法（給予選擇是被用來做為不配合限制、家庭規則或政策的後果）。

發生什麼事＿＿＿＿＿＿＿＿＿＿＿＿＿＿＿＿＿＿＿＿＿＿＿

你說了什麼＿＿＿＿＿＿＿＿＿＿＿＿＿＿＿＿＿＿＿＿＿＿＿

孩子如何回應＿＿＿＿＿＿＿＿＿＿＿＿＿＿＿＿＿＿＿＿＿＿

4. 進行遊戲單元（相同時間和地點）——複習「遊戲單元中『應做』與『不應做』事項」和「遊戲單元程序檢核表」

(1) 完成「父母遊戲單元筆記」。

(2) 使用「遊戲單元技巧檢核表」標示你認為做得好的事情，且選擇一個想要在下一次遊戲單元使用的技巧。

我下週會帶著我的錄影帶（若是在諮商所錄製：我的預約日期／時間＿＿＿＿＿）。

5. 額外的作業：＿＿＿＿＿＿＿＿＿＿＿＿＿＿＿＿＿＿＿＿＿＿＿

親子關係訓練 單元 6
給予選擇 101：教導責任和做決定

- 提供孩子適齡的選擇可以賦能孩子，因為這會讓他們對自己的環境有控制感。感受被賦能且「有控制感」的孩子比較有能力調整自己的行為，這是自我控制的先決條件。選擇讓孩子能斟酌自己的內在資源，而非仰賴父母（外在資源）來中止他們的行為或解決問題。如果父母總是干涉，孩子學習到的是「假如我失控的話，爸媽會阻止我」或「假如我陷入一團糟，爸媽會解決問題」。

- 讓孩子選擇可以提供其做決定和解決問題的機會。藉由練習做選擇，孩子學會接受其選擇和行動的責任，並且了解自己是勝任且有能力的人。給予選擇會促進孩子良知的發展；當我們允許孩子從錯誤中學習，他們就能學到根據可能的後果來衡量如何做決定。

- 提供孩子選擇可以降低親子間的權力拉扯，並且能夠保有親子關係。親子雙方都被賦能；父母負責或控制給予選擇的範圍，孩子則負責或控制自己的決定（在父母決定的範圍內）。

給予選擇的策略

- 提供適齡的選擇，且對孩子和對你來說都能接受。記住，你一定要樂於接納孩子的選擇。不要為了試圖操控孩子去做你想要的事情，而提出你想要孩子選的選項和你知道孩子不會喜歡的第二選項。

- 提供小選擇給小孩子、大選擇給大孩子。例如：一個三歲的孩子只能在兩件衣服或兩種食物中挑選：「莎拉，你想要穿紅色或粉紅色洋裝上學？」「莎拉，你午餐想吃蘋果或柳丁？」

給予選擇以避免潛在的問題行為和權力拉扯

選擇可以被用來避免潛在的問題。和上述的例子相似，提供的選擇要讓父母和孩子都能接受。在這個情況下，父母可以提前計畫選項，以避免孩子出現跟過去一樣的掙扎狀況。例如莎拉有早晨不知穿哪件洋裝的困擾，前一天晚上先提供穿著的選項（以避免隔天早晨的拉扯）；在她做了決定之後，將洋裝從衣櫥拿出來，為早晨做準備。被給予做決定的責任後，孩子會比較能夠遵循決定。

在為預防問題挑選選項時，父母必須對孩子掙扎的實際狀況有所了解。假如你的孩子回家總是會餓，想吃一點甜食，但你想要他吃健康的點心，你手邊至少要準備好兩個他喜歡的健康點心選項。在他吃冰淇淋之前說：「比利，我買了葡萄和櫻桃當點心，

你想要哪一種？」

或，假如你做了孩子喜歡的點心，對五歲孩子來說，吃一兩片可以接受，那你就說：「比利，我今天做了你喜歡吃的餅乾，你想要一片還是兩片呢？」

提示：這是另一個「建構成功」的應用方式，藉著淘汰大部分不可被接受的點心項目，且囤積健康的點心項目！建構你的家庭環境，以便將衝突降到最低，這會讓你和孩子都有較多的「控制感」。**切記：當一個恆溫器。**

建議父母閱讀：*"Teaching Your Child to Choose"*, Parenting, October, 2002.

親子關係訓練單元 6～7
給予選擇進階版：提供選擇當作後果

孩子需要父母的引導和規範。在許多情況裡，父母必須為孩子做決定——孩子不夠成熟來負起責任的決定——例如睡覺時間、其他健康和安全的事項，以及家中需配合的政策和規則。然而，在這樣的情況裡，父母還是能透過給予選擇提供孩子某些程度的控制感。

給予選擇的 Oreo® 餅乾法（Garry Landreth 的《選擇、餅乾和小孩》DVD）

範例 1：三歲的莎拉緊抓著一把 Oreo 餅乾，準備把它們全吃下肚（現在是睡前時間，父母知道這樣做對莎拉來說並不健康，但莎拉不知道——她只知道她想要餅乾！）父母可說：「莎拉，妳可以選擇留一塊餅乾吃，把剩下的放回去，或者妳可以把餅乾通通放回去。妳選哪一個？」或者，若對父母來說，讓莎拉吃兩個餅乾是可行的，那就說：「莎拉，妳能吃一塊或兩塊餅乾，妳選哪個？」

範例 2：三歲的莎拉不想吃藥，而且堅定地告訴你，她就是要這樣做！服藥不是一個選擇，那是件必然要做的事。但是父母可以說：「莎拉，妳可以選擇用蘋果汁或柳橙汁配藥吃，妳要選哪一個？」以提供孩子對此情況的控制感。

範例 3：七歲的比利疲倦且易怒，拒絕從祖父母家坐車回家。父母可以說：「比利，你可以選擇跟爸爸坐前座，或跟莎拉一起坐後座，你選哪一個？」

給予選擇以實行家庭政策和規則

給予選擇可以用在實行家庭政策／規則方面。剛開始一次只執行一項。一般來說，提供兩個選項——一個以正向言詞表達（配合政策的後果），另一個選項（不配合政策的後果）是你的孩子絕對不會喜歡的後果（例如放棄喜歡的電視節目）。不配合的後果應該有其關連性和邏輯性，而不是一種處罰，而且一定要可執行。

範例：某個家庭規則已經建立，就是在晚餐前一定要把起居室地板上的玩具收好（孩子沒有被重複提醒的話，似乎就無法記住，父母因為不斷提醒和權力拉扯而覺得很挫敗）。

「我們即將在家規中制定一個全新而重要的政策」（用深奧的字吸引孩子們的注意！）

「當你選擇在晚餐前把玩具收好，表示你選擇在晚餐後看 30 分鐘的電視。當你選擇不在晚餐前把玩具收好，表示你選擇不在晚餐後看電視。」**注意**：確保孩子們知道何時距離晚餐還有 10～15 分鐘，這樣他們才有時間收玩具。

在你第一次宣布這個新政策時，孩子或許能配合，因為你才剛告知他們。但最重要的是，接下來你要開始讓孩子使用內在資源和控制來記住這個新政策，而不是靠你不斷的提醒。（記住，你就是因為過去感到挫敗和疲於嘮叨，才執行新政策！）因此，隔天晚上，父母可以說：「比利和莎拉，我們將在 10 分鐘後開飯；該是收拾玩具的時候了」，然後就走出去。當晚餐時間一到，再走回房間要他們去吃晚餐：

(1) 玩具沒有收拾，當下不用說什麼。晚餐過後，走回起居室對孩子宣布：「看來你們今晚決定不看電視。」即使孩子開始忙著收玩具，他們仍已經選擇該晚不看電視。「喔，你們想如果現在收玩具的話，就能看電視。但這個政策是，玩具必須在晚餐之前收好。」孩子乞求再給機會，你要堅持到底，平靜且同理地說：「我知道你們希望剛剛選擇把玩具在晚餐前收好，這樣就選擇現在能看電視。明天晚上，你們能選擇在晚餐前把玩具收好，便能選擇看電視。」有些孩子會連續好幾個晚上都選擇不看電視。

(2) 孩子忙著收拾玩具且已把大部分的東西都放好（媽媽可以協助收玩具，以示範合作精神，並避免晚餐耽擱）。父母可以說：「晚餐時間到了，看來你們已經選擇今天晚餐後看電視。」

有關設限和後果方面給予選擇的指引

- 堅定且不帶怒氣地執行後果。
- 後果只針對「今天」——每一天（或每次遊戲單元）應該都有機會重新開始；有機會從先前的決定和後果中學習；有機會使用內在資源來控制「自己」和做出不同的決定。
- 用同理心反映孩子的選擇，但保持堅定的立場。一致性和堅持到底是必要的。
- 用一種陳述事實的聲音傳達選擇——假如孩子在父母的聲音裡聽到挫折或憤怒，可能會產生權力拉扯，同時會認為父母喜歡某個選擇而非另一個。孩子必須有自由去選擇不配合的後果。

注意：一旦你的孩子已經達到「失控」的階段，孩子或許無法聽到和處理選擇。回到上一個步驟，把焦點放在孩子的感受，在對他不能被接受的行為設限時，以同理反映他的感覺，必要的話抱住他，以避免他傷害自己或你。

親子關係訓練單元 6
遊戲單元中常見的問題

問：孩子注意到我在遊戲單元中有不同的說話方式，想要我講話正常一點。我該怎麼做呢？

答：對孩子說：「對你來說，我聽起來不太一樣。那是我讓你知道我有在聽你說話的一種方式。還記得嗎？我有去上特別的課程學習怎麼跟你玩。」（孩子可能會說他注意到父母不一樣了；對於口語關注有驚喜的反應；對太多的字詞反映感到不舒服；或是說他注意到父母的反映模式有所不同。孩子可能不希望父母改變，因為那代表他接下來也一定要因父母的新回應方式而改變和調適。）

問：孩子在遊戲單元期間問了許多問題，且對我沒有回答感到惱怒。我應該怎麼做？

答：我們都會從反映孩子的感受開始：「你在生我的氣。」有時候當父母改變基本的回應方式時，孩子會感到不安，並且因為不知道要如何反應而生氣。你的孩子可能會覺得不安，試著用他過去一直在用的方法吸引你的注意。你的目標是鼓勵孩子的自信和自我接納：「在我們特別的遊戲時間裡，你想要問題的答案是什麼，它就是什麼。」例如，你的孩子可能會問：「我應該畫什麼？」你要讓孩子知道，在這個特別的遊戲時間，由他決定他的畫，所以你回應：「你已經決定要畫了，在這個特別的遊戲時間，你可以畫你決定要畫的任何東西。」我們的目標是去賦能孩子，使其發現自己的優勢。

問：我的孩子都在玩耍和覺得好玩。我做錯了什麼呢？

答：你沒有做錯，你的孩子可以選擇如何運用這段時間。在這個特別的遊戲時間裡，你和孩子所建立的關係會比孩子是否致力於解決問題來得重要。當你和孩子的關係強化，孩子的問題將會減少。你的孩子或許正藉由遊戲處理議題，而你並不知情。記住課程指引單元 2 提到的 OK 繃比喻（請見 p. 114），你在遊戲時間所做的一切都在發揮效用，即使你未見任何改變。孩子能夠透過與父母或遊戲治療師在遊戲單元中所做的事情而改變，即使我們不明白他們正在做什麼。在這個特別的遊戲時間裡，你的工作是跟隨孩子的主導、不批判，只要理解和接納就好。你的同理回應將幫助孩子聚焦於對他而言重要的議題上。

問：我覺得很無聊。這麼做有何價值？

答：在遊戲時間裡覺得無聊並不是一件不尋常的事情，因為父母的行程表很滿，有許多緊湊的行程要跑，且不習慣坐下來、安靜地交流 30 分鐘。透過回應你從孩子臉上所看見的，以及問自己一些問題，像是：「他的感覺是什麼？」「他嘗試在遊戲裡說些什

麼？」「他需要從我這裡得到什麼？」或「這個玩具或遊戲裡讓他最感興趣的是什麼？」還有藉由更多的跟循和反映性的回應，可以增加你感興趣的程度以及對孩子遊戲的參與。你所能做且最重要的事情，是繼續在遊戲單元的歷程裡保持耐心。

問：孩子對我的話毫無反應，我要怎麼知道是否做對了？

答：通常當你做對了，孩子會讓你知道。假如他對你的反映無動於衷，你或許可以探索他現在有什麼其他感受，或傳達你很努力想要了解。例如，若你已反映「你真的好生氣！」而你的孩子沒有回應，你可以說：「……也許你現在感覺到的不是憤怒，或許只是有很強烈、很有力的感受。」假如你的孩子仍然沒有回應，你可以說：「也許兩者都不是，我很好奇你感覺到的是什麼。」

問：我何時可以問問題，何時不行？

答：大部分情況下，問句可以被改換成陳述句，例如，用「我很好奇那是否曾發生在你身上」來取代「那曾經發生在你身上嗎？」在遊戲單元中唯一可以使用的問句類型像是一種「故意被聽見的自言自語」（stage whispers），例如：「我該說什麼呢？」

問：孩子討厭遊戲單元，我應該終止嗎？

答：溝通和了解一直都很重要。可以對孩子說：「你不想要有這個特別的遊戲時間，你更想要做別的事情。我們先進行遊戲 10 分鐘，接著你能決定是否要繼續進行或做別的事情。」這個回應有助於孩子覺得被理解和有控制感，許多的孩子因此較願意妥協。在多數的情況下，孩子會開始遊戲，且之後決定繼續遊戲單元。

問：孩子想要遊戲時間更長一些，我應該延長遊戲單元的時間嗎？

答：即使你的孩子玩得很開心，仍得遵守設定的時間限制，因為這會增進一致性，不僅提供你表達堅定立場的機會，也提供孩子機會進行自我控制並結束一次很想要的遊戲時間。可以使用 A-C-T 設限技巧，並確保已確認孩子的感受。例如，你可以說：「你真的玩得很開心，好想要玩得更久一點，但是我們今天的特別遊戲時間已經到了，下週二我們會有另一次特別遊戲時間。」假如孩子執意繼續，你可以說：「裘依，我也希望我們有更多的時間。但是今天的 30 分鐘已經到了，我們在下週二有另一次遊戲時間。」

問：我的孩子想在這星期的其他時間玩玩具，那是可以的嗎？

答：只有在這 30 分鐘的遊戲時間裡允許孩子玩這些玩具，那有助於傳達「這是個特別的時間，一個只為了我們兩人而存在的歡樂時光」的訊息。將這些玩具做區隔，會讓遊

戲時間變得獨特，孩子也會渴望得到這樣的時間。另一個原因是，這個與孩子相處的時間是連結情感關係的時刻；玩具變成情感關係的一部分，因為透過你所使用的同理性回應，孩子得以藉由玩具表達和探索情緒訊息。相同的情緒探索無法發生在其他遊戲時間，因為你並不在那裡對孩子傳達你對其遊戲的理解。此外，只允許孩子在特別遊戲時間玩這些玩具，有助於孩子學習延宕滿足。若你對於阻止孩子玩這些玩具物件感到困擾的話，可以把它們收在櫃子的頂層架子，讓它們不會被看到。若那樣做也無效，就把它鎖在車廂裡。

問：在遊戲單元期間，孩子想要我用飛鏢槍射他。我該怎麼做？

答：設限。若你的孩子說：「我是一個壞人，射我。」你可以說：「我知道你想要我射你，但你不是拿來被射的；我可以假裝你是一個要逃走的壞人，我會抓住你，或者你可以畫一張壞人被射的圖畫。」

問：＿＿＿＿＿＿＿＿＿＿＿＿＿＿＿＿＿＿＿＿＿＿＿＿＿＿＿＿＿＿＿

　　＿＿＿＿＿＿＿＿＿＿＿＿＿＿＿＿＿＿＿＿＿＿＿＿＿＿＿＿＿＿＿

　　＿＿＿＿＿＿＿＿＿＿＿＿＿＿＿＿＿＿＿＿＿＿＿＿＿＿＿＿＿＿＿

　　＿＿＿＿＿＿＿＿＿＿＿＿＿＿＿＿＿＿＿＿＿＿＿＿＿＿＿＿＿＿＿

親子關係訓練 單元 6
課堂遊戲單元技巧檢核表
檢討錄影帶（或現場）的遊戲單元

指示：當你在錄影帶或現場示範的遊戲單元中觀察到某個遊戲單元技巧時，在空格處標示「√」。

1. ＿＿＿做好準備／組織遊戲單元

2. ＿＿＿傳達「同在」的態度

　　　　全然的關注／感興趣

　　　　腳趾頭應與鼻子朝向同一個方向

3. ＿＿＿允許孩子主導

　　　　避免給建議

　　　　避免問問題

　　　　將責任歸還給孩子

4. ＿＿＿跟隨孩子的主導

　　　　身體降到孩子視線的高度

　　　　當孩子參與遊戲時，身體更靠近一些

　　　　被邀請時加入遊戲——在適當的情況下扮演想像／假扮的角色

5. ＿＿＿反映式回應技巧

　　　　＿＿＿反映孩子的非口語遊戲行為（跟循）

　　　　＿＿＿反映孩子的口語表達（內容）

　　　　＿＿＿反映孩子的感受／需求／渴望

　　　　＿＿＿聲調配合孩子的強度／情感

　　　　＿＿＿回應簡短且有互動性

　　　　＿＿＿臉部表情配合孩子的情感

6. ＿＿＿使用鼓勵／建立自尊的回應

7. ＿＿＿必要時使用 A-C-T 設限

親子關係訓練 單元 6
父母遊戲單元筆記

第_____次遊戲單元　日期：_____

重要事件

我了解到關於孩子

　　表達的感受：

　　遊戲主題：

我了解到關於自己

　　我在遊戲單元中的感受：

　　我認為我做得最好的部分是：

　　對我最困難和最具挑戰的是：

問題或擔心

在下次遊戲單元中我想聚焦的技巧

親子關係訓練 單元 6
遊戲單元技巧檢核表

第_____次遊戲單元　日期：_____

註：若有使用該項技巧，就在空格裡標示「√」；若未使用該項技巧就標示「－」；若該項技巧是強項則標示「＋」。

√－＋	技巧	備註／評語
	做好準備／組織遊戲單元	
	傳達「同在」的態度	
	全然的關注／感興趣	
	腳趾頭應與鼻子朝向同一個方向	
	允許孩子主導	
	避免給建議	
	避免問問題	
	將責任歸還給孩子	
	跟隨孩子的主導	
	身體降到孩子視線的高度	
	當孩子參與遊戲時，身體更靠近一些	
	被邀請時加入遊戲	
反映式回應技巧		
	反映孩子的非口語遊戲行為（跟循）	
	反映孩子的口語表達（內容）	
	反映孩子的感受／需求／渴望	
	聲調配合孩子的強度／情感	
	回應簡短且有互動性	
	臉部表情配合孩子的情感	
	使用鼓勵／建立自尊的回應	
	必要時使用 A-C-T 設限	

親子關係治療 單元 7

治療大綱

一、非正式分享，接著由父母報告遊戲單元的情況，以檢視家庭作業（錄製錄影帶的父母最後分享）

- 複習「給予選擇 101：教導責任和做決定」講義（請家長看父母手冊 6-2）——當父母報告家庭作業，即在遊戲單元之外練習給孩子選擇時，加強基本概念。

- （選做）視需要完成單元 6 的《選擇、餅乾和小孩》DVD。

- 視需要閱讀和完成：「給予選擇進階版：提供選擇當作後果」（請家長看父母手冊 6-3）。

  如果父母提問當孩子不配合限制時，可以如何使用選擇，可以簡要討論使用選擇作為後果。告訴父母，更進階的技巧會在稍後的單元中有深入的探討（參見父母手冊 9-2，單元 9 的「進階設限：對不配合行為給予選擇當作後果」講義）。

- 簡要複習講義：「遊戲單元中常見的問題」（請家長看父母手冊 6-4）。

  利用這個機會複習反映式聆聽、設限、給予選擇等等。

- 繼續聽取遊戲單元進行情況的報告，聚焦於父母在自己身上察覺到的行為變化。

  聚焦於遊戲單元中應做事項（使用海報讓父母參照）。

  從父母的報告或評論中舉出例子以強化應做事項。

  與父母進行角色扮演，對困難的情況做出回應。

- 記住甜甜圈比喻：鼓勵……支持……連結！

  在每一位父母的分享中，找出可以被鼓勵和支持的事——促進團體成員間的「連結」。

二、討論及督導錄製的遊戲單元

- 依照上週一樣的程序，觀看一到兩個親子遊戲單元。

- 示範鼓勵，並促進同儕回饋。

- 請父母看「課堂遊戲單元技巧檢核表」講義，在父母手冊 7-4，將他們在呈現中看到的示範技巧處打勾。

- 繼續看「遊戲單元中『應做』與『不應做』事項」海報或講義（單元 3）。

  - 播放錄影帶，直到出現明顯的優點。

- 聚焦於父母進行遊戲單元時自我覺察的重要性。
- 播放父母有疑問或特別想展現的影片部分。
- 詢問父母認為自己做得好的部分。
- 詢問父母在下次遊戲單元中想致力於哪部分。

三、建立自尊

- 瀏覽講義：「建立自尊的回應」（請家長看父母手冊 7-2）

基本原則：「絕不替孩子做他自己能做的事。」

如果你替他做了，便剝奪了孩子發現的樂趣以及覺得自己能勝任的機會。你永遠不知道孩子的能力，除非你給他機會去嘗試！

四、角色扮演／觀看錄影帶片段或現場示範遊戲單元技巧、建立自尊的回應，以及將責任歸還給孩子的回應

- 一定要讓父母有時間觀看遊戲單元技巧的示範，其中包括那些你想要他們模仿的技術，並聚焦在他們表示最為困難的技巧。
- 看完示範之後，邀請父母角色扮演他們自認最困難的一些情況，其中至少包含一個建立自尊的回應之角色扮演。

五、安排一到兩位父母在這週錄影

姓名／電話號碼＿＿＿＿＿＿＿＿　日期／時間（若是在諮商所錄影）＿＿＿＿＿
姓名／電話號碼＿＿＿＿＿＿＿＿　日期／時間（若是在諮商所錄影）＿＿＿＿＿
提醒這週要錄影的父母在「父母筆記和家庭作業」講義上做記錄。

六、家庭作業（請家長看父母手冊的家庭作業部分）

1. 閱讀「建立自尊的回應」講義——在遊戲單元期間至少練習一次建立自尊的回應（記在「遊戲單元技巧檢核表」上），還要在遊戲單元之外練習給予一次建立自尊的回應。
   在遊戲單元之外發生的事＿＿＿＿＿＿＿＿＿＿＿＿＿＿＿＿＿＿＿＿＿＿＿＿
   你說了什麼＿＿＿＿＿＿＿＿＿＿＿＿＿＿＿＿＿＿＿＿＿＿＿＿＿＿＿＿＿＿
   孩子如何回應（口語或非口語）＿＿＿＿＿＿＿＿＿＿＿＿＿＿＿＿＿＿＿＿＿
2. 寫一張便條給你主要聚焦的孩子，以及家中的其他孩子，指出你欣賞這個孩子的一項正面特質（「正面人格特質」講義）。連續三星期，每星期寫一張（如果可能的話，將第一張便條寄給孩子）。寫上以下的句子：

「親愛的 ＿＿＿＿＿＿ ，我剛才正想著你，我在想，你是這麼的 ＿＿＿＿＿＿ （周到、負責任、體貼、有愛心等等）。我愛你，＿＿＿＿＿＿ （爸爸，媽媽）」

在孩子讀完這張便條（或你向孩子朗讀這張便條）之後，用你自己的話告訴孩子：「這是多麼重要的特質；我們應該把這張便條貼在冰箱（布告欄等等）上。」**提醒**：不要期待孩子有回應。

3. 進行遊戲單元（同樣的時間和地點）──複習「遊戲單元中『應做』與『不應做』事項」和「遊戲單元程序檢核表」。

   (1) 完成「父母遊戲單元筆記」。

   (2) 使用「遊戲單元技巧檢核表」標示你認為做得好的事情，且選擇一個想要在下一次遊戲單元使用的技巧：記下至少一個建立自尊的回應。

   我下週會帶著我的錄影帶（若是在諮商所錄製：我的預約日期／時間＿＿＿＿＿＿ ）。

4. 額外的作業：＿＿＿＿＿＿＿＿＿＿＿＿＿＿＿＿＿＿＿＿＿＿＿＿＿＿＿＿＿＿

七、以激勵人心的詩、故事或基本原則結束此單元（選做）

建議閱讀「痛苦掙扎成為一隻蝴蝶：一個真實的故事」（參見「建立自尊的回應」講義，在父母手冊 7-2）

切記：蝴蝶未經痛苦的掙扎，就沒有翅膀！

需謹記的基本原則

「絕不替孩子做他自己能做的事。」

如果你替他做了，便剝奪了孩子發現的樂趣以及覺得自己能勝任的機會。

你永遠不知道孩子的能力，除非你給他機會去嘗試！

親子關係訓練 單元 7
父母筆記和家庭作業

需謹記的基本原則

「絕不替孩子做他自己能做的事。」

如果你替他做了，便剝奪了孩子發現的樂趣以及覺得自己能勝任的機會。

你永遠不知道孩子的能力，除非你給他機會去嘗試！

筆記（另可使用空白處記載）

_____

_____

家庭作業

1. 閱讀「建立自尊的回應」講義——在遊戲單元期間至少練習一次建立自尊的回應（記在「遊戲單元技巧檢核表」上），還要在遊戲單元之外練習給予一次建立自尊的回應。

   在遊戲單元之外發生的事_____

   你說了什麼_____

   孩子如何回應（口語或非口語）_____

2. 寫一張便條給你主要聚焦的孩子，以及家中的其他孩子，指出你欣賞這個孩子的一項正面特質（參見「正面人格特質」講義）。連續三星期，每星期寫一張（如果可能的話，將第一張便條寄給孩子）。寫上以下的句子：

   「親愛的_____，我剛才正想著你，我在想，你是這麼的_____（周到、負責任、體貼、有愛心等等）。我愛你，_____（爸爸，媽媽）」

   在孩子讀完這張便條（或你向孩子朗讀這張便條）之後，用你自己的話告訴孩子：「這是多麼重要的特質；我們應該把這張便條貼在冰箱（布告欄等等）上。」**提醒**：不要期待孩子有回應。

3. 進行遊戲單元（同樣的時間和地點）——複習「遊戲單元中『應做』與『不應做』事項」和「遊戲單元程序檢核表」。

   (1) 完成「父母遊戲單元筆記」。

   (2) 使用「遊戲單元技巧檢核表」標示你認為做得好的事情，特別聚焦在建立自尊的回應，且選擇一個想要在下一次遊戲單元使用的技巧。

   我下週會帶著我的錄影帶（若是在諮商所錄製：我的預約日期／時間_____）。

4. 額外的作業：_____

親子關係訓練 單元 7
建立自尊的回應
發展孩子的勝任感

需謹記的基本原則

「絕不替孩子做他自己能做的事。」

如果你替他做了，便剝奪了孩子發現的樂趣以及覺得自己能勝任的機會。

你永遠不知道孩子的能力，除非你給他機會去嘗試！

父母幫助孩子發展出對「自我」的正面觀感，所透過的方式不僅是提供孩子愛和無條件的接納，還要幫助孩子有勝任感，覺得自己可以做到。首先要讓孩子**經驗到**什麼是發現、搞懂和解決問題。藉由讓孩子掙扎於一個問題，但在整個過程中給予鼓勵（「鼓勵 vs. 讚美」將在單元 8 詳細探討），來表達對孩子和他的能力有信心。對大部分父母而言，讓孩子痛苦地掙扎是一件困難的事──但為了使孩子真正有自己可以做到的感覺，這是一個必要的過程。幫助孩子發展對自我的正面觀感而有勝任感和能夠做到的感覺，下一步是學習一種回應方法，肯定孩子的想法、努力和成就，但不讚美他。

建立自尊的回應，在遊戲單元時使用

「你做到了！」　　　　　「你決定它們應該是這樣拼起來的。」

「你搞懂了。」　　　　　　「你就是知道要讓它看起來是什麼樣子。」

「你喜歡這結果。」　　　　「你沒有放棄──而是想辦法要搞懂它。」

「你決定了……」　　　　　「你有一個計畫要……」

範例 1：孩子一直努力要把黏土的蓋子打開，最後終於成功。

　　　　父母回應：「你做到了！」

範例 2：孩子一直努力要把黏土的蓋子打開，可是打不開。

　　　　父母回應：「你想盡辦法要打開它。」

範例 3：孩子辛苦地將飛鏢塞到槍裡面，並且它塞到底，最後終於成功了。

　　　　父母回應：「你知道怎麼做了！」

範例 4：孩子花時間畫畫、剪剪貼貼一張難以形容的「藝術品」，他完成之後，帶著微笑拿給你看。

　　　　父母回應：「你真的喜歡你做出來的樣子。」

範例 5：孩子正小心地擺放士兵小人偶，並告訴你即將開打的戰役會發生什麼，以及其中一方如何偷偷爬過去等等。

　　父母回應：「你已經計劃好那一方怎麼去……」或「你一切都計劃好了。」

注意：如果孩子傾向於不先自己嘗試就要求你幫他做，可請治療師進行角色扮演，示範如何將責任歸還給孩子，讓孩子去做他能夠自己搞懂的事。

****

痛苦掙扎成為一隻蝴蝶：一個真實的故事（作者不明）

我家附近有一家人最近將兩個即將羽化的繭帶回家。他們看著第一個繭開始開了一個小口，裡面的蝴蝶在繭的尾端咬破一個小洞，很緩慢並痛苦地從這個小洞鑽出來。在艱難痛苦地從繭鑽出來後，牠筋疲力竭地在那休息裡大概十分鐘，最後蝴蝶張開漂亮的翅膀，從窗戶飛出去。

於是這家人決定幫助第二隻蝴蝶，好讓牠不必經歷這種酷刑般的折磨。結果，牠一開始要鑽出繭時，他們就小心地用刀片將繭割開，就像剖腹生產的手術一樣。結果第二隻蝴蝶一直沒有張開翅膀，十分鐘後，牠沒有飛走，而是死掉了。

這個家庭詢問一位生物學家朋友，想了解到底發生了什麼事。這位科學家說，從小洞痛苦掙扎鑽出的過程，會將蝴蝶體腔深處的體液擠到翅膀的毛細血管裡，使翅膀變硬，讓牠變成一隻健康漂亮的成蝶。

切記：蝴蝶未經痛苦的掙扎，就沒有翅膀！

親子關係訓練 單元 7
正面人格特質

負責任	感情豐富	有欣賞力	果敢
勇敢	小心謹慎	關心他人	聰明
有同情心	自信	體貼	合作
很有勇氣	謙恭有禮	有創意	乾脆俐落
可以依靠	有決心	直接	有同理心
令人愉快	熱情	充滿活力	感覺敏銳
心胸寬大	友善	風趣	慷慨
溫柔	目標導向	擅長運動	有感恩之心
樂於助人	誠實	謙虛	理想主義者
有洞察力	聰穎	善於創新	快樂開朗
親切和藹	有愛心	忠誠	端莊
整潔	有秩序	外向	有耐心
愛好和平	堅持不懈	有禮貌	有明確目標
準時	安靜	可靠	足智多謀
尊重他人	有責任感	對自己有信心	有自制力
自律	敏感	真誠	精明
給予別人支持	機智	好的隊友	不屈不撓
考慮周到	寬容	值得信賴	坦率

親子關係訓練 單元 7
課堂遊戲單元技巧檢核表
檢討錄影帶（或現場）的遊戲單元時使用

指示：當你在錄影帶或現場示範的遊戲單元中觀察到某個遊戲單元技巧時，在空格處標示「√」。

1. ＿＿＿做好準備／組織遊戲單元

2. ＿＿＿傳達「同在」的態度

    全然的關注／感興趣

    腳趾頭應與鼻子朝向同一個方向

3. ＿＿＿允許孩子主導

    避免給建議

    避免問問題

    將責任歸還給孩子

4. ＿＿＿跟隨孩子的主導

    身體降到孩子視線的高度

    當孩子參與遊戲時，身體更靠近一些

    被邀請時加入遊戲──在適當的情況下扮演想像／假扮的角色

5. ＿＿＿反映式回應技巧

    ＿＿＿反映孩子的非口語遊戲行為（跟循）

    ＿＿＿反映孩子的口語表達（內容）

    ＿＿＿反映孩子的感受／需求／渴望

    ＿＿＿聲調配合孩子的強度／情感

    ＿＿＿回應簡短且有互動性

    ＿＿＿臉部表情配合孩子的情感

6. ＿＿＿使用鼓勵／建立自尊的回應

7. ＿＿＿必要時使用 A-C-T 設限

親子關係訓練 單元 7
父母遊戲單元筆記

第_____次遊戲單元　日期：_____

重要事件

我了解到關於孩子

表達的感受：

遊戲主題：

我了解到關於自己

我在遊戲單元中的感受：

我認為我做得最好的部分是：

對我最困難和最具挑戰的是：

問題或擔心

在下次遊戲單元中我想聚焦的技巧

親子關係訓練單元 7
遊戲單元技巧檢核表

第＿＿＿＿＿次遊戲單元　日期：＿＿＿＿＿＿

註：若有使用該項技巧，就在前方空格裡標示「√」；若未使用該項技巧就標示「－」；
若該項技巧是強項則標示「＋」。

√－＋	技巧	備註／評語
	做好準備／組織遊戲單元	
	傳達「同在」的態度	
	全然的關注／感興趣	
	腳趾頭應與鼻子朝向同一個方向	
	允許孩子主導	
	避免給建議	
	避免問問題	
	將責任歸還給孩子	
	跟隨孩子的主導	
	身體降到孩子視線的高度	
	當孩子參與遊戲時，身體更靠近一些	
	被邀請時加入遊戲	
	反映式回應技巧	
	反映孩子的非口語遊戲行為（跟循）	
	反映孩子的口語表達（內容）	
	反映孩子的感受／需求／渴望	
	聲調配合孩子的強度／情感	
	回應簡短且有互動性	
	臉部表情配合孩子的情感	
	使用鼓勵／建立自尊的回應	
	必要時使用 A-C-T 設限	

親子關係治療單元 8

治療大綱

一、非正式分享，接著由父母報告遊戲單元的情況，以檢視家庭作業，並且類化遊戲單元技巧（錄製錄影帶的父母最後分享）

- 父母報告寫正面人格特質便條的活動。

  簡要分享——提醒父母不要期待孩子有公開的回應。

- 父母報告在遊戲單元之外練習給予一次建立自尊的回應。

  父母報告在遊戲單元期間練習給予一次建立自尊的回應，作為遊戲單元報告的開頭。

- 繼續聽取遊戲單元進行情況的報告，聚焦於父母在自己身上察覺到的行為變化。

  聚焦於遊戲單元中應做事項（使用海報讓父母參照）。

  從父母的報告或評論中舉出例子以強化應做事項。

  與父母進行角色扮演，對困難的情況做出回應。

- 記住甜甜圈比喻：鼓勵……支持……連結！

二、討論及督導錄製的遊戲單元

- 依照上週一樣的程序，觀看一到兩個親子遊戲單元。

  請父母簡要地報告他們在家中進行的遊戲單元和家庭作業，即在遊戲單元中練習給予建立自尊的回應。

- 請父母看「課堂遊戲單元技巧檢核表」講義，在父母手冊 8-3，將他們在呈現中看到的示範技巧處打勾。

- 繼續看「遊戲單元中『應做』與『不應做』事項」海報或講義（單元 3）。

三、瀏覽講義：「鼓勵 vs.讚美」（請家長看父母手冊 8-2）

- 閱讀講義上所寫要在遊戲單元中使用的鼓勵式回應。

  基本原則：「鼓勵孩子所做的努力，而不是讚美結果。」

  孩子需要鼓勵，就像植物需要水一樣。

四、角色扮演／觀看錄影帶片段或現場示範遊戲單元技巧及鼓勵式回應

- 一定要讓父母有時間觀看遊戲單元技巧的示範，其中包括那些你想要他們模仿的技術，並聚焦在他們表示最為困難的技巧。
- 看完示範之後，邀請父母角色扮演他們自認最困難的一些情況，其中至少包含一個鼓勵的角色扮演。

五、安排一到兩位父母在這週錄影

姓名／電話號碼＿＿＿＿＿＿＿　日期／時間（若是在諮商所錄影）＿＿＿＿

姓名／電話號碼＿＿＿＿＿＿＿　日期／時間（若是在諮商所錄影）＿＿＿＿

提醒這週要錄影的父母在「父母筆記和家庭作業」講義上做記錄。

六、家庭作業（請家長看父母手冊的家庭作業部分）

1. 閱讀「鼓勵 vs.讚美」講義——在遊戲單元期間至少練習一次鼓勵式回應（記在「遊戲單元技巧檢核表」上），還要在遊戲單元之外練習給予一次鼓勵式回應。

   在遊戲單元之外發生的事＿＿＿＿＿＿＿＿＿＿＿＿＿＿＿＿＿＿＿＿＿＿

   你說了什麼＿＿＿＿＿＿＿＿＿＿＿＿＿＿＿＿＿＿＿＿＿＿＿＿＿＿＿＿

   孩子如何回應（口語或非口語）＿＿＿＿＿＿＿＿＿＿＿＿＿＿＿＿＿＿＿

2. 寫下在遊戲單元之外你最難以做到的一件事

   ＿＿＿＿＿＿＿＿＿＿＿＿＿＿＿＿＿＿＿＿＿＿＿＿＿＿＿＿＿＿＿＿＿

   這可能是你之前有提到過的事，或你可能已經自己解決了的一個問題，而現在出現另一個需要幫忙的新議題。

3. 進行遊戲單元（同樣的時間和地點）——複習「遊戲單元中『應做』與『不應做』事項」。

   (1) 完成「父母遊戲單元筆記」。

   (2) 使用「遊戲單元技巧檢核表」標示你認為做得好的事情，且選擇一個想要在下一次遊戲單元使用的技巧：記下至少一個鼓勵式回應。

   我下週會帶著我的錄影帶（若是在諮商所錄製：我的預約日期／時間＿＿＿＿＿＿）。

4. 額外的作業：＿＿＿＿＿＿＿＿＿＿＿＿＿＿＿＿＿＿＿＿＿＿＿＿＿

   提醒：寫第二張便條給你主要聚焦的孩子及家中的其他孩子，指出你所欣賞這孩子的另一項正面人格特質（改變孩子看到便條的方式，例如：放在孩子的餐盒裡、貼在浴室的鏡子上、放在孩子的枕頭上、放在孩子的餐盤底下等等）。

七、以激勵人心的詩、故事或基本原則結束此單元（選做）

需謹記的基本原則

「鼓勵孩子所做的努力，而不是讚美結果。」

孩子需要鼓勵，就像植物需要水一樣。

親子關係訓練單元 8
父母筆記和家庭作業

需謹記的基本原則
「鼓勵孩子所做的努力，而不是讚美結果。」
孩子需要鼓勵，就像植物需要水一樣。

筆記（另可使用空白處記載）

_____

_____

_____

_____

家庭作業

1. 閱讀「鼓勵 vs. 讚美」講義——在遊戲單元期間至少練習一次鼓勵式回應（記在「遊戲單元技巧檢核表」上），還要在遊戲單元之外練習給予一次鼓勵式回應。

   在遊戲單元之外發生的事_____

   你說了什麼_____

   孩子如何回應（口語或非口語）_____

2. 寫下在遊戲單元之外你最難以做到的一件事

   _____

   這可能是你之前有提到過的事，或你可能已經自己解決的一個問題，而現在出現另一個需要幫忙的新議題。

3. 進行遊戲單元（同樣的時間和地點）——複習「遊戲單元中『應做』與『不應做』事項」

   (1) 完成「父母遊戲單元筆記」。

   (2) 使用「遊戲單元技巧檢核表」標示你認為做得好的事情，特別聚焦在鼓勵式回應，且選擇一個想要在下一次遊戲單元使用的技巧。

   我下週會帶著我的錄影帶（若是在諮商所錄製：我的預約日期／時間_____）。

4. 額外的作業：_____

提醒：寫第二張便條給你主要聚焦的孩子及家中的其他孩子，指出你所欣賞這孩子的另一項正面人格特質（改變孩子看到便條的方式，例如：放在孩子的餐盒裡、貼在浴室的鏡子上、放在孩子的枕頭上、放在孩子的餐盤底下等等）。

親子關係訓練 單元 8
鼓勵 vs.讚美

> ### 需謹記的基本原則
> 「鼓勵孩子所做的努力，而不是讚美結果。」

讚美

雖然讚美和鼓勵都把焦點放在正向的行為上，且看起來是一樣的過程，但事實上，讚美會養成孩子的依賴，因為讚美教導孩子依靠一個外來的控制源和激勵，而不是自我控制和自我激勵。讚美試圖以外在獎賞激勵孩子。實際上，若父母讚美孩子，就等於在説：「如果你做到一些我覺得好的事情，你就會獲得被我肯定和重視作為獎勵。」過度依賴讚美會產生有害的效果。孩子會逐漸相信，自己的價值取決於別人的意見——讚美使用一些給予價值評判的字眼並專注於外在評價。

範例：「你真是個乖孩子。」孩子可能會懷疑：「只有我乖的時候，才會被接受嗎？」

「你得到 A 啦！真棒！」孩子被暗示，只有他們得到 A 時才有價值。

「你做得好棒。」「我為你感到驕傲。」所傳遞的訊息是，父母的評價比孩子的評價更重要。

鼓勵

重點放在內在評價和孩子所做的貢獻上——促進自我激勵和自我控制的發展。若父母鼓勵孩子，是教導孩子接受自己的不足，從錯誤中學習（錯誤是學習的珍貴機會），對自己有信心，並因為自己的貢獻而覺得自己是有用的。對孩子的努力發表意見時，小心，不要對他們已經做的事給予價值判斷。要注意不要使用任何價值性的字眼（好、好棒、優秀等等）。將這些字眼改為幫助孩子相信自己的鼓勵性詞彙，鼓勵的焦點放在努力上，而且隨時都可以提供。那些覺得自己的努力有受到鼓勵、重視和欣賞的孩子，會發展出堅持不懈和堅定果斷的特質，並且可能成為解決問題的能手。**注意**：父母的聲音應要配合孩子的情感強度；如果孩子因為得到「A」的考試分數而興奮，那麼父母也應以同樣興奮的音調去回應：「你真的可以為自己感到驕傲！」使用事後慶祝的方法（根據孩子對自己的成就感到驕傲），而不是獎勵（激勵孩子成就的外在因素）去肯定孩子的成就。在這個例子中，父母可以補充説：「這看起來是值得慶祝的事，我們來做個蛋糕吧！」或「你挑一家餐廳，我請客！」

肯定努力和進步的鼓勵式表達

「你做到了！」或「你搞懂了！」

「你真的在這件事上付出許多努力。」

「你都沒有放棄，直到你弄懂為止。」

「看看你在_____上的進步。」（要明確指出）

「你已經做完半張作業了，現在才四點而已。」

表示信心的鼓勵式表達

「我對你有信心，你一定會把它搞懂的。」

「那個問題好難哦，但我打賭你一定會把它搞懂的。」

「看來你已經有個計畫了。」

「以我對你的認識，我相信你一定會做得很好。」

「看起來你對_____很懂。」

重點放在貢獻、才能，和感謝的鼓勵式表達

「謝謝你，你真的幫了個大忙。」

「你_____真的是太體貼了。」或「我很感謝你_____。」

「你在_____方面真的很行。可以幫我個忙嗎？」

總而言之，鼓勵是

1. 珍視並接受孩子原本的樣子（而不是添加接受的條件）。
2. 指出其行為的正向特質。
3. 對孩子表示信心，好讓他們能夠相信自己。
4. 肯定孩子的努力和進步（而不是要求成就）。
5. 對孩子的貢獻表示感謝。

改編自 Dinkmeyer, D., & McKay, G.D. *The Parent's Handbook*, (1982). Circle Pines, Minn: American Guidance Service.

親子關係訓練單元 8
課堂遊戲單元技巧檢核表
檢討錄影帶（或現場）的遊戲單元時使用

指示：當你在錄影帶或現場示範的遊戲單元中觀察到某個遊戲單元技巧時，在空格處標示「√」。

1. ＿＿＿做好準備／組織遊戲單元

2. ＿＿＿傳達「同在」的態度

    全然的關注／感興趣

    腳趾頭應與鼻子朝向同一個方向

3. ＿＿＿允許孩子主導

    避免給建議

    避免問問題

    將責任歸還給孩子

4. ＿＿＿跟隨孩子的主導

    身體降到孩子視線的高度

    當孩子參與遊戲時，身體更靠近一些

    被邀請時加入遊戲——在適當的情況下扮演想像／假扮的角色

5. ＿＿＿反映式回應技巧

    ＿＿＿反映孩子的非口語遊戲行為（跟循）

    ＿＿＿反映孩子的口語表達（內容）

    ＿＿＿反映孩子的感受／需求／渴望

    ＿＿＿聲調配合孩子的強度／情感

    ＿＿＿回應簡短且有互動性

    ＿＿＿臉部表情配合孩子的情感

6. ＿＿＿使用鼓勵／建立自尊的回應

7. ＿＿＿必要時使用 A-C-T 設限

親子關係訓練 單元 8
父母遊戲單元筆記

第_____次遊戲單元　日期：_____

重要事件

我了解到關於孩子

表達的感受：

遊戲主題：

我了解到關於自己

我在遊戲單元中的感受：

我認為我做得最好的部分是：

對我最困難和最具挑戰的是：

問題或擔心

在下次遊戲單元中我想聚焦的技巧

親子關係訓練 單元 8
遊戲單元技巧檢核表

第_____次遊戲單元　日期：_____

註：若有使用該項技巧，就在空格裡標示「√」；若未使用該項技巧就標示「－」；若該技巧是強項則標示「＋」。

√－＋	技巧	備註／評語
	做好準備／組織遊戲單元	
	傳達「同在」的態度	
	全然的關注／感興趣	
	腳趾頭應與鼻子朝向同一個方向	
	允許孩子主導	
	避免給建議	
	避免問問題	
	將責任歸還給孩子	
	跟隨孩子的引導	
	身體降到孩子視線的高度	
	當孩子參與遊戲時，身體更靠近一些	
	被邀請時加入遊戲	
	反映式回應技巧	
	反映孩子的非口語遊戲行為（跟循）	
	反映孩子的口語表達（內容）	
	反映孩子的感受／需求／渴望	
	聲調配合孩子的強度／情感	
	回應簡短且具互動性	
	臉部表情配合孩子的情感	
	使用鼓勵／建立自尊的回應	
	必要時使用 A-C-T 設限	

親子關係治療單元 9
治療大綱

一、非正式分享，接著由父母報告遊戲單元的情況，以檢視家庭作業

- 父母報告在遊戲單元期間練習鼓勵式回應的情況。

  若父母談到遊戲單元之外練習回應的情況，請他們待數分鐘後討論遊戲單元之外的技巧運用時再分享。

- 繼續聽取遊戲單元進行情況的報告，聚焦於父母在自己身上察覺到的行為變化。

  聚焦於遊戲單元中應做事項（使用海報讓父母參照）。

  從父母的報告或評論中舉出例子以強化應做事項。

  與父母進行角色扮演，對困難的情況做出回應。

- 牢記甜甜圈比喻：鼓勵……支持……連結！

二、討論及督導錄製的遊戲單元

- 依照上週一樣的程序，觀看一到兩個親子遊戲單元。

  請父母簡要地報告在家中進行的遊戲單元，然後示範鼓勵，並促進其他父母回饋。

  與父母討論家庭作業：記下遊戲單元中進行不順利及非常順利的事情各一件。

- 請父母看「課堂遊戲單元技巧檢核表」講義，在父母手冊 9-5，將他們在呈現中看到的示範技巧處打勾。

- 繼續看「遊戲單元中『應做』與『不應做』事項」海報或講義（單元 3）。

- 複習設限，並討論當孩子在遊戲單元進行中，未遵守限制時可使用的進階設限策略（請父母看「進階設限：對不配合行為給予選擇當作後果」講義，在父母手冊 9-2）。

三、在遊戲單元之外運用技巧

- 邀請父母分享如何將單元 8 家庭作業的技巧運用在遊戲單元之外。

  - 給予孩子鼓勵。

  - 指出孩子第二個正面人格特質的便條。

  - 在遊戲單元之外所使用的其他技巧。

- 詢問父母在過去八週所記下讓他們關心的問題中，有哪些到現在仍然棘手。簡述如何運用親子關係治療技巧來處理這些問題（單元 10 將進一步討論）。

基本原則：「切勿嘗試一次改變所有的事情！」

聚焦在對孩子正向自尊、勝任感及有用感會造成根本影響的「大」問題上。

- 討論如何在遊戲單元之外運用設限（請父母看「將設限類化到遊戲單元之外」講義，父母手冊 9-3）。

基本原則：「安全感的獲得取決於限制的設立。」

前後一致的限制＝安全穩固的關係

未能一致並貫徹執行限制，你將失去信用並傷害你與孩子的關係。

- 若有時間可討論講義「父母可運用的結構式玩偶遊戲」（請家長看父母手冊 9-4）。

四、角色扮演／觀看錄影帶片段或現場示範遊戲單元技巧及給予孩子鼓勵

- 一定要讓父母有時間觀看遊戲單元技巧的示範，其中包括那些你想要他們模仿的技術，並聚焦在他們表示最為困難的技巧。

- 看完示範之後，邀請父母角色扮演他們自認最困難的一些情況，其中至少包含一個給孩子鼓勵的角色扮演。

五、安排一到兩位父母在這週錄影

姓名／電話號碼＿＿＿＿＿＿＿日期／時間（若是在諮商所錄影）＿＿＿＿

姓名／電話號碼＿＿＿＿＿＿＿日期／時間（若是在諮商所錄影）＿＿＿＿

提醒這週要錄影的父母在「父母筆記和家庭作業」講義上做記錄。

六、家庭作業（請家長看父母手冊的家庭作業部分）

1. 複習「將設限類化到遊戲單元之外」講義——如有在遊戲單元之外運用 A-C-T 設限技巧的例子，請舉出

   發生什麼事＿＿＿＿＿＿＿＿＿＿＿＿＿＿＿＿＿＿＿＿＿＿＿＿＿＿＿

   你說了什麼＿＿＿＿＿＿＿＿＿＿＿＿＿＿＿＿＿＿＿＿＿＿＿＿＿＿＿

   孩子如何回應（口語或非口語）＿＿＿＿＿＿＿＿＿＿＿＿＿＿＿＿＿＿

2. 注意並記下這週與孩子在遊戲單元之外互動時，你碰觸孩子的次數（擁抱、拍頭、碰碰手臂等）。與孩子肢體碰觸的次數：＿＿＿次。

3. 可參考的肢體碰觸活動為玩摔角（例如：若家中有幼童及雙親，媽媽和小孩可偷偷地靠近爸爸，趁他不注意時將他擁著推倒，過程中將會充滿許多歡樂和笑聲）。

4. 選擇一件你在遊戲單元之外感到棘手的問題，運用遊戲單元技巧處理此問題，並在下週分享你如何運用技巧：＿＿＿＿＿＿＿＿＿＿＿＿＿＿＿＿＿

5. 進行遊戲單元（相同時間和地點）──複習「遊戲單元中『應做』與『不應做』事項」和「遊戲單元程序檢核表」。

　(1) 完成「父母遊戲單元筆記」。

　(2) 使用「遊戲單元技巧檢核表」標示你認為做得好的事情，且選擇一個想要在下一次遊戲單元使用的技巧。

　我下週會帶著我的錄影帶（若是在諮商所錄製：我的預約日期／時間＿＿＿＿＿）。

6. 額外的作業：＿＿＿＿＿＿＿＿＿＿＿＿＿＿＿＿＿＿＿＿＿＿＿＿＿

　提醒：寫第三張便條給你主要聚焦的孩子及家中的其他孩子，指出你所欣賞這孩子的另一項正面人格特質（孩子看到便條的方式應有變化）。

七、以激勵人心的詩、故事或基本原則結束此單元（選做）

需謹記的基本原則

1. 「**切勿嘗試一次改變所有的事情！**」聚焦在對孩子正向自尊、勝任感和有用感會造成根本影響的「大」問題上。

2. 「**安全感的獲得取決於限制的設立。**」前後一致的限制＝安全穩固的關係。未能一致並貫徹執行限制，你將失去信用並傷害你與孩子的關係。

親子關係訓練單元 9
父母筆記和家庭作業

需謹記的基本原則

1. 「**切勿嘗試一次改變所有的事情！**」聚焦在對孩子正向自尊、勝任感和有用感會造成根本影響的「**大**」問題上。

2. 「**安全感的獲得取決於限制的設立。**」前後一致的限制＝安全穩固的關係。未能一致並貫徹執行限制，你將失去信用並傷害你與孩子的關係。

筆記（另可使用空白處記載）

_____

_____

家庭作業

1. 複習「將設限類化到遊戲單元之外」講義──如有在遊戲單元之外運用 A-C-T 設限技巧的例子，請舉出

   發生什麼事_____

   你說了什麼_____

   孩子如何回應（口語或非口語）_____

2. 注意並記下這週與孩子在遊戲單元之外互動時，你碰觸孩子的次數（擁抱、拍頭、碰碰手臂等）。與孩子肢體碰觸的次數：_____次。

3. 可參考的肢體碰觸活動為玩摔角（例如：若家中有幼童及雙親，媽媽和小孩可偷偷地靠近爸爸，趁他不注意時將他擁著推倒，過程中將會充滿許多歡樂和笑聲）。

4. 選擇一件你在遊戲單元之外感到棘手的問題，運用遊戲單元技巧處理此問題，並在下週分享你如何運用技巧：_____

5. 進行遊戲單元（相同的時間和地點）──複習「遊戲單元中『應做』與『不應做』事項」和「遊戲單元程序檢核表」。

   (1) 完成「父母遊戲單元筆記」。

   (2) 在「遊戲單元技巧檢核表」標示你認為做得好的事情，且選擇一個想要在下一次遊戲單元使用的技巧。

   我下週會帶著我的錄影帶（若是在諮商所錄製：我的預約日期／時間_____）。

6. 額外的作業：_____

   提醒：寫第三張便條給你主要聚焦的孩子及家中的其他孩子，指出你所欣賞這孩子的另一項正面人格特質（孩子看到便條的方式應有變化）。

親子關係訓練 單元 9
進階設限：對不配合行為給予選擇當作後果

情境範例

遊戲單元中，五歲的比利在父母告知黏土只能置於托盤上玩之後，將黏土丟到地上。接下來父母依照A-C-T設限技巧回應：「比利，我知道你想在地上玩，可是地板（地毯等）不是用來玩黏土的；（指著托盤）托盤才是用來玩黏土的。」比利對父母之指示仍不理睬，並將黏土用力甩到地上。父母可耐心地重申限制，最多三次，再對遵守或不遵守限制進行下一步驟——「如果……就……」的選擇（後果）。**注意**：此範例假設父母在結束後能方便地清潔遊戲單元地點的地板（若孩子正要將黏土置於地毯上，父母可在進行A-C-T設限步驟時遞出托盤，指示孩子將黏土置於托盤內）。

下一步驟

對無法接受的行為給出後果，給予「如果……就……」的選擇。注意「選擇」這個詞使用的次數！其意圖是幫助孩子能夠自我控制；因此，父母的耐心至關重要。孩子需要時間和練習來學習自我控制。

範例

「比利，如果你選擇在托盤上（指著托盤）玩黏土，就是選擇今天可以玩黏土。如果你選擇繼續在地板上玩黏土，就是選擇今天接下來的時間都不行玩黏土。」（停頓）若孩子未做出遵守限制的選擇，耐心地重申給予的選擇（若比利未回答並繼續在地板上玩黏土，那就表示他已做出了選擇）。「比利，看來你已經選擇了今天都不行玩黏土，現在你可以選擇將黏土給我，也可以選擇讓我幫你把黏土拿走，你選擇哪一個？」如果孩子開始哭鬧並求著要黏土，父母必須堅持到底。確認你知悉孩子的感受，並給孩子希望，讓他知道下一次遊戲單元他還有機會做出不同的選擇。「比利，我了解你對於今天都不行玩黏土的選擇感到不開心，但我們下一次遊戲單元你可以再選擇玩黏土。」

在上述的範例中，若孩子在任何時間點將黏土置於托盤上玩，父母必須依事實謹慎回應：「看來你已經決定今天還要繼續玩黏土。」

練習

1. 你的孩子將一支已經裝上飛鏢的槍瞄準你。

　　A： 我知道你想射我

　　C： 但我不是用來被射的

　　T ： 你可以射充氣袋（指著該物），也可以射玩偶（指著該物）

　　在你使用 A-C-T 技巧設限三次後，孩子仍持續用槍瞄準你。

　　　如果你選擇用槍瞄準我

　　　就是選擇不行繼續玩槍。

　　　如果你選擇把槍瞄準其他地方

　　　就是選擇繼續玩槍。

　　如果孩子用槍瞄準你並向你發射，你可回應：

　　　看來你已經選擇不行繼續玩槍。

　　如果孩子將槍放下，你可回應：

　　　看來你已經決定要繼續玩槍。

2. 描述一個在遊戲單元進行中你認為可能需要設限，但預料孩子可能不會遵守的情境。

　　情境：

　　_____

　　A：_____

　　C：_____

　　T：_____

　　如果……就……

　　_____

　　_____

　　_____

　　_____

　　_____

親子關係訓練 單元 9
將設限類化到遊戲單元之外

Acknowledge：確認感受

Communicate：表達限制

Target：指出其他選擇

對不配合行為給予選擇當作後果之 A-C-T 三步驟設限方法

情境：孩子發現你私藏糖果的地方，手中已拿著一顆糖，正要將糖紙剝開（但還有 30 分鐘就要吃晚餐了）。

1. A：確認孩子的感受或欲求（你的聲音必須能夠傳達同理與了解）。

   （同理）「比利，我知道你真的很想吃糖⋯⋯」

   孩子可得知他的感受、欲求和願望是正當的，同時也是父母能接受的（但並非所有的行為）。僅僅以同理反映孩子的感覺，通常即可平緩孩子的感受或需求。

2. C：表達限制（明確、清晰、簡短）。

   「⋯⋯可是晚餐前不行吃糖。」

3. T：指出可接受的其他選擇（視孩子的年紀給予一至數個選擇）。

   「你可以選擇現在先吃點水果（指著水果），等晚餐吃完再吃糖」（如果你不希望孩子養成吃糖的習慣，家裡就不應該有糖果出現）。

   這麼做的目的是提供孩子可接受的其他選擇，也就是作為父母的你可接受的選擇，以及你相信能滿足孩子需求的選擇（此例中孩子的需求為糖果，可接受的選擇是晚餐後才能吃；若孩子的需求是餓了，可接受的選擇是晚餐前可以吃的點心）。

   注意：用手指著物品常可轉移孩子的注意力。如果孩子選擇水果，就結束對話。視孩子的年紀，耐心地重申限制至多三次，讓孩子先試著自我控制，之後再進行下一步驟。

4. 對不配合行為進行下一步驟的給予選擇當作後果，可能的回應如下：

   比利仍然堅持他不要吃水果；他要吃糖。

   「比利，我沒有給你晚餐前吃糖的選擇。你可以選擇現在把糖拿給我，你就是選擇等吃完晚餐再吃糖，你也可以選擇讓我把糖拿走，這樣就是選擇晚餐後不行吃糖。你選擇哪一個？」（停頓；比利沒有回應）「如果你選擇不做選擇，就等於選擇了讓我幫你選擇。」（停頓）

(1)（比利把糖果給你）「我知道做這個選擇很不容易。我把糖放在這裡，你吃完晚餐就可以吃了。」

(2)（比利仍拿著糖）「看來你已經選擇了讓我幫你選擇」（同時你伸手把糖拿走）。晚餐後，如果比利來跟你說「現在我可以吃糖了嗎？」你應如此回應：「你知道晚餐前你選擇了不把糖果給我的時候，也就是選擇了晚餐後不行吃糖。」孩子可能會繼續吵著要糖（因為吵鬧這招一直挺奏效的）。此時必須堅持，千萬別讓步！

練習：現在是平日的晚上，雖然已到了睡覺時間，但五歲的比利還想再多看 30 分鐘的電視，因為他最喜歡的史努比卡通特別節目馬上就要開始了。

1. A：我知道不能看史努比卡通你很難過

2. C：可是現在是睡覺時間

3. T：我們可以明天去圖書館借，這樣你放學回來就可以看了

　　若比利不應允，耐心重申限制至多三次；重要的是你能平靜地傳達你的同理，但必須堅持。

　　「比利，我也很希望我們有時間看史努比，可是現在是睡覺時間，你可以選擇明天放學後再看，因為現在是睡覺的時間。」（提出睡前的例行活動讓孩子選擇，能幫助孩子將注意力轉移到睡覺時間）例如：「你今晚要我或是媽媽說故事給你聽嗎？」

A-C-T 設限之後

以同理且堅持的態度進行 A-C-T 設限三步驟之後：

1. 若你對自己回應孩子問題的方式感到滿意，但孩子仍重覆他的問題或懇求，此時你無須繼續與他商量。

2. 若你認為孩子不明瞭你的回應，可說：「我已經回答你的問題了，你對我的回答也許有些疑題。」

3. 若你認為孩子已了解，則回應：

(1)「我知道你還想繼續討論這個問題，可是我已經回答你了。」或是

(2)「我知道你對我的回答不滿意。如果你繼續問是希望得到不一樣的答案的話，那麼我的回答還是一樣的。」或是

(3)「還記得幾分鐘前你問同樣的問題時，我是怎麼回答你的嗎？」若孩子答：「我不記得。」則回應：「找個安靜的角落坐下來想一想，我知道你會想起來的。」

4. 若你對自己回應孩子問題的方式不滿意：

(1) 若你願意讓孩子提出能說服你的理由，則回應：「我還不確定。我們坐下來談談吧！」

(2) 若你不想現在就做出答覆，而是之後再回答這個問題時，則回應：「我現在不能回答你，因為（我想和其他人談談、我想再查詢更多訊息、我需要時間考慮等）。我會在（明確的時間）答覆你。」

(3) 若孩子要求立刻得到答覆的話，則回應：「如果你現在就要我回答，那麼答案絕對會是『不行。』」

設限無效時可做的事項

你已經以平靜及同理的態度進行數次 A-C-T 設限步驟以及給予選擇，但孩子仍執意不順從。這時你能做什麼？

1. 看看哪些生理或心理因素可能造成孩子的不順從：疲倦、生病、肚子餓、壓力等，先將孩子的生理需求及心理問題處理好才能期待孩子的配合。

2. 尊重自己和孩子，保持冷靜：孩子不順從並不代表你是失敗的父母，也不代表他是壞孩子。只要是孩子都需要「練習」不順從。**切記**：此時此刻沒有任何事情比你和孩子的關係更重要，因此，以尊重孩子和你自己的方式回應。當察覺自己開始失去控制、要對孩子生氣時，可走到室外或另一個房間平靜一下。

3. 設立孩子不服從的合理後果：讓孩子自己選擇服從還是不服從，但設立不服從時的合理後果。例如：「如果你選擇不去睡覺而是要看電視的話，那麼就是選擇明天一天都不行看電視」（或是其他會讓孩子在意的合理後果）。

4. 絕不容許暴力行為：若孩子訴諸暴力，則你必須冷靜地以非攻擊性的方式制止孩子。以平靜及同理的態度反映孩子的憤怒及孤獨；當孩子漸漸恢復自制力時，傳達你的同情並給予其他選擇。

5. 若孩子拒絕選擇，則你為他選擇：孩子拒絕選擇也是一種選擇。設立後果，例如：「如果你不（在 A 或 B 之間）做出選擇，就表示你選擇了讓我幫你選擇。」

6. 確保後果的執行：切勿提出你無法執行的後果選項。若你因孩子發脾氣或哭鬧而投降，就表示你放棄父母的角色並因而失去其權力。堅定以對！無法堅持到底，你也就失去信用，並傷害你和孩子的關係。

7. 識別出代表嚴重問題的徵兆：憂鬱、創傷（虐待／疏於照管／哀慟／壓力）。長期憤怒或叛逆的孩子在情感上是受到困擾的，可能需要專業協助。與孩子談談你的憂慮，例如：「約翰，我發現你常常憤怒或不快樂。我愛你也很擔心你。我們可以尋求協助，這樣我們都能開心些。」

親子關係訓練單元 9
父母可運用的結構式玩偶遊戲

何謂結構式玩偶遊戲？

結構式玩偶遊戲是父母以生動地說故事方式，幫助焦慮或不安的孩子，目的是讓孩子從短暫但特定的體驗中，為會引發焦慮的事件（例：父母離異、去保姆家等）做好準備；另一個目的是幫助孩子在生活遭受重大轉變後，重新恢復正常與例行活動。結構式玩偶遊戲有特定的目的及明確的訊息（例如：媽媽今天放學時會來接露西）。

我的孩子能否從結構式玩偶遊戲中受益？

若你的孩子表現出焦慮或恐懼，或曾經歷過創傷，就有可能從和你共同參與結構式玩偶遊戲中受益。結構式玩偶遊戲的效果在二至六歲的孩子身上最顯著，而在這年齡層之上和之下的孩子也能從中受益。

我如何進行結構式玩偶遊戲？

1. 編創故事

   結構式玩偶遊戲主要是編創在真實生活的特定情境中會發生的故事。它與你讀故事書給孩子聽類似，主要的不同之處在於：

   (1) 故事不是來自書中，而是由你編創的。

   (2) 故事中的角色皆為在真實生活中會出現的角色，例如媽媽、爸爸、露西（你的孩子）、保姆珍、祖母、學校老師、牙醫等。

   (3) 故事的情境是真實生活中會發生的情境，通常是未來一至兩天會發生的事件，也可以是每天例行活動中的情境。

   (4) 你有特定的目的和明確的訊息。例如：露西不想去新的保姆家，你送她到保姆家時她不讓你離開。你的目的是幫助露西對於去保姆家感到更安心，你的訊息可以是「媽媽今天下班後來會來接露西」（很重要的是，這個訊息應是父母認為最讓孩子擔心的問題）。

   (5) 使用玩偶是為了增加戲劇效果，幫助孩子記住。你也可以利用音效讓故事更逼真、生動和有趣。切記，與承諾和說理相較，稚齡孩童更能理解如玩偶和場景等具體事物。

2. 故事結構（三段結構：開始、中間、結尾）

　　(1) 開始：切忌一開始就提露西要去保姆家。先說明故事的背景（例如，早晨剛睡醒等可預見的日常活動）。

　　(2) 中間：加入細節為故事注入內容（例如穿鞋子或扣上安全帶）。記得動作要誇張並配上音效（一開始你可能會覺得愚蠢，但小孩都很喜歡這樣的扮演）。

　　(3) 結尾：記得要讓故事有個結尾，別吊孩子胃口。以親吻來結束故事。「媽媽開車去保姆（珍）家，按門鈴（叮咚）。珍來開門，露西看見媽媽了。露西跳到媽媽身上，媽媽用力擁抱和親吻露西（發出親吻的聲音）。媽媽和露西開車一起回家，路上他們聊今天發生的事情。」

　編創故事的步驟：

　　(1) 先說故事的標題（例如，「這是露西去保姆家的故事」）。

　　(2) 以真實人物的名字來介紹角色。

　　(3) 說故事（以第三人稱的視角來敘述，用孩子的名字，而不是「你」，來稱呼代表孩子的玩偶。例如，「露西跟媽媽說再見」，而不是「妳跟媽媽說再見」）。

3. 道具與場地

　切記：結構式玩偶遊戲是項創作，因此須在遊戲前即決定好合適的地點和時間，也須將道具（玩偶）準備好。孩子的臥室和睡前是合適的選擇（以避免受到干擾並可建立為例行活動）。你不需再特別購置玩偶，用孩子的玩偶或絨毛動物即可。（把錢省下來，創作出好故事後可犒賞自己，因為要說出精彩的故事可是很費工夫的！）你也可以讓孩子幫忙挑選玩偶／絨毛動物，「今晚我要說的故事很特別，是一個叫露西的小女孩去珍（保姆）家裡的故事。要說這個故事，我需要露西玩偶、媽媽玩偶、爸爸玩偶、珍玩偶，妳可以幫我挑選這些角色的玩偶（絨毛動物）嗎？」（確保你的孩子有足夠的玩偶／絨毛動物可供挑選）。**注意**：你需要記住玩偶所代表的人物，並在此後繼續使用相同的玩偶扮演該人物（使用此方式說其他的故事時可增加新玩偶，例如第一次去看牙醫等）。

4. 如何開始？

　一開始你可使用不具威脅性的日常活動來練習說故事（例如，去雜貨店等），以漸漸掌握說故事的技巧，然後再進入具挑戰性的主題。故事長度不超過五分鐘，一次僅一個主題即可。你可在腦中構思故事，也可記下摘要。

有用的提示

1. 你可能覺得自己一邊説故事一邊表演會很笨拙。給自己一些時間適應，你的孩子會覺得很好玩，不會注意到你表現的是好是壞。

2. 故事的內容必須是你可掌握的。別説露西一定會玩得很開心（如果她已開始焦慮可能也無法開心起來）。若故事中提到在保姆家會發生的事情（例如去公園玩等），隔天要請保姆當天帶孩子做這些事。故事的最終重點就是要藉由預測會發生何事，來幫助孩子更有安全感。

3. 故事中不要提及你的情感。例如，「媽媽在上班，露西在保姆家玩，媽媽想起露西，媽媽想念露西」（劃線的句子不要説；故事中提及你的情感可能會讓孩子因你想念他而自責）。**切記**：故事的目的是幫助露西去保姆家時不再感到焦慮，能夠放鬆而自在地玩。

4. 故事應實際且正面。作為故事的創作者，你可以讓故事反映實際生活中你希望會發生的情境。與其説露西多麼不想讓媽媽走，倒不如説：「露西和媽媽一起按門鈴（叮咚！），門開了，露西看到珍，笑了。露西擁抱媽媽，她和珍一起跟媽媽説再見……。」（記得告訴珍故事的內容）。

5. 故事的結尾必須正面且是你能掌握的。如果故事是孩子好幾個小時看不到你（尤其當此點是議題時），切記要説：「看到你真高興！」並加上擁抱與親吻。將情境用玩偶演出來比口頭給予承諾更具説服力。

6. 孩子可能會因分心而打斷故事，很快地處理他的需求，但要把故事説完。在孩子的睡覺時間説故事能避免故事被打斷。若孩子要求玩其他的東西，父母可回應：「現在是睡覺時間，你可以明天再玩。」若孩子要喝水，你可説：「等我説完故事就倒給你。」

親子關係訓練 單元 9
課堂遊戲單元技巧檢核表
檢討錄影帶（或現場）的遊戲單元時使用

指示：當你在錄影帶或現場示範的遊戲單元中觀察到某個遊戲單元技巧時，在空格處標示「✓」。

1. ＿＿＿做好準備／組織遊戲單元

2. ＿＿＿傳達「同在」的態度

　　　　全然的關注／感興趣

　　　　腳趾頭應與鼻子朝向同一個方向

3. ＿＿＿允許孩子主導

　　　　避免給建議

　　　　避免問問題

　　　　將責任歸還給孩子

4. ＿＿＿跟隨孩子的主導

　　　　身體降到孩子視線的高度

　　　　當孩子參與遊戲時，身體更靠近一些

　　　　被邀請時加入遊戲——在適當的情況下扮演想像／假扮的角色

5. ＿＿＿反映性回應技巧

　　　　＿＿＿反映孩子的非口語遊戲行為（跟循）

　　　　＿＿＿反映孩子的用語表達（內容）

　　　　＿＿＿反映孩子的感受／需求／願望

　　　　＿＿＿聲調配合孩子的強度／情感

　　　　＿＿＿回應簡短且有互動性

　　　　＿＿＿臉部表情配合孩子的情感

6. ＿＿＿使用鼓勵／建立自尊的回應

7. ＿＿＿必要時使用 A-C-T 設限

親子關係訓練 單元 9
父母遊戲單元筆記

第＿＿＿＿次遊戲單元　日期：＿＿＿＿＿＿

重要事件

我了解到關於孩子

表達的感受：

遊戲主題：

我了解到關於自己

我在遊戲單元中的感受：

我認為我做得最好的部分是：

對我最困難和最具挑戰的是：

問題或擔心

在下次遊戲單元中我想聚焦的技巧

親子關係訓練 單元 9
遊戲單元技巧檢核表

第_____次遊戲單元　日期：_____

註：若有使用該項技巧，就在前方空格裡標示「✓」；若未使用該項技巧就標示「－」；若該項技巧是強項則標示「＋」。

✓－＋	技巧	筆記／意見
	做好準備／組織遊戲單元	
	傳達「同在」的態度	
	全然專注／感興趣	
	腳趾與鼻子同方向	
	讓孩子主導	
	避免給予建議	
	避免詢問問題	
	將責任歸還給孩子	
	順著孩子的引導	
	身體降到孩子視線的高度	
	在孩子參與遊戲時更加地靠近他	
	在孩子邀請時加入遊戲	
	反映性回應技巧	
	反映孩子非口語的遊戲行為（跟循）	
	反映孩子的用語（內容）	
	反映孩子的感受／需求／願望	
	聲音語調合乎孩子的情感與強度	
	回應簡短且具互動性	
	臉部表情合乎孩子的情感	
	以鼓勵／有助於建立孩子自尊的方式回應	
	視需要運用 A-C-T 設限技巧	

親子關係治療 單元 10
治療大綱

一、非正式分享，接著檢視家庭作業
- 父母報告與孩子肢體碰觸的次數。
- 邀請父母討論與孩子玩摔角的經過。

二、觀看最後一次的遊戲單元錄影，請父母簡要地報告在家中進行的遊戲單元
聚焦於父母從自身和孩子身上觀察到的成長與改變：
- 哪些訓練最有助益？
- 最關心的問題為何？
- 其他所關心的問題？

三、瀏覽講義：「基本原則與其他應謹記事項」（請家長看父母手冊 10-2）
請父母分享對他們來說最具意義的基本原則。

四、回顧與總結
- 回顧每位父母所學到的重要事項。
- 討論每位父母現在對自己孩子的觀感與十週前有何不同。
  回顧「父母訊息表格」的筆記。
  - 鼓勵團體成員分享及回饋正向的改變。
  - 是孩子真的改變了許多，還是父母改變了感受或看法，例如變得更能接納孩子？

五、決定後續會面的日期和時間
邀請一位家長作為志願協調人；請父母於家庭作業工作單上填入會面日期、時間和志願協調人姓名：
- 後續會面的日期和時間：＿＿＿＿＿＿＿＿＿＿＿＿＿＿＿＿
- 志願協調人：＿＿＿＿＿＿＿＿＿＿＿＿＿＿＿＿
  確認父母同意並提供電話號碼給協調人，以便製作電話清單。
- 選做：後續與治療師會面的日期和時間：＿＿＿＿＿＿＿＿＿＿＿＿

六、家庭作業：強調持續進行遊戲單元的重要性（請家長看父母手冊的家庭作業部分）

視需要與「希望繼續與主要聚焦的孩子進行遊戲單元，以及／或是與家中其他孩子開始遊戲單元」的父母安排後續遊戲單元。

視需要發後續的「遊戲時間預約卡」給家長。

與需要更多專業協助的家長和／或孩子安排額外的專業協助。

- 持續進行遊戲單元：如果你現在就停止，那麼你傳達給孩子的訊息將是，你只是因為必須而不是因為想要而與他進行遊戲單元：

　我同意繼續與主要聚焦的孩子進行_____週的遊戲單元，並／或與_____

　開始進行_____週的遊戲單元。

基本原則：「建立深刻的關係，從生活的點滴開始。」

進入孩子的世界無需等待大事件——生活中俯拾皆是與孩子互動的機會，珍惜與孩子相處的每一刻！

七、推薦讀物（請家長看家庭作業下方的推薦讀物清單）

1. *Relational Parenting* (2000) and *How to Really Love Your Child* (1992), Ross Campbell

2. *Between Parent and Child* (1956), Haim Ginott

3. *Liberated Parents, Liberated Children* (1990), Adele Faber and Elaine Mazlish

4. *How to Talk So Kids Will Listen and Listen So Kids Will Talk* (2002), Adele Faber and Elaine Mazlish

5. *"SAY WHAT YOU SEE" for Parents and Teachers* (2005), Sandra Blackard (Free online resource available at www.languageoflistening.com)

八、頒發結業證書給每位父母

九、以激勵人心的詩、故事或基本原則結束此課程（選做）

親子關係訓練單元 10
父母筆記和家庭作業

需謹記的基本原則

「建立深刻的關係，從生活的點滴開始。」

進入孩子的世界無須等待大事件──

生活中俯拾皆是與孩子互動的機會，珍惜與孩子相處的每一刻！

筆記（另可使用空白處記載）

_____

_____

_____

_____

_____

_____

家庭作業

持續進行遊戲單元，如果你現在就停止，那麼你傳達給孩子的訊息將是，你只是因為必須而不是因為想要而與他進行遊戲單元的：

我同意繼續與主要聚焦的孩子進行_____週的遊戲單元，並／或與_____開始進行_____週的遊戲單元。

後續會面的日期和時間：_____

志願協調人：_____

推薦讀物

1. *Relational Parenting* (2000) and *How to Really Love Your Child* (1992), Ross Campbell

2. *Between Parent and Child* (1956), Haim Ginott

3. *Liberated Parents, Liberated Children* (1990), Adele Faber and Elaine Mazlish

4. *How to Talk So Kids Will Listen and Listen So Kids Will Talk* (2002), Adele Faber and Elaine Mazlish

5. *"SAY WHAT YOU SEE" for Parents and Teachers* (2005), Sandra Blackard (Free online resource available at www.languageoflistening.com)

親子關係訓練單元 10
基本原則與其他應謹記事項

基本原則

1. **把焦點放在甜甜圈，而不是那個洞上！**

   聚焦在關係（你的長處和孩子的長處），而非問題。

2. **做個恆溫器，而不是溫度計！**

   要學著回應（反映）而不是反應。孩子的感受不是你的感受，不需隨之起舞。

3. **最重要的也許不是你做了什麼，而是在你做了那件事之後，你接著做什麼！**

   我們都會犯錯，但我們可以挽回。使情況變得不一樣的是我們處理過失的方式。

4. **父母的腳趾頭應該和鼻子向著同一個方向。**

   身體語言表達出興趣。

5. **你無法給出你未曾擁有的事物。**

   （類比情況：飛機上的氧氣罩）如果你不先對自己有耐心並接受自己，你也無法對孩子做到這兩件事。

6. **當孩子正在溺水，別在此時嘗試教他游泳。**

   當孩子感到沮喪或失控，那不是告知規則或教導他的時間。

7. **在遊戲單元期間，只有在需要的時候才設限！**

8. **若你無法在 16 個字以內說完，就別說了。**

   身為父母，我們很容易對孩子做過多的解釋，使訊息在字裡行間混淆了。

9. **在現實中不被允許的，可以在幻想中獲得。**

   在遊戲單元裡，允許以行動外化，在現實中需要限制的感受和渴望。

10. **大孩子給大選擇，小孩子給小選擇。**

    提供的選擇一定要與孩子的發展階段相符。

11. **絕不替孩子做他自己能做的事。**

    你永遠不知道孩子的能力，除非你給他機會去嘗試！

12. **鼓勵孩子所做的努力，而不是讚美結果。**

    孩子需要鼓勵，就像植物需要水一樣。

13. **切勿嘗試一次改變所有的事情！**

    聚焦在對孩子正向自尊、勝任感及有用感會造成根本影響的「大」問題上。

14.**安全感的獲得取決於限制的設立。（前後一致的限制＝安全穩固的關係）**

未能一致並貫徹執行限制，你將失去信用並傷害你與孩子的關係。

15.**建立深刻的關係，從生活的點滴開始。**

進入孩子的世界無需等待大事件——生活中俯拾皆是與孩子互動的機會，珍惜與孩子相處的每一刻！

親子關係訓練單元 10
基本原則與其他應謹記事項

其他應謹記事項

1. 反映性的回應方式能幫助孩子感覺受到理解，進而緩減他憤怒的情緒。

2. 孩子藉著遊戲表達出他對目前生活的感知和需求，以及他對事情本應如何的盼望。

3. 在遊戲單元中，父母不需給予答案（將問題反映給孩子：「嗯，我也想知道……」）。

4. 別問任何你已經知道答案的問題。

5. 問題隱含了不理解；問題迫使孩子以理性思考，但孩子通常是用感覺去覺知這個世界。

6. 重要的不是孩子知道什麼，而是孩子相信什麼。

7. 當你將焦點放在問題時，你就看不見孩子本身。

8. 即使你無法認可孩子的行為，也要支持孩子的感覺、意圖和需求。

9. 關注孩子對其自尊的建立至關重要。

10. 放手讓孩子自己做決定，並認可他的決定：「你決定要_____」。

11. 父母能傳達給孩子最棒的一件事，就是讓他知道自己是有能力的。告訴孩子他有能力，他便會相信自己有能力；若不斷告訴孩子他無法承擔某事，結果將是他確實無法承擔某事。

12. 鼓勵創造力並給予自由——有了自由孩子才能負起責任。

13. 「我們將立即在這裡實施重要的新政策。」

14. 父母採彈性的教養方式，便能更容易地處理憤怒的情緒；父母採嚴苛的教養方式，父母和孩子可能兩敗俱傷。

15. 當你不知對孩子說什麼或怎麼做時，問自己：「什麼樣的行動或話語才能最有效地維護我們的關係，或將傷害降到最低？」有時最好的處理方式是什麼也不說，默默走開；或是告訴孩子：「我需要時間冷靜一下，然後我們再來談。」**切記**：「此時沒有任何事情比我和孩子的關係更為重要。」（這在處理與配偶或伴侶等關係時也適用）

16. 活在當下——讓孩子為今日而活，而非為明日擔憂。

課程指引

親子關係治療課程指引的使用

　　課程指引的內容請治療師必須在每個親子關係治療訓練單元之前詳細閱讀，而非在訓練單元進行當中閱讀。課程指引是治療師手冊的延伸版本，目的是提供新手親子關係治療／親子遊戲治療師一份更深入的內容說明。課程指引的一開始是綜論，也就是進行親子關係治療時有用的提醒。在每一單元「課程指引」裡面都含有一些以灰底呈現的本文方框，為每一個訓練概念或活動提供額外的資訊和例子，以便協助你準備每一個單元。本文方框裡的材料並不是都要被完整呈現或熟記。在一些例子中，作者藉分享個人的教養經驗來說明某些重點，但重要的是你必須使用自己的故事和象徵，才能使闡述學重點的過程更為自在和一致。假如你還沒當過父母、與孩子相處的經驗也不多，就不要假裝你很有經驗。你可以借助你當遊戲治療師、老師或其他角色的專業經驗，或是分享你朋友或親戚教養孩子的經驗。對有經驗的親子關係治療／親子遊戲治療師而言，課程指引可以當作是簡單的複習。

　　我們建議在為每一個單元做準備而閱讀課程指引時，治療師要將治療師手冊帶在身邊，同時直接在該單元的「治療大綱」上面做補充說明。千萬不要在治療單元進行中使用課程指引，訓練不應照稿子唸。親子關係治療課程是設計給有經驗的遊戲治療師使用，治療師之前應該在兒童中心遊戲治療（CCPT）及團體治療方面都經過訓練且有經驗，同時對兒童中心遊戲治療的技巧、概念及程序都有確實的了解。為了能夠催化一種靈活、自發及有互動性的團體訓練過程，這樣的訓練及經驗有其必要性。在治療單元進行中使用課程指引將會干擾整個過程，並且妨礙父母與治療師之間關係連結的發展。治療師必須對課程指引的材料充分熟悉，才能在治療過程中以自己獨特的方式讓父母投入訓練。如同前面所提，治療師在運用這些材料時應該加上自己的臨床判斷，才能符合某些特定父母團體的個別需求。請注意：在準備每一個訓練單元時，你也必須參考「材料檢核表」（參見附錄A）。

進行親子關係治療時有用的提醒

注意：列印各單元之「材料檢核表」（在附錄 A 可以找到「材料檢核表」及其他材料）

下文摘錄自：*"Child-Parent Relationship Therapy (CPRT): A 10-Session Filial Therapy Model"*（Landreth & Bratton, 2006）第四章

親子關係治療／親子遊戲治療過程有兩個主要部分：教導部分以及在一個安全、放心、支持和不帶威脅的環境下進行的團體歷程部分，此團體鼓勵父母探索有關自己、孩子和教養的感受、態度及觀感。

親子關係治療團體的支持形式通常有點類似團體治療，因為治療師會用同理的方式回應父母的議題以及跟他們家庭或親職角色有關的情緒反應。將 CPRT 的情緒探索及支持部分比擬成團體治療，並不意味著目標就是提供團體治療，而只是在父母探索有關自己、孩子及家庭之際，團體互動及歷程的某些層面短時間內附帶有團體治療的本質。從探索情緒議題的同理團體治療類型轉換到教導部分，可以透過以下方式完成，包括限制團體治療探索的互動在數分鐘之內、給予可以總結父母感受的同理式反映，然後找到與父母分享內容有關的要點開始進行教導工作。

處理有關父母對孩子的反應及感受，通常可以促進父母對孩子觀感的改變。親子關係治療師必須在教導和歷程面向保持細膩的平衡，不要很僵化地一定要教完所有預定的訓練材料，也不要讓團體完全陷入團體治療面向當中。

治療師應該在親子關係治療的教導部分穿插建立團體凝聚的做法，特別是在前兩三個單元。實際做法包括治療師將父母的自我揭露類化，以便協助他們彼此認同，可以問：「有沒有人覺得這聽起來很熟悉？」或「也有人對自己的孩子大吼嗎？」當有父母表示自己也有這類經驗時，可以問：「對你來說那是什麼樣的滋味？」若某位父母在描述問題時有其他人很認同地點點頭，治療師可以說：「看起來其他人都很懂那是什麼樣的狀況。」父母之間的這種連結有助於打破孤單的枷鎖，父母也比較不會有「只有我有這種感受」或「只有我曾經對孩子大吼大叫」這種感覺。

假如父母提到遊戲單元當中的一個困難點，治療師可以問：「伙伴們，這個適用哪項基本原則？」治療師也可以鼓勵團體互動，方式是透過邀請父母回應彼此的問題：「琳達，在艾莉卡的兒子要塗她的眼鏡時，你建議她如何回應？」這類問話不僅可以促進互動，也可以減少父母依賴治療師提供答案，因為你是邀請其他父母貢獻自己的點子。假如某位父母似乎陷入沉思，治療師可以邀請她分享：「安琪拉，妳在想什麼？」治療師的主

要原則就是謹慎堅守「治療師是互動的催化者，而不只是一個訓練者」這個基本原則。目標在於，一旦訓練有所進展，父母之間的互動將會增加，而且彼此也會更主動提供支持及建議。

　　在進行訓練單元時應該做到下列教導部分：

- 父母學習及吸收新訊息的關鍵在於，將他們要學習的訊息以簡單、扼要的教導要點來呈現。

- 提供簡單的家庭作業以及簡潔的講義資料，以強化訓練單元中的教導要點。

- 主動肯定父母的努力被認為是親子關係治療之所以有效的重要關鍵。

- 運用各種教導方式（例如故事、類比及隱喻）來強調教導要點，有助於維持父母的高度興趣並且促進學習過程。父母有時候難以一下子回想起教導要點，但若此要點有連結到一則很吸引人的故事，父母就會記得故事，進而記起教導要點。

- 易懂的「基本原則」也有助於父母記住教導要點。

- 治療師對父母的回應應該要一致地示範基本的兒童中心遊戲治療原則及技巧。

- 治療師可以自我揭露自己當父母的努力及錯誤，以說明教導要點以及示範對犯錯的寬容。

- 示範也可以透過播放治療師所進行之遊戲單元的錄影帶，或是透過治療師進行一段現場遊戲單元，藉此說明希望父母在遊戲單元中能夠做出哪類回應。

- 在觀看父母遊戲單元的錄影帶時，應該要經常暫停播放以便確認及肯定父母的努力。重點要放在父母做對了什麼，而非做錯了什麼。

親子關係治療單元1

課程指引

一、家長到達時，將名牌和父母手冊分發給他們

（需要完成報名資料的家長，請他們事後留下）

進行自我介紹／歡迎團體成員——請父母各自做簡短的自我介紹，說出他們為什麼來這裡，並幫助他們感到自己受到支持，而不是獨自艱苦奮鬥。

用你自己的話告訴父母：「我很感激各位在百忙之中撥出時間來參加這個課程。我知道，為了來參加這門訓練課程，你們要安排許多事情，這並不容易；而且我知道，你們之所以來，是因為你們很關心自己的孩子。這個課程的目的是，讓你們有作為父母的能力更好。」

第一單元的重要目標在於透過以下做法使父母能夠幫助孩子：

* 鼓勵並賦權給父母，使父母能夠在孩子的生活中做出一些改變。

* 同理（透過父母的眼睛去看事情）。

* 使父母與孩子的關係正常化。

請務必記得要從父母的眼睛去看事情。許多父母之所以來參加這個訓練課程，是因為他們對自己做一個父母的能力失去信心。在單元1裡，他們可能還要和一些負面的感覺打交道，比如：覺得自己不是個好父母、有罪惡感或生氣。治療師需要透過肯定父母來參加課程的努力和指出他們已有作為父母的能力，向父母傳達鼓勵和賦權的訊息。有些父母可能會有防衛心理、不合作，或對自己的孩子、其他父母、治療師抱著評斷的態度，以作為面對自己感受的一種方法。因此，治療師能夠同理父母的處境是一件重要的事，要理解作為父母可以是多麼困難和令人挫折的事，好讓父母能覺得夠安全，進而能覺察到自己的感受。另一件重要的事是，當父母承認自己對孩子大吼或大發脾氣時，要將這件事正常化，好讓團體裡每一個人都接收到自己不會被評斷的這個訊息。在談到需要改變的行為時，也可以使用自己生活裡對孩子使用過的錯誤做法來說明，如此一來，父母不會覺得自己是特例或被批評。

教養方式有時也能提供線索給治療師，讓治療師知道自己該如何同理父母。例如：權威式的父母通常害怕自己失去控制或因孩子而感到丟臉，而放任式的父母會擔心自己傷害孩子，或擔心孩子不愛自己。兩者都感到自己的責任是一個沉重的負擔，因為他們很難對孩子的能力有信心。權威式父母的負擔是，他們必須控制孩子的行為，因為他們認為孩子不能控制自己。而放任式父母的負擔則是，他們必須時時讓孩子感到開心，因為他們認為孩子無法面對不愉快的事。

二、親子關係治療訓練目標與基本概念之綜論

基本原則：「把焦點放在甜甜圈，而不是那個洞上！」

親子關係治療聚焦在親子關係、你的長處和孩子的長處，而不是在問題上。

如果你有買一些甜甜圈當點心，你可以拿起一個甜甜圈來解釋這一點。指出這樣的事實：大部分人看到的是它少了的那部分（空洞），但重要的是空洞周圍的實心部分。對治療師而言，這可以提醒他們將焦點放在親子關係以及父母和孩子的長處上，而不是專注於問題。

- 遊戲是孩子的語言。

  * 有時候，孩子沒有能力說出他們正在想或感覺的事，孩子都是用遊戲來表達自己的想法和感受。
  * 在遊戲中，孩子表達出他們現在的生活是什麼樣子、他們的需求是什麼，以及他們的願望。
  * 孩子用語言和行動來溝通。
  * 外化的行動可視為嘗試傳達某個訊息——當孩子覺得自己得到理解時，將訊息外化的行動需求便結束。

- 你對孩子需求的覺察有助於預防問題的出現。

透過幫助父母覺察到孩子在遊戲時間裡的需求，這個訓練可以預防問題的出現，而父母只要做到在每星期 30 分鐘的遊戲時間裡集中精神。

基本原則：「做個恆溫器，而不是溫度計！」

要學著回應（反映）而不是反應。孩子的感受不是你的感受，不須隨之起舞。

當孩子的感受和行為加劇時，你可以學著以一種有幫助的方式回應，而不是單純地反應並讓自己的感受和行為隨之起舞。**切記**：能自我控制的父母是恆溫器，失去自我控制的父母是溫度計。

治療師要解釋：溫度計只是對溫度起反應，而恆溫器則能控制環境。作為父母，可以創造出我們想要的環境，而不只是對孩子的行為起反應。（示範如何回應〔反映〕而不是反應）當孩子的感受和行為加劇時，你可以學著以一種有幫助的方式回應，而不是單純地反應並讓自己的感受和行為隨之起舞。提醒父母，能自我控制的父母是恆溫器，失去自我控制的父母是溫度計。記得一定要讓父母感到自在，以你自己的話對他們說：「每個人有時候都會變成溫度計，包括我自己。我們都只是凡人而已。」

- 你會學到和研究生一學期所學一樣的基本遊戲治療技巧，這些技巧能夠：

  - 將作為父母的控制權交還給你——並協助孩子發展自我控制的能力。

分享你自己的經驗並介紹範例。例如：「有時候，我覺得掌控情況的人是我的孩子。有沒有其他人有同樣的感覺呢？那真的讓人感到很大的壓力，因為即使我沒有控制權，我還是得擔起所有的責任；所以我就會過度補償，而變得非常、非常嚴格，連一件小事都不放過他們。我之所以變得這麼愛管控是因為我覺得，如果我不掌控情況，他們就會取得掌控權。但這種做法從來都行不通，不是嗎？而且似乎反而帶來更大壓力；尤其嚴重的是，我也會有罪惡感。」

注意：在整份課程指引裡，如果有任何建議，治療師可以分享個人對孩子的反應，沒有孩子的治療師可以分享對親友或鄰居孩子的類似經驗，或在遊戲治療裡對孩子的類似經驗。

- 和你的孩子度過更親密、更快樂的時光——更多歡樂和歡笑，給他們溫暖的記憶。問問父母：「20 年後，你希望孩子記得你／與你的關係是什麼？」（父母最好的童年記憶是什麼？）。

分享你自己的經驗。例如：「有時候，我很緊張地想辦法確認我的孩子是否成功、有禮貌、有做他們該做的事，或者有成為我認為他們該成為的人，結果反而忘記了單純地享受和他們在一起的時光。這就是為什麼我這麼喜歡特別遊戲時間的原因，因為在這段時間裡，我可以放下所有的事，而只是單純地享受和孩子在一起。沒有了那些壓力，我能夠欣賞他們其實是多麼棒的孩子，比我試圖讓他們成為的樣子還棒得多。」

注意：沒有孩子的治療師可以分享對親友或鄰居孩子的類似經驗，或在遊戲治療裡對孩子的類似經驗。

- 給予你進入孩子內在世界的鑰匙——學著如何真正了解你的孩子，以及如何幫助孩子感受到你的了解。

用你自己的話告訴父母：「特別遊戲時間能給你進入孩子內在世界的鑰匙。你可以學著如何真正了解你的孩子，如何幫助孩子感到自己被了解。在遊戲單元時間裡，你心裡最重要的想法是：『我要更了解我的孩子。』你會想：『我對孩子的愛和暖意會顯現在我的臉上嗎？我說話的音調有表現出和藹嗎？我的孩子知道我覺得他是此刻世界上最重要的人嗎？我的眼睛有顯現出這一點嗎？我有傳達出我關心孩子心裡的感覺嗎？我說的話有傳達出這份關心嗎？』」

- 最棒的是——你每星期只要花 30 分鐘練習這些技巧和去做些不同的事！

用你自己的話告訴父母：「這會是你每星期和孩子度過的最重要的 30 分鐘，而且這會帶來大大的不同！」

- 在學一種新的語言時，耐心很重要。

治療師要向父母解釋：他們正在學一種新的語言，這種語言讓他們能透過自己的孩子雙眼去看世界，就像學任何其他語言一樣，這需要練習和耐心。也問一下父母，他們有沒有學過一門新的外語。對於那些有學過的父母，用你自己的話告訴他們：「你剛開始說這門新的外語時，會不會覺得很好笑或很奇怪？」跟他們解釋，這與認識孩子的語言是一樣的，剛開始時可能會覺得好笑或不自然，但那只是學習過程的一部分。若有孩子對父母嶄新的說話方式發表評論或提出問題，教父母這樣回應，比如：「我正在學一種新的語言，這種語言幫助我透過你的眼睛去看世界。」
告訴父母這句話來鼓勵他們：

「十個星期以後，你會變得不一樣，而且你和孩子之間的關係也會變得不一樣。」

三、團體介紹

- 描述整個家庭——如果報名時未選出主要聚焦的孩子，可藉此活動選出。

請父母自我介紹、描述自己的家庭，並說出他們為什麼要參加這個訓練課程。用你自己的話問父母：「現在，哪一個孩子最需要你？」如果他們無法回答這個問題，那就問他們：「哪一個孩子有最大的困難或較常陷入麻煩？」

- 說出對這個孩子的擔憂（在「父母訊息表格」上做筆記）。
- 促發分享。

有時候，父母不太會馬上談到自己的問題。要做第一個分享者是件特別嚇人的事，請透過展現同理心和反映其分享中好的部分來給予他們支持。

問一些能夠幫助父母明確找出他／她在家裡可能遇到的問題，比如：「在你家裡，就寢時的情況如何？」或「請描述你帶孩子時感到最困難的情況」等等。

- 將情況普遍化，對其他家長表示，這種情形是很正常的（例如：「這個星期裡，有其他人對孩子生氣嗎？」）。

例如：如果有家長能夠分享孩子某種惱人的行為或某種行為上的問題，可以說以下的話來將孩子的行為正常化：「這裡有其他人的孩子會＿＿嗎？（填入之前那位家長所分享關於自己孩子的問題，比如說：哭鬧。）在其他家長回應之後，接著說：「當然，所有的孩子都會有哭鬧的時候。」

詢問這位家長，對自己孩子這種難搞的行為，他／她的回應是什麼。在團體裡提出以下問題，以將這位家長的回應正常化：「有其他人曾經對孩子＿＿＿過嗎？」（填入該位家長承認自己所做的行為，比如：大吼。）如果該位家長的例子不是其他父母可能會承認的行為，那就說：「這裡有沒有人曾經因為孩子而感到非常挫敗，而使得你想做一些自己平常根本不會做的事嗎？」最後，可以說像這樣的話：「當然，所有的父母都會對孩子大吼。天底下根本沒有完美的父母這回事。」

基本原則：「最重要的也許不是你做了什麼，而是在你做了那件事之後，你接著做什麼！」

我們都會犯錯，但我們可以挽回。使情況變得不一樣的是我們處理過失的方式。

控制介紹的時間：

透過表達關切來限制每一位家長分享的時間，例如：「黛比，聽起來妳真的有個很嚴重的問題，我們會在和妳女兒蕾秋進行的遊戲時間裡處理這個問題。」做個筆記確保你記得做這件事。

不要嘗試去解決父母的問題——世界上沒有任何快速解決的方法！

找方法去強調父母對他們孩子的愛。例如：如果一位媽媽坦誠因孩子在學校「努力」不夠而感到很挫敗，你可以說：「妳之所以覺得很生氣是因為妳很替她著想，妳希望她知道，如果她夠努力就可以成功。」

以一個正面的提示結束對這位家長的回應，請他／她指出孩子的強處，或他／她最喜歡和孩子相處的時刻。

以鼓勵的話結束介紹時間：

謝謝家長們非常坦白地分享了孩子和他們自己的情形。

向父母保證，這個課程能夠幫助他們解決正遇到的問題。

如果在前三個單元裡有人提出關於設限的問題，治療師可以解釋，設限是個非常重要的主題，而且將在單元 4 裡介紹。

四、反映式回應

幫助父母準備使用反映式回應（反映感覺）：

切記要透過父母的眼睛去看事情。反映出孩子的感覺對某些父母而言很困難，因為他們覺得自己有責任要讓所有的事情都做對或沒問題。權威式父母和放任式父母都對孩子的感受感到不自在，所以他們會不知不覺中給孩子這個訊息——不要談論你的感受。權威式父母可能會說類似這樣的話：「這沒什麼好生氣的」或「如果你還繼續哭下去，我們就哪裡都不去。」而放任式父母則會說像這樣的話：「寶貝，沒事了。我會再買一個新的給你。」來嘗試修復這個問題或解救孩子。當家長和團體成員分享這類回答時，對他們表示同理，你可以說類似這樣的話：「看到你的孩子受傷，你也會感到受傷。所以你想讓情況好轉或讓痛苦變不見。」有些父母會說：「不，一看到他們哭，我就會生氣。」你可以說這樣的話來反映他們的感受：「沒錯，看到自己的孩子傷心是一種很無力的感受。這就是憤怒，它是對無力感的一種反應。」

分享你自己的經驗。例如：「沒有什麼比看到自己的孩子受傷更糟的事。我記得當我們搬到新家時，我兒子必須轉學。你們都知道，有時候孩子們會用很殘忍的方式對待剛來到學校的新同學。我兒子第一天就過得很糟，回到家時他跟我說：『媽，我都沒有任何朋友。沒有人喜歡我。』我當時的回答是：『你當然有朋友，你有我和爸爸（雖然和他所說的事完全不相關）；你還有姐姐，和以前舊家的那些朋友。他們仍然喜歡你。』（仍然和他所說的完全無關）。我以為我在想辦法讓我兒子感到好一點，但事實上，我真正在表達的卻是：『你受傷的時候，拜託別告訴我。我無法處理。這太傷人。請你假裝所有事情都沒問題。請你想一想我需要你有什麼樣的感受。』我絕對不想給我的兒子這樣的訊息，可是那的確是我當時給他的訊息。其實，我需要說的只是：『聽起來你好孤單。你真的過了好糟的一天！』藉著讓他知道我理解他的感受，而不是想辦法修復這種感受或讓這種感受消失，我在讓他知道，當他有這種感受時，我可以陪伴著他，而且他可以毫無顧忌地和我分享這種感受。這就是我要教你們的第一種技巧——反映式回應。」

注意：沒有孩子的治療師可以分享對親友或鄰居孩子的類似經驗，或在遊戲治療裡對孩子的類似經驗。

• 不要用主導的方式，而是用跟循的方式。

分享你的經驗。例如：「當我理解孩子的感受並讓他知道我理解他，而沒有試著強迫他用我要他感受的方式去感受時，我就是在允許他擁有自己的感受，並允許他更深入自己的感受。於是，如果他想要的話，就能夠使我們之間的關係進到一個更深的層次。我給了孩子他所需要的空間，並跟著他進到那裡去。」

注意：沒有孩子的治療師可以分享對親友或鄰居孩子的類似經驗，或在遊戲治療裡對孩子的類似經驗。他們也可以採取一種教導要點的方式，說類似這樣的話：「當你理解自己孩子的感受並讓他知道你理解他，而沒有試著強迫他用你要他感受的方式去感受時，你就是在允許他擁有自己的感受。」

• 反映孩子的行為、想法、需求／願望和感受（不問任何問題）。

用你自己的話告訴父母：「當我不再試著強迫他用我要他感受的方式去感受時，我可以直接說出他臉上表現或話中所表達的，我說：『我發現你……』、『你認為……』、『你需要……』、『你真的希望……』或『你覺得……』。不要問孩子任何問題，這一點也非常重要，因為如果我問他問題，變成是我在主導這份關係。」

繼續問家長們：「你問問題時，孩子們通常會做什麼？」大部分的父母會說，他們的孩子不是完全不說話，就是會說一些他們該說的話。你可以回答：「沒錯，的確如此！」你也要告訴家長：「有時候，孩子會直接回答問題，但無論如何，提問都使父母處於一個主導的位置。一般而言，如果你有足夠的資訊提出一個問題，你就有足夠的資訊去說出一段陳述。通常，提問暗示你不理解。例如：『這讓你感到生氣嗎？』即使你的確已經理解，可是這樣的話表達的卻是缺乏理解。相反的，你可以說：『你對這件事感到生氣。』同理式表達能深深進入孩子的心裡和靈魂；而問問題則進到思考的層面，等著被處理和評估。」

- 幫助父母了解他們的孩子並幫助孩子感到自己被了解。

用你自己的話告訴父母：「反映孩子的感受傳達出你有理解並接受孩子的感受和需求。也讓孩子看到你對他們感興趣、你想要理解他們。這個過程幫助孩子理解、接受、標示和溝通。如果他表達出一種感受、渴望或需求，卻沒有得到肯定，那麼孩子會認為這種感受或表達無法被接受。」

「同在」態度傳達出：	而不是：
我在這裡、我聽到你	我總是同意
我了解	我必須讓你快樂
我關心	我會解決你的問題

我在這裡：沒有任何事情可以使我分心。我會全然陪伴，不管是在身體上、心理上和情緒上。我要這樣全然陪伴，好讓我和我的孩子之間沒有任何距離。我要完全進入孩子的世界裡，自由地在孩子的世界裡移動，去感知孩子感知的事，去感受孩子感受的事。一旦達到這類體認式接觸，我就很容易知道，自己什麼時候與孩子沒有接觸。我是否能夠完全進入孩子的世界，使我不必去評價或判斷我的孩子？

我聽到你：我會充分使用耳朵和眼睛去關注孩子的一切——什麼被表達出來、什麼沒有被表達出來。我要聽到孩子的全部。我能夠經驗到並聽到孩子原本的樣貌嗎？為了達成這樣的聆聽，我的內心必須夠堅定，好讓我的孩子可以與我分開。

我了解：我要我的孩子知道，我明白他正在傳達、感受、經驗和遊玩的事，所以我會很努力向孩子傳達我有理解他。我要理解孩子經驗和感受的內在深度和意義。特別遊戲時間最重要的面向，就是向孩子傳達這樣的理解和接納。

我關心：我真的關心我的孩子，而且我想要讓他知道這件事。如果我能成功地完全傳達出前面三個訊息，我就不會被視為威脅，於是孩子會允許我進入他的世界；然後他會知道我關心他。這類的關心使原本就存在孩子身上的動力潛能獲得釋放。

向父母解釋，這些態度的目的在於努力去理解孩子的世界，好讓孩子能夠自由探索、測試各種界線在哪裡、分享他們在生活中害怕的事情，甚或是改變，直到他們經驗到一份這樣的關係——在這份關係裡，他們眼中的世界是被理解和接納的。

五、選做——播放短片：生命的最初感覺（*Life first feelings*）

參見訓練資源。

短片 1：討論。

短片 2：討論反應（尤其是生氣／傷心之不同）作為引導進入「回應感受：課堂練習工作單」（請家長參考父母手冊 1-2）。

六、完成「回應感受：課堂練習工作單」

和父母一起完成這張工作單，請所有人一起找出一個最能描述孩子感受的感覺詞彙，接著所有人一起決定一個簡短的回答。

工作單的範本答案請參見治療師手冊。

七、角色扮演

與你的共同帶領者一起示範，或請一位家長描述他／她的一天，這位家長敘述時，你只需要單純地反映；接著讓家長兩人一組輪流練習扮演「聆聽者」的角色。

剛開始時，大部分家長都會有所遲疑，試著想出他們該說些什麼。你可以說這樣的話使他們感到安心：「沒有所謂的做對或做錯。只要回想一下今天早上的情形，並說出發生了什麼事就可以了。」當他們開始說的時候，對他們今早的感受展現同理心：「聽起來這是一個匆匆忙忙的早晨」、「你今天換了口味，有個輕鬆的早晨」或「你今天早上有好多事要思考」。記得要反映出對方的感受，也可以換些詞彙說：「這聽起來壓力好大！」（好有福氣、好刺激等等）。

詢問家長們：「你們有注意到我剛才在做什麼嗎？我只是試著去理解她的感受並告訴她這件事──就像我們在課堂上所學的一樣。現在換你們來試試看。每個人都找一位同伴來練習。」

在家長們都練習反映一陣子之後，請他們分享剛才的感受。

八、**播放示範短片**（選做，如果時間允許的話就做）

播放「反映感受」以及「讓孩子主導」這些遊戲單元進行技巧的示範短片。

九、**家庭作業**（請家長看父母手冊的家庭作業部分）

參見治療師手冊。

1. 在孩子身上，找出一種你之前從來沒有見過的身體特徵：

　　_____

2. 練習反映式回應──完成「回應感受：家庭作業工作單」，下星期帶回來。

3. 針對你目前所聚焦的孩子，帶一張你最喜歡、讓你感到揪心的照片。

4. 練習給孩子 30 秒的瞬間關注。如果你正在講電話，請告訴對方：「你可以等 30 秒嗎？我馬上回來。」然後把電話放到一旁，彎下身來，給你的孩子完全沒有分心的、完全專注的 30 秒關注；然後對孩子說：「我必須繼續和＿＿說話。」直起身來，繼續和你的朋友講電話。

向家長們解釋：他們可以跟正在講電話的朋友說，孩子正需要他們的關注。

十、**以激勵人心的詩、故事或基本原則來結束此單元**（選做）

在治療師手冊裡，每一單元的治療大綱的最後，你會看到一份「需謹記的基本原則」清單。在每一張「父母筆記和家庭作業」講義的一開始，也有同樣的清單。這張清單不會在課程指引中再重複。這個清單的目的在於讓人能很快地複習每一單元裡所介紹的基本原則，以一再強調它們的重要性。

親子關係治療 單元 2
課程指引

一、非正式分享和檢視家庭作業

詢問父母這一星期的生活並簡要地反映，並檢視單元 1 的家庭作業：

1. 30 秒的瞬間關注。

2. 「回應感受：家庭作業工作單」——請家長完成這張工作單並練習。記得要反映父母的經驗／父母分享時，治療師要表示鼓勵。

鼓勵父母參與：通常，有些父母會沒做家庭作業或忘記帶工作單，儘管如此，還是要鼓勵他們參與課程，你可以請他們舉出這星期裡他們記得孩子感受到____的一個例子，並幫助他們想出一個回答。這表達出的訊息是：家庭作業和練習很重要——而且你會要求他們說明！

無論父母報告什麼，記得要回應！大部分父母會報告家庭作業的正面結果，他們這麼做的時候，需強調他們的努力和他們對孩子的影響。比如：「為了讓女兒快樂，你將自己的感受放到一旁而在她身旁陪伴她。聽起來，你對女兒造成很大的影響。」偶爾會有家長報告，30 秒的瞬間關注「對我的孩子沒效」。你可以回應：「聽起來妳對孩子的回應方式感到失望。請告訴我發生了什麼事。」這位家長可能會說這樣的話：「我兒子生氣了，還開始尖叫，大發脾氣；於是我說：『你生氣了』，可是他根本沒有任何改變。」你可以這樣鼓勵這位家長：「在情況最激烈時使用這個技巧並不容易；記得在這種時刻使用這個技巧則更難，可是妳做到了。最重要的是妳向孩子傳達妳了解他的感受。他還沒學到在生氣時該有什麼恰當的行為，這需要花些時間學習。事實上，我覺得自己也還在努力學習這一點！我們在單元 4 練習設限時，會談到更多。請繼續做妳這次所做的事，反映出他的感受，並以妳現在的方式去設限。」如果這位家長持續懷疑這種訓練是否能夠幫助她，並說：「你不明白，這對我兒子根本沒用。」那就再次反映她的感受，你可以這樣說：「聽起來妳感到氣餒了，好像妳已經嘗試過妳知道的一切，可是都沒有用。」無論這位家長有什麼感受，都要讓她保有自己的感受。讓她知道你理解她的感受，並告訴她，如果在訓練結束後仍然需要與兒子相處上的協助，你可以幫助她或轉介予其他人。

記得向父母強調，當他們使用這些新技巧時，不應該期望孩子會有任何回應，這一點極為重要。用你自己的話向父母解釋：「你的孩子也許不會回答：『對，你說得沒錯。』可是他有聽到並吸收了這個訊息。有時候，他可能給你一個微笑或點頭，來讓你知道他有聽到你的話了，但有時候，他可能接收了這個訊息，卻依然我行我素。」當然，所有的家長都希望看到自己的努力帶來快速又戲劇性的結果，但有些家長的這種需求就是比別人更強烈。所以治療師必須提醒父母要有耐心，並指出對孩子做出這些有治療效果的回應正在發揮效用，即使表面上看起來沒有用。

基本上，治療師在要求父母信任這個過程時，對大部分家長而言，他們都沒有類似的經驗作為信任的基礎。治療師可以找一個父母能夠聯想的例子來幫助他們，比如：問問父母，如果手指被割了一個很深的傷口，他們會做什麼？父母從過去經驗知道，即使馬上採取行動，塗上藥並在傷口貼上OK繃，它也不會馬上有效（復原）。但幾小時之後，他們不會因為傷口還沒好，就把OK繃撕掉，把藥洗掉；而是相信，只要繼續塗藥，傷口過一陣子就會好。這個經驗教導他們，必須有耐心並信任療癒的過程──而傷口越深，治療的過程就越久。

3. 身體特徵／最喜歡的照片。提出問題並反映對方的回答：請父母在孩子身上，找出一個到目前為止他們沒有注意到的身體特徵。

問問父母：「你做這個練習時有什麼感覺？」反映他們的答案。並問：「當你注視著你的孩子時，他／她有反應嗎？」有些父母會說，他們的孩子很喜歡這樣的關注。當他們這麼說時，向他們解釋，這個練習的目的在於回憶孩子還是嬰兒時的情形。例如：「還記得嗎？當你的孩子還是個嬰兒時，她根本不必做任何特別的事去得到你的認可。嬰兒可以接直把腳趾頭放到嘴巴裡，然後我們會說『噢～』或『啊～』。你因為孩子存在這個世上就這麼愛他／她。但作為父母，我們為了讓孩子有好的發展而感到的諸多壓力，使我們有時候忘記了那種感覺。這就是這個練習的目的，讓你花些時間全神關注自己的孩子，珍惜孩子本身，而不必給自己或孩子任何壓力。」

向父母解釋，只要善用自己的眼睛，他們就能夠開始更深入認識並了解自己的孩子。這個討論可以搭配上讓父母展示他們最喜歡孩子的一張照片，並說出他們對孩子的一些新發現。父母們通常會帶孩子嬰兒或幼兒時的照片，這可以引起簡短但熱烈的討論，為什麼孩子在那個發展階段時比在目前這個發展階段更能帶來特別的回憶。（**提示**：比較少紀律方面的問題，和比較少雙方較勁的問題！）分享照片是發展團體連結並在成員之間建立關係的另一種方法。此外，這個活動使父母將焦點放在孩子的長處——他們最喜歡或享受孩子的地方。

看重孩子：當父母分享孩子的照片時，反映他們對孩子的愛和驕傲。珍視照片中的孩子，比如你可以說：「看看那微笑。她好像用全身在微笑一樣。」

4.（選做）補充工作單：可以指派「回應感受練習工作單」為這個星期的額外家庭作業，如果需要的話，帶回去當家庭作業之前，先一起看幾個範本答案（參見附錄 C 的工作單和治療師用的答案單）。

二、講義：「**遊戲單元的基本原則**」（請家長看父母手冊 2-2）

講義請參見治療師手冊。

1. 父母允許孩子主導，而父母跟循，不問任何問題或提任何建議
   - 父母展現極大興趣並密切觀察。

在遊戲時間中，父母和孩子在一起時要感到很舒服，而不是冷漠無感。當父母整個身體轉向孩子，且傳達出真誠的興趣和全心關注時，孩子會感受到父母的陪伴。

基本原則：「父母的腳趾頭應該和鼻子向著同一個方向。」
身體語言表達出興趣和全心關注。

解釋身體語言在傳達興趣的重要性：
* 身體降到孩子視線的高度
* 面對孩子
* 雙眼保持專注在孩子身上
* 聆聽時，眼睛與耳朵並用
* 向父母指出，將焦點維持在孩子身上能克服父母的無聊感

* 當孩子專心並專注於遊戲時，父母應該更靠近孩子；而孩子邀請時，要加入遊戲
* 在傳達興趣和參與上，父母可以相當主動地變換身體的姿勢或傾身向前，以便能更靠近孩子的活動

- 受到邀請時，要積極參與。

在受到邀請時，父母應該把自己當作一位沒有劇本或對自己正在扮演的角色一無所知的演員，而把孩子當作遊戲的導演／編劇。

例如：如果孩子説：「媽咪，妳來當壞人。」那麼父母就説：「好啊！那你告訴我要做什麼。」如果孩子説：「妳去搶銀行，然後想辦法逃走。」那麼父母就以自己覺得適當的方式去執行孩子的要求，小心別在遊戲中添加任何你自己的想法。如果孩子察覺到是他在掌控遊戲，他會開始修正遊戲的小細節，比如，他會説：「不，妳沒有用來逃跑的車；妳得用跑的來躲開警察。」

- 父母要當 30 分鐘的「啞巴」。

這時候，「啞巴」不是「保持沉默」的意思，而是表示「什麼都不知道」。父母通常站在「專家」的位置，孩子會向父母尋求指示、允許和答案。但在遊戲時間裡，父母既不是老師或一個糾正孩子答案的人。孩子可以將五加一最後得出七。此外，孩子可以決定用任何方式去拼字或拼音。

當孩子提出問題並尋求協助時，父母要給予一個能夠將責任歸還孩子的回應。這個回應鼓勵孩子自己做決定並為目前所關心的事擔負責任。例如：

孩子：「我該先玩什麼呢？」

父母：「在這裡，你可以決定自己想先玩什麼。」

在第一次遊戲時間一開始，孩子常常要父母決定該做什麼、某些東西要用來做什麼，以及該如何「解決」困難的事。孩子會拿起一個他顯然知道其名稱的玩具，問：「這是什麼？」這時候，父母無法確實知道這個問題背後的動機是什麼，而説出這個東西的名字則可能會妨礙孩子的創造力、形塑孩子的表達或將責任握在父母的手裡。以下這樣的回答則可以將責任歸還到孩子的手裡：「你想它是什麼，它就可以是什麼。」

取決於孩子的要求，類似的回答也可以是：「你可以決定。」或「這是你能回答的事。」如果孩子需要完成某個未獲協助就無法自己做到的事，家長可以說：「告訴我你要做什麼。」這樣的回應讓孩子承擔責任並做決定。通常，在遊戲時間結束時，孩子就會說出那些東西是什麼，而不要求父母決定了。

2. 父母的主要任務是同理孩子

- 透過孩子的眼睛去觀看並經驗孩子的遊戲。

用你自己的話告訴父母，用他們能用的各種方法去想像，如果他們是孩子，會有什麼感受？例如：「想像一下，去玩孩子正在玩的東西是什麼樣的感覺？拿著孩子拿在手上的玩具會是什麼樣的感覺？是冰冷、軟綿綿、還是有結構的？他膝蓋底下的地毯或磁磚是什麼樣的感覺？從孩子的觀點看出去的一切會是什麼樣子？」

- 理解孩子透過遊戲所表達的需求、感受和想法。

用你自己的話告訴父母：「問問你自己（但不要問你的孩子）：『這個遊戲的氣氛是什麼樣的？什麼樣的感受和想法會提升這類遊戲？』」

3. 父母接著向孩子傳達這份理解

- 描述孩子在做／玩什麼。

範例：「你決定要畫畫。」「你正打在它的臉上。」

- 反映孩子正在說的話。

範例：孩子說：「我們學校裡也有這個東西。」父母說：「你以前見過這種東西呀！」

- 反映孩子的感受。

範例：孩子說：「哇！看看這麼多玩具！」父母說：「你好興奮哦！」

4. 對孩子的行為所設下的少數「限制」，父母要非常清楚並堅定

- 讓孩子為自己的行為負責。

範例：孩子問：「我該玩什麼玩具呢？」父母回答：「在這裡，你自己決定。」

- 對時間和安全設限，並預防孩子破壞玩具或損壞遊戲區。

範例：孩子說：「我還沒玩完。」父母回答：「你還想繼續玩，可是今天的特別遊戲時間到了。我們去喝點牛奶、吃點餅乾，然後你可以玩你自己房間裡的玩具。」

- 只有需要時才說出限制，但要堅持貫徹。

用你自己的話告訴父母：「在特別遊戲時間裡，只有需要時你才設限，而不是事前就設下各種限制。如果你在有需要之前就將所有限制說出來，就是你在掌控遊戲時間和孩子的行為。可是你的孩子需要為自己的行為負責，並學習自我控制和自我責任。

5. **注意**：如果時間允許，簡要複習一下講義上遊戲單元的目標

* 允許孩子透過遊戲這個媒介，向父母表達想法、需要和感受，而父母也藉此向孩子表達他們的理解。

* 透過感受自己得到接受、理解和重視──孩子經驗到更多自我尊重、自我價值、自信、有能力的正面感受──並最終發展出自我控制，為自己的行為負責，以及學會以恰當的方式讓自己的需求得到滿足。

* 加強親子關係並培養信任感、安全感和親子之間的親密感。

* 增加遊戲的好玩度和親子之間的樂趣。

三、展示遊戲單元的玩具

- 簡要瀏覽「遊戲單元的玩具檢核表」（請家長看父母手冊 2-3）。

「遊戲單元的玩具檢核表」講義參見治療師手冊。

- 示範／展示玩具，並簡要解釋其原理——特別是可能與父母有關的玩具（飛鏢槍和嬰兒奶瓶）。
- 展示玩具時，簡要示範如何在孩子玩的時候給予回應（可與共同帶領者做角色扮演）。

要有玩心：你對待玩具的方式越有趣、越沒有約束，家長在玩這些玩具時就越不擔心自己看起來很幼稚或愚蠢。

簡短討論全部的解釋原理，以及將特定玩具與器材歸納為三大類的重要性：

1. 真實生活／養育式玩具，包括：（引號裡是孩子玩這類玩具時的回應範例）
   - 小嬰兒娃娃：（孩子用毛毯將嬰兒娃娃裹起來）「你在確保她很暖和。」
   - 奶瓶：（孩子從奶瓶喝水）「你決定從奶瓶喝一口水。」
   - 醫生包（含有聽診器和三片 OK 繃）：請父母只放三片 OK 繃在醫生包裡，剩下的拿出來放在一個夾鏈袋中，留到往後的遊戲時間使用，以免孩子一次就把所有 OK 繃用光。（孩子將一片 OK 繃貼到嬰兒娃娃身上）「你要讓她快點好起來。」
   - 兩部玩具電話。
   - 娃娃家庭。
   - 家畜家庭。
   - 野生動物。
   - 遊戲假錢：（孩子在整理錢）「你在按照自己的方式整理這些錢。」
   - 汽車／卡車。
   - 塑膠餐具。
   - 此類玩具的其他選項還可包括：布偶、娃娃屋家具、娃娃的小配飾。
2. 宣洩／釋放攻擊性的玩具，包括：
   - 玩具飛鏢槍：（孩子拿槍對著你）「你想射我，可是我不是用來射的；你可以對著牆射，假裝它是我。」
   - 橡皮玩具刀。
   - 一條繩子。
   - 一兩隻兇猛的動物。
   - 小玩具兵（12 到 15 個，含兩種顏色以便能分成兩隊或好人和壞人）。

- 充氣式不倒翁。
- 面具（獨行俠之類）。
- 此類玩具的其他選項還可以包括：有鑰匙的玩具手銬。

3. 創作／表達類玩具，包括：

- 黏土。
- 蠟筆。
- 白紙。
- 兒童剪刀。
- 透明膠帶。
- 空的蛋盒。
- 套圈圈玩具。
- 一副紙牌。
- 軟海綿球。
- 兩個汽球（還沒充氣）。
- 此類玩具的其他選項還可以包括：各式各樣勞作工具和材料，放在一個夾鏈袋裡、拼裝建構式玩具，如 Tinkertoys® 或其他各式各樣的積木、望遠鏡、鈴鼓（鼓或其他小型樂器）、魔術棒。

簡要解釋包含在兒童玩具包裡的玩具都是謹慎篩選過的，因為這些玩具提供廣泛的可能性，讓兒童有機會表達情緒、熟練操作、發揮想像、幻想遊戲、動手創作和身體活動。注意，不要將會限制兒童創造力的機械玩具包含進來。請提醒家長，收集兒童玩具包裡的玩具尤其要注意安全，以將限制維持在最小程度。

- 討論如何找到二手、免費及平價的玩具。

玩具不用昂貴，你可以從二手拍賣或平價商店購得。

你也可以自己動手做玩具：

* 用小紙箱來做娃娃屋的家具。
* 娃娃屋裡的娃娃的做法是剪下雜誌上的人像，貼到紙板架或手工藝用的毛根上。
* 用襪子做一隻生氣的布偶，貼上或縫上毛氈做的尖牙，用油性奇異筆畫出生氣的眉毛。你也可以做一個快樂或傷心的布偶。
* 用舊保鮮盒、罐子、鍋子、木湯匙來做玩具餐具。
* 沙包的做法是在枕頭套裡塞舊衣服，綁上繩子，掛在門框上。

孩子自己的玩具只有在得到孩子的允許時才可以使用，因為特別遊戲時間裡的玩具就只能在特別遊戲時間裡玩，其他時間都不可以。

- 強調玩具的重要性——請每一位家長承諾下星期來時要帶超過一半的玩具——最好是全部都帶；如果家長沒有做到這一點，他們就沒有為第一次遊戲單元做好準備。
- 討論讓孩子參與遊戲單元之玩具收集這項活動的優缺點。

如果孩子不喜歡那些玩具，或抱怨沒有得到他／她想要的玩具，只要反映孩子的感受：「你真的不喜歡這些玩具。你希望得到別的玩具。你感到失望。」

四、選擇遊戲單元的時間和地點

- 建議選一個家長認為對孩子造成最少分心，且有最大自由而不必擔心打破東西或造成一團糟的房間。

　若沒有其他人在家，餐廳是個理想的地方——否則，找一個能夠關上門的地方。

孩子的房間不是個好的選擇，因為那裡面有太多其他玩具以及讓孩子分心的東西。

讓父母知道，大部分家庭都沒有一個理想的遊戲房間。如果沒有其他私人的房間，父母可以用他們的臥室。

在作為特別遊戲空間時，這個房間應該要整潔一點。

- 事前選定一個固定的時間。
  - 這個時間不可被打擾——不可有任何電話或被其他孩子打擾。
  - 最重要的是，選擇一個父母覺得最放鬆、最能休息，並且在情緒上能陪伴孩子的時間。

如果在特別遊戲時間內電話響起，而孩子問：「你不去接電話嗎？」那就告訴孩子：「不去，沒有什麼比我們在一起的時間更重要。」你也可以帶著孩子把電話線拔掉，向他解釋，你不想有任何事情打擾你和孩子在一起的時間。

基本原則：「你無法給出你未曾擁有的事物。」

（類比情況：在飛機上，先給自己戴上氧氣罩，再給孩子戴）

如果你不先對自己有耐心並接受自己，你也無法對孩子做到這兩件事。

作為孩子最重要的照護者，你被要求付出許多，而且很多時候是在你沒有資源去做到各種教養要求的當下。作為父母，你可能深刻意識到自己的失敗，然而，如果你對自己都沒有耐心、不接受自己，你更不能給予孩子耐心並接受他／她。

類比情況：「如果你曾經坐過飛機，你會見到空服員示範如何使用氧氣罩的過程。如果氧氣罩落下，而你又坐在一個需要協助戴上氧氣罩的嬰兒或兒童旁邊時，還有人記得正確的程序是什麼嗎？你該先給自己還是先給嬰兒戴上氧氣罩呢？（大部分父母都會回答要先給嬰兒戴上氧氣罩）正確的程序是你要先給自己戴上氧氣罩，因為如果你暈過去，就沒有人照顧孩子了。所以你必須先照顧好自己，然後才照顧孩子。」

運用幽默感：跟某一位家長說：「跟我要一百萬。」當那位家長說：「給我一百萬」時，你要回答：「我沒辦法。因為我沒有一百萬。」然後解釋：「我沒辦法給出我沒有的東西，這是不可能的。所以請切記，你要先接受自己、原諒自己的過失，如此一來，你才能接受孩子並原諒他的過失。不要忘了，你只是一個凡人。世界上沒有完美的父母。如果你期待自己是完美的父母，那麼你也很可能期待孩子要做個完美的人。」

- **注意**：告知父母，下星期你會請他們報告自己為特別遊戲時間所選的時間和地點。

五、遊戲單元基本技巧的角色扮演及示範（短片或現場示範）

切記要示範至少 15～20 分鐘，中間要停下來回答家長的問題和得到他們的反應，接下來有 5～10 分鐘讓家長兩人一組進行角色扮演，最後治療師要再用 5～10 分鐘對家長在成對練習時有困難的「場景」做角色扮演。

1. 播放短片，內容包括清楚示範準備、允許孩子主導（不問任何問題）、跟循，並傳達「同在」態度（或進行現場示範，焦點放在同樣的態度和技巧上）。

- 複習「同在」態度：我在這裡，我聽到你，我了解，而且我關心！

（選做──參見附錄 B「遊戲單元中『應做』與『不應做』事項」海報中的「同在」態度）

用你自己的話告訴父母：「現在，我要播放我所進行的一次遊戲單元短片，你們會看到我進行我希望你們所有人要做到的事。我們先看短片，然後再來討論。」

播放有清楚解釋之前課堂所討論之概念的片段，比如「讓孩子主導」或「準備」（或者利用 1～2 分鐘的時間，與一位自願的家長示範這些概念）。

停止播放短片或示範，說類似這樣的話：「現在，讓我們談談你看到我做了什麼？」利用家長的回答來教導他們如何讓孩子主導。強調孩子的選擇，以及家長觀看和聆聽孩子做了什麼的意願，而不是建議或告訴孩子要做什麼。

以下是在一次訓練課程中，治療師和家長之間的對話範例：

治療師：你們看到我剛才做了什麼？

家　　長：你把自己的身體降到他的高度。

治療師：沒錯，我降到他的高度。不要站著。你要對孩子說：「現在是我們的特別遊
　　　　戲時間。」然後陪著孩子走進臥室，關上門，說：「這是我們的特別遊戲時
　　　　間，而且這是一個你能按照你想要的方式去玩這些玩具的時間。」坐到地板
　　　　上，如果你比較喜歡坐在椅子上，那就坐在椅子上。可是當孩子適應了新環
　　　　境之後，你要靠近孩子以顯示你對他／她正在做的事情感興趣。躺到地板
　　　　上，把下巴靠到你的手上，去碰觸孩子正在碰觸的東西，但不要拿過來，由
　　　　你的孩子主導。現在，我要你們仔細聆聽是誰在主導對話。

問問家長：「你們還看到我剛才做了什麼其他的事？」直到短片中示範的所有關鍵概
念都被討論過為止。

採用同樣的程序示範「將責任還給孩子」。你的示範應該包括：當孩子問某個東西是
什麼時，你要說類似這樣的話：「唔……我在想這到底是什麼呢？」「你想這是什
麼，它就是什麼。」

採用同樣的程序示範「受到邀請時，要積極參與」這個概念。你的示範應該包括：在
受邀一起玩時，說類似這樣的話：「告訴我該做什麼」。

以下是在一次訓練課程中，治療師和家長之間的對話範例：

治療師：我會說：「告訴我接下來我該做什麼。」如果你開始玩積木，那麼你就把主
　　　　導權搶過來了。孩子可能說：「你玩這些玩具兵。」然後我會說：「告訴我
　　　　你要我用這些玩具兵做什麼。」「這些給你，這些給我，然後你把他們排
　　　　好。」「OK，告訴我你要把他們排在哪裡，我來把我的小兵排排站好。」
　　　　「你把你的小兵排在那邊。我把我的排在這邊。」現在，你明確知道他要什
　　　　麼。所以你把玩具兵排好，而他也開始排他的──你要繼續讓孩子指示你做
　　　　什麼。

示範或播放關於父母「同在」態度這個概念的影片，示範或播放關於父母「跟循」這個概念的影片。用你自己的話告訴父母：「跟循表示你只要說出你看到的，反映孩子的行為。例如：如果孩子拿起一輛玩具卡車，讓它飛過娃娃屋的上空，你就說：『它剛好飛過它的上面。』不要明確說出那是車子或房子，因為在孩子的想像裡，車子和房子可以是任何東西——一枚火箭和一間城堡。」

2. 利用親子玩具包或遊戲間裡的玩具，讓家長輪流扮演遊戲時間裡的孩子和父母的角色，練習剛才示範的那些技巧。

六、家庭作業（請家長看父母手冊裡的家庭作業部分）

參見治療師手冊。

1. 第一優先——收集「遊戲單元的玩具檢核表」中的玩具。
   請大家針對玩具的構想和來源進行腦力激盪，並建議父母分享資源。

2. 在家裡選出一個適合進行遊戲單元的固定時間和不受干擾的地點，並在下星期報告。選一個家長認為對孩子造成最少分心，又有最大自由而不必擔心打破東西或造成一團糟的房間。事先選出一個固定的時間，這個時間不可被打擾——不會有任何電話或被其他孩子打擾。
   時間：＿＿＿＿＿＿＿＿　地點：＿＿＿＿＿＿＿＿＿＿＿＿＿＿＿

3. 額外的作業：＿＿＿＿＿＿＿＿＿＿＿＿＿＿＿＿＿＿＿＿＿＿＿＿

（選做的額外作業）完成在課堂上已開始的「回應感受練習工作單」。工作單可分發給父母，以提供父母額外練習遊戲單元的腳本。請父母在家庭作業工作單上寫下提醒的話。

七、以激勵人心的詩、故事或基本原則結束此單元（選做）

以激勵人心的書、詩或像 *"I'll Love You Forever."* 這樣的故事結束這堂課。

參見訓練資源。

親子關係治療 單元 3
課程指引

一、非正式分享以及檢視家庭作業

詢問父母這一星期的生活並簡要地反映。

檢視單元 2 的家庭作業。

1. 玩具的收集。

詢問父母關於玩具的收集、孩子的反應，以及是否有難以找到的玩具。詢問其他父母哪裡可以找到較難找到的玩具。

2. 遊戲單元的時間與地點。

必須非常具體地詢問時間和地點。

記下各家長進行遊戲單元的時間和地點。

發放遊戲單元預約卡——一張給父母使用，另一張給孩子使用。

（參見附錄 A 的遊戲單元預約卡）說明這個預約就和預約醫生一樣重要，應該要好好守約。

3. 任何問題都可以問。

4. （選做）如果單元 2 的家庭作業有指派回應感受練習工作單的話，就檢視父母的回應。

二、講義：「遊戲單元中『應做』與『不應做』事項」（請家長看父母手冊 3-2）

講義請參見治療師手冊。

- 當你指著海報並提供範例時，請父母參考「遊戲單元中『應做』與『不應做』事項」講義。

在後續幾週中，會多次提到「遊戲單元中『應做』與『不應做』事項」講義。為了讓父母容易找到這個清單，可以用有顏色的紙張將它印出來（建議用黃色紙），然後你就可以很簡單地要求父母參考那張「黃色講義」。你也可以為父母將這個清單製作成告示板。

注意：附錄 B 是一張「遊戲單元中『應做』與『不應做』事項」的海報，可以供治療師使用。記得這個單元及後續所有單元都要帶著它。

- 示範：當你逐點講解遊戲單元中應做事項時，運用玩具以肢體動作示範（或與共同帶領者進行角色扮演）。

如果時間來不及，你先可以講解應做事項中的第 1、2、3 和 6 項。

應做事項：

1. 準備（組織化）。

事先準備好遊戲區：

* 舊的毛毯或尼龍布可以在視覺上建立遊戲區的範圍，也提供地板保護。
* 在藝術材料／蠟筆下鋪厚紙板，可以在捏黏土、畫圖和塗膠水時提供比較硬的表面，也比較容易清理。
* 用一致性的方式將玩具擺設在遊戲區的周圍；可用夾鏈袋和特百惠收納盒整理玩具。

透過你的指導語來傳達特別遊戲時間可享有的自由度：「在我們的特別遊戲時間裡，你可以用許多你想要的方式來玩玩具。」

以孩子可能會和父母玩的方式，使用玩具示範所有後續的「應做」事項（第 2 到 8 項）：

2. 讓孩子主導。

透過返還責任讓你的孩子主導。

執行的方式是透過下面這些回應，包括「這你可以決定」、「你可以作主」或是「你希望它是什麼，它就是什麼」。在遊戲時間中允許孩子主導，能夠幫助你更了解孩子的世界，以及孩子需要從你這裡獲得什麼。透過如下的回應，傳達你願意跟隨孩子的主導：「讓我知道你想要我做什麼」、「你想要我放上那個」、「嗯……」或「我想知道……」。當孩子想要你扮演某個角色時，使用耳語技術（一起的共謀者）：「我應該說什麼？」或「接下來會發生什麼事？」（對年紀較大的孩子請調整你的回應，用共謀者的聲調：「現在發生什麼事？」或「我是個什麼樣的老師？」等等）。

3. 積極參與孩子的遊戲，但是當一個跟隨者。

透過你積極參與遊戲的回應以及行動，傳達你願意跟隨孩子的主導（孩子是導演，父母是演員）：「所以我應該是老師」、「你想要我當個強盜，所以我應該戴這個黑色面具」、「現在我應該假裝被關在監獄，直到你説我可以出來為止」或「你想要我把這些東西堆得和你的一樣高」。在角色扮演時，使用耳語技術：「我應該説什麼？」或「接下來會發生什麼事？」

4. 用口語跟循孩子的遊戲（描述你所看到的）。

用口語跟循孩子的遊戲，這個方法可以讓孩子知道你很專注，也很感興趣並且投入：「你想盡辦法把那個堆高」、「你已經決定接下來要畫畫」、「你已經讓他們如你所想要的整好隊」。

5. 反映孩子的感受。

用口語反映孩子的感受，能夠讓他們覺得被了解，也表達你對他們感受和需要的接納：「你對你的圖畫感到很自豪」、「那種東西讓你感到驚訝」、「你真的很喜歡手上的那種感覺」、「你真的很希望我們可以玩久一點」、「你不喜歡這個結果」或「你聽起來很失望」。（**提示**：近一點看孩子的臉，更可以辨識出孩子的情緒感受是如何）

6. 設定明確和一致的限制。

一致性的限制能夠提供一種結構，讓孩子感到安全並且可以預測環境。永遠都不容許孩子傷害他們自己或是你。設限提供你的孩子發展自我控制和自我負責的機會，使用平穩、有耐性並堅定的聲音説：「地板不是用來放黏土的，你可以將它放在托盤裡玩」或「我知道你想要用槍射我，但我不是用來被射的，你可以選擇射那個」（指出可以被射的東西）。

7. 對孩子的力量致意，並且鼓勵他的努力。

用口語認可和鼓勵孩子，這很有助於建立自尊和自信，也可以促進自我動力：「你很努力的做這個」、「你做到了」、「你想到了」、「對於你要做的事，你已經有計畫了」、「你就是知道你想要它怎麼樣」或「聽起來你知道很多照顧寶寶的事情」。

8. 在口語上要積極主動。

　　注意：強調第 1、2、3、6 點，讓父母在第一次遊戲單元就聚焦於此。

口語上的積極主動可以向孩子傳達出你很感興趣、也很投入他的遊戲。如果你都不說話，你的孩子會覺得被監視。**注意**：當你不確定要如何回應時，同理的「嗯哼……」等等也能夠傳達興趣和投入。

跟父母解釋，應做事項能夠提供接下來不應做事項的補救方法。詢問他們哪些不應做事項最難，而哪些補救方法最有用。

不應做事項：

1. 不批評任何行為。

2. 不讚美孩子。

3. 不詢問引導式的問題。

4. 不允許遊戲單元中的干擾。

5. 不給予訊息或教導。

6. 不說教。

7. 不主動開啟新的活動。

8. 不消極或沉默。

（不應做事項的第 1 至 7 項引自 Guerney, 1972）。

幽默感：「我剛剛告訴你不要批評、不要讚美、不要問問題、不要教導、不要講道理和不要給建議，接著我又告訴你不可以安安靜靜的！這是不是看起來很不公平？所以在你第一次的遊戲單元中，對於最後一項不用那麼擔心。」

三、觀看示範錄影帶片段或現場示範以說明應做事項

錄影帶主要應該聚焦在示範「同在」態度以及「允許孩子主導」的技巧。

最好是播放你自己與認識的孩子進行一段遊戲單元的錄影帶。在錄影帶播放後，詢問家長「你看到我做的這些事有真的很困難的部分嗎？這個看起來真的很難做嗎？」強調每個人都能夠做到這些。

盡量在錄影帶中呈現你曾告訴過父母不要這樣做的片段，例如問問題。在犯下錯誤處暫停錄影帶並詢問：「我做了什麼？」。強調你也不曾進行過完美的特別遊戲時間，而你也不會這樣期待他們。

四、講義：「遊戲單元程序檢核表」（請家長看父母手冊 3-3）

遊戲單元所需玩具的講義及照片參見治療師手冊。

簡短瀏覽講義——特別是那些應該在單元前完成的，以便能使遊戲單元更結構化而成功。請父母至少在他們進行遊戲單元前兩天仔細閱讀。

教導時會經常提及「遊戲單元程序檢核表」，建議你將此講義印在有顏色的紙張（建議用藍色）上面，讓父母可以更容易找到。

請父母參考父母手冊 3-4「遊戲單元中玩具擺設的照片」。

討論如何依類別擺設玩具，而且每次都依類似的方式擺設以增加可預測性，藉以幫助孩子找到需要的玩具來做出想要的表達。

五、父母夥伴的角色扮演

聚焦在他們所見到你示範的技巧，以及練習開始和結束遊戲單元。

六、與父母討論如何向他們的孩子解釋「特別的遊戲時間」

解釋的例子像：「你可以向孩子解釋，你會和他有這些特別的遊戲時間，是因為『我要去上個特別的遊戲課程，學習一些特別的方式來和你一起玩！』」

課程指引

七、安排一到兩位父母在這週進行錄影

邀請一位能夠抓到技巧、有自信且最可能堅持到底的父母進行錄影。如果父母對於錄製遊戲單元或在課堂裡播放有所焦慮，需同理他們的感受。分享你自己被督導時第一次呈現錄影帶的故事，向他們保證你從來就沒有進行過一次完美的遊戲單元，而且你也不會這樣期待他們。

姓名／電話號碼＿＿＿＿＿＿＿＿日期／時間（若是在諮商所錄影）＿＿＿＿

姓名／電話號碼＿＿＿＿＿＿＿＿日期／時間（若是在諮商所錄影）＿＿＿＿

提醒這週要錄影的父母在「父母手冊和家庭作業」講義上做記錄。

基本原則：「做個恆溫器，而不是溫度計！」

要學著回應（反映）而不是反應。孩子的感受不是你的感受，不需隨之起舞。

反映／回應孩子的想法、感受和需求，能夠創造一個了解和接納孩子的自在氛圍。

在 30 分鐘的遊戲單元中，父母要當孩子的恆溫器。

八、家庭作業（請家長看父母手冊的家庭作業部分）

參見治療師手冊。

1. 完成遊戲單元玩具裝備——取得毯子／桌布和其他器材（參見父母手冊 3-4「遊戲單元中玩具擺設的照片」），並且確認你選擇的時間和地點。安排好其他孩子。

2. 給孩子遊戲單元預約卡，並在一到三天前（依照孩子的年紀）與孩子一起製作一個「特別遊戲時間——請勿干擾」的標記。參見附錄A中「請勿干擾」門牌範本。孩子年紀越小，製作的時間就要越接近遊戲單元的時間。

解釋遵守這個預約很重要，而且讓這個預約是在同一時間、同一地點、用同樣的玩具進行，可以讓孩子在特別的遊戲時間裡學習到更深層的「信任」，因為每件事都可以預期。

3. 在遊戲單元前先閱讀講義：

「遊戲單元中『應做』與『不應做』事項」。

「遊戲單元程序檢核表」。

4. 這週會在家裡開始遊戲單元——安排錄下你的遊戲單元，並記下你在遊戲單元中的問題或疑惑。

我下週會帶著我的錄影帶（若是在諮商所錄製：我預約的日期／時間_____　）。

鼓勵父母錄下他們所有的遊戲單元。向父母說明這樣做可以看到自己的進步，而且對遊戲單元中發生的事件有疑惑時，可以播放該片段出來討論。

九、以激勵人心的詩、故事或基本原則結束此單元（選做）

親子關係訓練單元 4

課程指引

注意：在遊戲單元之前，可以在諮商所會見要錄影的父母，或以電話連繫他們，以幫助父母在家中進行遊戲單元，也要求他們讓你知道錄製錄影帶是否有問題。

透過父母的眼睛所看到的世界：

大部分父母到課堂裡都會很興奮地分享他們特別遊戲時間的經驗，但也多少帶著一點焦慮，擔心他們在遊戲時間裡所做的方式是否為「應該」做的。將遊戲單元錄影的父母會特別的焦慮，其他的父母則可能因無法控制遊戲單元、還沒有看見改變或他們預期或希望的經驗，而有挫折感。不論父母的經驗為何，透過反映性回應來確認父母的感受很重要。透過聚焦在遊戲單元中他們所練習的「應做」事項來鼓勵父母，也向那些失望的父母保證，改變是需要時間的。

抗拒的父母時常會分享他們所碰到的孩子的行為問題，時常舉出他們如何使用技巧但卻沒有效的例子：「對我的孩子來說，什麼都沒有用」。用OK繃比喻來提醒這些父母：「即使他們無法看見它的作用，它還是有在發揮效用」。邀請他們相信這個歷程，也先不要拿掉這個OK繃！治療師也可以利用這些抗拒的父母處理孩子行為的挫折，當做一個機會，來反映他們正在做的事似乎還無法得到他們想要的結果。邀請他們去思考孩子可能有特別的需求，需要不同的回應，而30分鐘的特別遊戲時間將會教他們一種新的方式來回應孩子的需求。這是引入基本原則的好時機：「當孩子正在溺水，別在此時嘗試教他游泳」（參見後文）。詢問父母如果他們的孩子正溺水，他們會做什麼。你會看向池子當中，並設法告訴孩子怎麼做，或是給孩子上一堂如何游泳的速成課嗎？當然不會！你會跳進池子，並救起你的孩子。然後你會等到下週，才教你的孩子游泳。30分鐘的特別遊戲時間可以比擬父母跳下去救孩子的時間（因此，這個課程的名字就叫 CPR 治療）。特別遊戲時間對父母來說是一個回應孩子需求的時間，不是嘗試教導、改變行為等等的時間。反映性回應是一個工具，讓父母用來回應孩子的需求。當孩子感到沮喪或失控，那不是一個教導、說教或告知規則的時間。

基本原則：「當孩子正在溺水，別在此時嘗試教他游泳。」

當孩子感到沮喪或失控，那不是告知規則或教導他的時間。

催化者必須敏感於父母有時候難以理解「僅僅聚焦於特別遊戲時間」這個概念，特別是當他們有一些很想要「現在」就解決的問題！持續地確認他們的挫折和掙扎，寫下他們的擔心，並且向他們保證你在未來幾週會再回到那些議題。

一、非正式分享，然後由父母分享準備及執行家庭遊戲單元的精采片段（錄製錄影帶的父母最後分享）

注意時間——保持團體歷程的進行！

- 為每個父母尋找一些正向的事例來加以反映。
- 透過稱讚父母的努力來示範鼓勵。
- 使用父母的分享內容來強調遊戲單元中應做事項（使用海報或講義，並鼓勵父母努力認識遊戲單元中應做事項）。
- 抓住機會建立處於類似掙扎的父母之間的連結。

如果你看到一位父母在另一位父母分享故事時表現出認同，此時可以說出你看到的，例如：「莎拉，我看到妳在點頭，看起來像是妳也有類似的經驗」。

評論父母遊戲單元的一般基本規則是，僅建議一件他們需要改變做法的事項，並努力找出遊戲單元中你能夠正面反映的事項。

二、討論及督導錄製的遊戲單元

- 基本上做正向評論，摘出一些父母說的話或非口語行為，並將它轉換成遊戲單元中應做事項或另一個教學重點。

    聚焦在父母的優點（記得，甜甜圈比喻也可以應用於父母）。

    - 鼓勵錄製錄影帶的父母分享，知道要在課堂中分享內容之後在家錄製錄影帶的心情。
    - 播放錄影帶，直到優點明顯出現時才暫停。

停下錄影帶並示範反映性回應，鼓勵父母的努力。

聚焦在討論正向優點：尋找家長做到原本認為不易做到的部分，示範反映性回應並鼓勵父母的努力。拿出「應做」事項的清單，邀請其他團體成員回答「這裡示範出哪個事項？」

範例：「你學習到的方式顯示出你真的將焦點放在孩子身上，想像一下，當你這麼密切關注時，你孩子的感覺會是怎麼樣……」

範例（對非常安靜的父母）：「我可以看得出來你真的對莎拉的遊戲感興趣，而你也正在思考應該如何回應。」（那是正向的，因為大部分父母首先必須阻止自己說出那些他們通常會說的話，接著才想出他們應該說什麼——在一週中要學習很多！）

- 重點聚焦在父母於遊戲單元中的自我覺察。

範例：「現在，當你在看孩子遊戲時，你覺察到什麼？」

- 詢問父母是否對於遊戲單元的某部分有疑問，或是否有某些部分特別想要呈現——有的話就播放那部分的錄影帶。
- 僅建議一件他們需要改變做法的事項。

注意：如果發生缺席或技術性問題，播放備用的遊戲單元錄影帶，及／或利用空檔時間延伸先前其他父母家庭遊戲單元的討論。

- 持續指著「遊戲單元中『應做』與『不應做』事項」的海報或講義，請父母嘗試辨識出所看的遊戲單元錄影帶中呈現的應做事項。

父母的第一次遊戲單元經常會帶出一個議題，就是孩子很享受遊戲單元，在時間到時不想結束。要提醒父母，結束遊戲單元是他們的責任，即使孩子們可能想要繼續，而這種狀況的發生提供了示範設限的絕佳時機：「瑞吉兒，我知道你想要玩醫生包更久一點，但我們今天的特別遊戲時間已經結束了。你可以選擇下週再玩醫生包」。對年紀小一點的孩子，可能需要提供更立即的替代方式：「瑞吉兒，我知道你想要玩久一點，但我們今天的特別遊戲時間已經結束了，我們可以到廚房去吃點心」。這個在孩子不情願的情況下結束遊戲單元的例子，可以帶出設限技巧的討論。

三、講義：「設限：在太遲之前執行 A-C-T」（請家長看父母手冊 4-2）

課程指引

講義請參見治療師手冊。

（選做）播放設限的錄影帶片段。

- 簡短複習 A-C-T 模式——討論一致性的重要性。
- 父母負責遊戲單元的結構：選擇時間和地點、建立需要的限制以及執行限制。
- 在遊戲時間裡，孩子負責做選擇和決定，但要符合父母所設的限制。
- 簡短給予遊戲單元中可能需要設限的一些例子。

範例：

* 你想要射我，但我不是用來射的，你可以射這面牆壁。

* 你對套圈圈遊戲感到很挫折，很想要破壞它，但它不是拿來破壞的，你可以撕這本電話簿或是打這個充氣的不倒翁娃娃。

* 插入一段搞笑版，像是：你非常興奮，想要懸掛在這個吊燈上，但是吊燈不是用來懸掛的，你可以____（詢問父母替代的做法，接著如果需要的話加上其他做法，像是畫出一張你懸掛在吊燈上的畫或跳上跳下的說出「萬歲！」）。

基本原則：「在遊戲單元期間，只有在需要的時候才設限！」

- 討論「設限：A-C-T 練習工作單」（請家長看父母手冊 4-3）。

工作單範本答案請參見治療師手冊。

閱讀一遍並一起做至少兩或三個例子——剩下的就當成家庭作業，留待下週討論；指出練習 5，要求父母寫下一個他們認為需要對他們孩子設下的限制。

- 準備好討論父母所關心的用槍部分（用來設限的例子）。

強調在特別遊戲時間中，飛鏢槍是攻擊性的出口；父母可以限制如何使用槍——只能射靶、射玩具等等，不能射人。透過假扮遊戲，父母有機會強調人不是用來射的。

透過父母的眼睛所看到的世界：

有些父母對於孩子玩槍可能會有強烈的感覺。告訴父母，在遊戲單元外的規則可以和過去一樣，但在特別遊戲時間裡，槍是表達生氣和攻擊的重要玩具。跟父母解釋，在特別遊戲時間裡將槍拿走，就像是將孩子的某些字彙拿走一樣。這就類似要求治療師幫助你處理生氣議題，但他卻告訴你：「好吧！我會幫助你，但你都不可以講到你的生氣」。假如某個父母反對在遊戲時間裡用槍，是因為孩子曾經歷過與槍有關的某些創傷，那就說明在特別遊戲時間裡槍的存在更加重要，因為孩子需要能夠在遊戲單元中處理那些感覺。

四、角色扮演／觀看錄影帶或現場示範遊戲單元技巧和設限

- 一定要讓父母有時間觀看遊戲單元技巧的示範，其中包括那些你想要他們模仿的技術，並聚焦在他們表示最為困難的技巧。

- 看完示範之後，邀請父母角色扮演他們自認最困難的一些情況，其中至少包含一個設限的角色扮演。

用你的話詢問父母：「扮演一個小孩並測試限制的感覺像什麼？」大部分都會說很有趣。透過類似以下的話來反映：「激起你的玩心是很棒的，只要你可以好好玩，就不會擔心應該怎麼做。」

五、安排一到兩位父母在這週進行錄影

姓名／電話號碼＿＿＿＿＿＿＿＿日期／時間（若是在諮商所錄影）＿＿＿＿

姓名／電話號碼＿＿＿＿＿＿＿＿日期／時間（若是在諮商所錄影）＿＿＿＿

提醒這週要錄影的父母在「父母筆記和家庭作業」講義上做記錄。

六、家庭作業（請父母看父母手冊的家庭作業部分）

參見治療師手冊。

1. 完成「設限：A-C-T 練習工作單」。

2. 在遊戲單元前先閱讀講義：

　　「設限：在太遲之前執行 A-C-T」。

　　「遊戲單元中『應做』與『不應做』事項」（單元 3）。

　　「遊戲單元程序檢核表」（單元 3）。

3. 進行遊戲單元並完成「父母遊戲單元筆記」。

　　注意這週遊戲單元中你自己的一個強烈感受。

　　我下週會帶著我的錄影帶（若是在諮商所錄影：我的預約日期／時間＿＿＿＿＿）。

七、以激勵人心的詩、故事或基本原則結束此單元（選做）

親子關係治療 單元 5
課程指引

本單元的主要焦點是在父母學習和練習新的遊戲單元技巧時，提供他們支持和鼓勵。為了避免父母消化不了，此次並不加入新的課程材料。正如剩下的每次單元，多半是讓父母報告家庭遊戲單元，大部分時間用來觀看一或兩位父母自願錄下的當週錄影帶，以進行重點式督導。在這個團體督導時間，最特別的重點是增加父母對自己情緒的覺察，特別是跟孩子有關的部分。治療師也透過督導和回饋來檢討和強化先前教導的親子關係治療原則和技巧，特別是強調遊戲單元中的應做事項。

一、非正式分享，接著由父母報告遊戲單元的情況，以檢視家庭作業（錄製錄影帶的父母最後分享）

• 父母分享在遊戲單元期間所覺察到的強烈感受

　　聚焦於父母進行遊戲單元時自我覺察的重要性；透過反映父母的感覺來做示範。

敏感於父母所表達的感受並且試著反映之，以示範父母自我覺察的重要性。

透過父母的眼睛所看到的世界：

權威型父母可能會抗拒這個練習，因為他們傾向將自己從情緒中切割，以作為一種因應情緒的方式。而縱容型父母也可能會抗拒，因為他們通常很難抵擋自己的情緒。

• 父母分享遊戲單元期間嘗試的設限

　　記得只聚焦在遊戲單元中發生的事——將遊戲單元以外所發生的設限問題，改至治療結束前討論。

　　讓父母知道看完錄影帶後，你會在稍後檢視設限的家庭作業。

範例對話：

父　母：在遊戲單元期間，我跟羅勃沒有發生任何問題，因為他都在控制內。我需要的協助只有當他在雜貨店裡對我尖叫的時候，我該如何處理他。

> 治療師：喔，天啊！那樣壓力真的很大，不是嗎？還有其他人也曾遇過孩子讓你在雜貨店或公共場合感到尷尬的嗎？看來那是每個人都發生過的事情；或許每個人都需要一些協助。我們會在這次單元的最後討論一下設限。我會記下來，好讓我記得談這件事。你說的其他事情也很重要，你也指出在這段特別的遊戲時間裡，你跟羅勃的關係有所不同。多跟我們說一下這部分。

- 聚焦在遊戲單元中應做事項（用海報向父母說明）

  藉父母討論的實例來強化應做事項——指出困難的情況，並與父母針對回應方式進行即興的角色扮演。

範例對話：

治療師：當孩子要求你打開培樂多黏土，你告訴她，你不知道怎麼開。你所示範的是「讓孩子主導」，那不是件容易做到的事，對你來說感覺如何？

父　　母：那真的很難；我想莎拉會很困惑，因為她知道我懂得怎麼打開。

治療師：你正在示範遊戲單元期間你所能做到最重要的一件事——你正透過孩子的眼光看世界。你知道假裝不會做你會的某件事，會令莎拉感到困惑。我們來進行角色扮演，看看如果情況再次發生，你可以怎麼控制。你扮演莎拉，要求我打開培樂多。

父　　母：（把培樂多遞給治療師）媽咪，幫我打開。

治療師：（現在扮演著父母）我有看到你拉著蓋子。你拉那邊，然後我拉這邊。（蓋子砰地打開）看，妳做到了！〔指出孩子做了「對」的事情，這有助於讓她保持參與。〕

- 記住甜甜圈比喻：聚焦於優點和正向範例

  在每一位父母的分享中，找出可以被鼓勵和支持的事——促進團體成員間的「連結」；幫他們看見在教養困境裡自己並不孤單。

二、討論及督導錄製的遊戲單元

- 依照上週一樣的程序，觀看一到兩個親子遊戲單元。

- 示範鼓勵，並促進同儕回饋。
- 請父母看「課堂遊戲單元技巧檢核表」講義，在父母手冊 5-3，將他們在治療師示範過的或其他父母指出的技巧處打勾。

參見治療師手冊。

- 繼續看「遊戲單元中『應做』與『不應做』事項」海報或講義（單元 3）
  - 鼓勵錄影的父母在播放前先分享遊戲單元的一些狀況。

只針對正向的部分評論；採用父母說過的一些話語或非口語行為，並將它們改換成應做事項或其他教導要點。這一天的指令就是鼓勵！把重點放在父母的優點上〔記得甜甜圈比喻也適用於父母〕。

- 播放錄影帶，直到出現明顯的優點。
- 聚焦於父母進行遊戲單元時自我覺察的重要性。
- 播放父母有疑問或特別想展現的影片部分。
- 問父母認為自己做得好的部分。
- 問父母在下次遊戲單元中想改善的部分。

進一步的討論和範例可參見單元 4 的課程指引。

三、複習設限

　　（選做）播放設限的錄影帶片段。

透過父母的眼睛所看到的世界：

在設限的時候父母經常傾向極端。權威型父母對孩子應該如何表現有著高度的期待，因此自覺有責任讓孩子行為良好。有些父母害怕被孩子的行為弄得很尷尬或丟臉，因此就變得很愛控制。縱容型父母可能會害怕損害或傷害孩子。許多這樣的家長認為自己過去曾被父母的對待方式所傷害；他們擔心如果自己犯錯的話，孩子就不會愛他們，因此他們經常覺得自己似乎處於一個戰戰兢兢的狀態。

權威型父母可能很難與孩子的情緒同調，因為害怕若表達對孩子的同理，將會失去對其的控制。縱容型父母可能也有困難，因為他們過度為孩子的情緒負責。縱容型父母容易出現極端的搖擺，從縱容變成權威的教養風格，因為他們覺得被利用，並且覺得這種缺乏結構的狀態會造成混亂。然而，縱容型父母總會因為表現出「卑劣和控制」而感到罪惡，因而迅速地回復縱容的風格。「A-C-T設限」提供一個對孩子表達同理和信任的平衡，並且協助兩種風格的父母把重點擺在孩子的需求上，而非父母的控制或解救上面。A-C-T也協助縱容型父母避免情緒化地從一個極端擺盪到另一個極端。

在心裡記住這些想法，或許能幫助治療師同理父母，且了解什麼對他們來說才是最重要的。權威型父母可能會在孩子學習自我控制時出現最好的回應；縱容型父母則可能會在孩子學習因應技巧時出現最好的回應。

- 複習 A-C-T 方式：

複習講義：「設限：在太遲之前執行 A-C-T」（請家長看父母手冊4-2）。

強調使用這三個步驟的重要性。

歡迎問題。

使用一個簡單的範例複習「A-C-T 設限」：

範例：記住，遊戲單元中的限制不是為了懲罰，而是要有治療性。若是我們擔負起阻止孩子做某件事的責任，我們就剝奪了他們學習阻止自己的經驗。所以當我們藉著說「我不是拿來被射的，那才是拿來被射的」來設限時，孩子就需要擔負責任，因為他必須做出選擇。可以用 A-C-T 這幾個字母記住設限的方法，那代表設限的三步驟。第一個步驟是 A（acknowledge），確認感受，例如「潔西，我知道妳想要畫在牆壁上……」。第二個步驟是 C（communicate），表達限制，例如「……但是牆壁不是拿來畫的」。第三個步驟是 T（target），指出其他選擇，例如「妳可以畫在紙上」。

用你自己的話告訴父母：「設限的方法依循這些規則：『你想要用任何方式去感受都沒有問題；但卻不一定適合用你想用的方式去行動。』我們常常會試著要改變孩子感受的方式。例如，我們可能會說：『那沒什麼好沮喪的』或『你不恨你的姐姐，你愛你的姊姊』。用 A-C-T 設限並非嘗試去改變感受，事實上，你是在跟孩子表達你了解這種感受，你是在同理孩子。第一個步驟很重要，因為你必須真正了解孩子的感受，才能提出一個令人滿意的其他選擇。」

分享你的經驗：「我記得當我學習如何使用 A-C-T 時，我女兒大概三歲大。每天早上她都跟我爭辯我所說的每件事，每 30 秒就會有一次權力的拉扯。我幫她梳頭髮、試著協助她換好衣服或說『早安』，她就會大叫：『不！停下來！我不想要！不！』我嘗試使用 A-C-T，說：『黛娃，我知道妳氣炸了，但我不是拿來被吼的。妳可以告訴我妳很抓狂，而不用對我吼。』可是沒有效，我的女兒繼續對我吼。隔天早上，我發現是因為我沒有同理她，我沒有了解她的感受。我再次使用 A-C-T，只是這次我說：『黛娃，我知道妳想要當老大，妳想要告訴我要做什麼。妳受夠了每個人告訴妳該做什麼，但是我不是讓人使喚的。妳可以把妳的絨毛玩具排好，告訴它們要做什麼——妳可以使喚它們。』它就像一個咒語一樣發揮功效了。它有效是因為我了解她的感受，並且給她一個令人滿意且適當的方法來表達感受。有好幾年的時間，無論我們去哪裡，她都會把絨毛玩具或想像有人的座椅排好，然後告訴它們要做什麼。她現在12 歲，並且想要成為第一個女總統。我想這當中有明確的關聯性。」

注意：沒有孩子的治療師可以分享對親友或鄰居孩子的類似經驗，或在遊戲治療裡對孩子的類似經驗。

強調清楚和簡潔陳述限制的重要性。

- 複習「設限：在太遲之前執行 A-C-T」的設限原則（請家長看父母手冊 4-2）

講義請參見治療師手冊。

- 檢視家庭作業工作單：「設限：A-C-T 練習工作單」（請家長看父母手冊 4-3）

工作單範本答案請參見治療師手冊。

　　查看單元 4 沒有涵蓋到的情景。

　　討論父母可能需要設定的限制，且幫忙他們完成。

　　歡迎問問題。

- 瀏覽講義：「設限：為什麼使用 A-C-T 三步驟」（請家長看父母手冊 5-2）

工作單範本答案請參見治療師手冊。

　　假如時間不夠，請父母在家閱讀。

四、角色扮演／觀看錄影帶片段或現場示範遊戲單元技巧與設限

- 一定要讓父母有時間觀看遊戲單元技巧的示範，其中包括那些你想要他們模仿的技術，並聚焦在他們表示最為困難的技巧。
- 看完示範之後，邀請父母角色扮演他們自認最困難的一些情況，其中至少包含一個設限的角色扮演。

放輕鬆玩！透過扮演孩子來測試父母的限制。

範例：將飛鏢槍瞄準父母，且要求他們設限。當父母説：「我知道你想要射我，但我不是拿來被射的。你可以射洋娃娃，假裝它是我。」瞄準距他們的頭一公分處，説：「我沒有要射你，我只是要射你後面的牆壁。我不會打到你。」父母必須更清楚地説：「我知道你想要射我，但我不是拿來被射的，在我後面的這整面牆也不是拿來被射的。你可以射那面牆或另一面。」

範例：藉由假裝正要畫某位父母的鞋子來測試限制。像個孩子一樣地反抗這個限制，説：「那不會弄傷你的鞋，只會讓它變得更好看。」這個限制可能會是：「我知道你想要裝飾我的鞋，但我的鞋不是拿來被畫的。你可以畫在紙上，再把它貼在我的鞋子上面。」對父母來説，要確認感受通常會有困難，因為他們認為你真的會畫在他們的鞋子上。提醒父母，除非時常練習，不然在情緒激動的當下不太容易運用這個方法。

範例：利用玩美容院遊戲來測試限制，假裝你要潑水在一位父母頭上。對父母解釋要立刻吸引孩子的注意、制止孩子、叫孩子的名字，舉例來説：「丹尼爾，我知道你想要玩美容院遊戲，但是在遊戲時間裡，我的頭不是拿來被弄濕的。你可以把洋娃娃放到水槽一邊把水潑在它頭上，或者拿個空瓶子，假裝你正潑水到我的頭上。」

指出父母在這些例子裡，他們好像真的會擔心你越過紅線。舉例來説：「你真的認為我會畫在你的鞋子上」或「你真的認為我會把水潑在你頭上」。詢問他們所經驗到的身體感受。為了知道何時需要設限，體會身體的感覺有其重要性。

用你自己的話告訴父母：「現在，轉向你隔壁的夥伴，你們其中一人先扮演孩子。使用玩具，然後做些孩子可能會做的事情來破壞限制。假裝你要破壞玩具，或假裝你要潑灑顏料，讓你的父母練習設限。」

五、安排一到兩位父母在這週進行錄影

姓名／電話號碼＿＿＿＿＿＿＿＿日期／時間（若是在諮商所錄影）＿＿＿＿

姓名／電話號碼＿＿＿＿＿＿＿＿日期／時間（若是在諮商所錄影）＿＿＿＿

提醒這週要錄影的父母在「父母筆記和家庭作業」講義上做記錄。

六、家庭作業（請家長看父母手冊的家庭作業部分）

參見治療師手冊。

1. 給你每一個孩子三明治擁抱和三明治親吻。

用你自己的話告訴父母：我要指派一項非常重要的家庭作業，你們所有人都要跟孩子和其他家庭成員一起做，你要在遊戲單元以外的時間跟你的每一個小孩做這件事，這稱為三明治擁抱。看起來像這樣（站起身示範）：妳和先生分別站在孩子的兩邊（假如孩子很小，可以把他抱起來），然後妳用好玩的口吻說：「我們要做一個三明治擁抱，你是花生奶油（或孩子最喜歡的任何一種三明治口味），我們是麵包。」接著要給孩子一個大大的、有肢體碰觸且很吵的擁抱，「嗯～～～嗯！」（這個吵雜的聲音非常重要——孩子很愛這個！）確認對每個孩子都有做到。較大的孩子或許會有些抗拒，可以採取適合他們年齡的方式。接著，在這星期找出另一個時間，讓孩子知道你在課程中學到另一個有趣的任務，這被稱為三明治親吻。用你的拳頭示範三明治親吻的方式，（每個拳頭代表一位父母）把拳頭放在臉頰上，用力推以製造出大的親吻聲響「嗯～～～啵（響吻的聲音）！」要再次提醒父母，製造出一個真的非常大的親吻聲響非常重要，而且父母一定要在家裡對每個孩子做這個動作。

2. 在遊戲單元前先閱讀講義：

「設限：在太遲之前執行 A-C-T」（單元 4）。

「遊戲單元中『應做』與『不應做』事項」（單元 3）。

「遊戲單元程序檢核表」（單元 3）。

3. 進行遊戲單元（相同時間和地點）：

(1) 完成「父母遊戲單元筆記」。

(2) 使用「遊戲單元技巧檢核表」標註你認為做得好的事情，且選擇一個想要在下一次遊戲單元使用的技巧。

(3) 若你有在遊戲時間中設限，請在檢核表上寫下事發經過，以及你在過程中說或做了什麼。

我下週會帶著我的錄影帶（若是在諮商所錄製：我的預約日期／時間＿＿＿＿）。

4. 額外的作業：＿＿＿＿＿＿＿＿＿＿＿＿＿＿＿＿＿＿＿＿＿＿

若有必要的話，請父母寫額外的作業。

七、以基本原則結束此單元

基本原則：「若你無法用 16 個字以內說完，就別說了。」

身為父母，我們很容易對孩子做過多的解釋，並在字裡行間將訊息混淆。

親子關係治療 單元 6

課程指引

單元 6 到 9 綜論：對治療師來說，首要目標是藉由建立自尊和自信來增加父母的效能感。對父母來說，單元 6 到 9 的首要目標，則是積極地用鼓勵和建立自尊的方式來回應孩子。

單元 6 到 9 皆依循相似的形式。首先，每位父母報告自己在家中進行遊戲單元的過程，接著進行一到兩位父母遊戲單元錄影的評論／督導。治療師對父母所描述的遊戲單元狀況提供建議，並指出父母所展現的親子關係治療技巧，同時仔細留意父母所傳達的感受。要更加注意父母普遍經驗到的問題。當父母產生一些感受時，花些時間處理，那是非常重要的。示範你要求父母對孩子做的事，並把重點擺在感受上。治療師藉著連結父母們所分享的經驗，協助他們看見自己在與孩子的問題奮鬥時並不孤單。一般來說，父母在有能力給別人回饋時，對自己會比較有自信。使用團體催化技巧，以協助每位成員有機會提供回饋。當父母開始注意到自己和其他人的技巧時，技巧和知識的融合就會出現。空出些時間討論父母普遍經歷的問題，並藉角色扮演解決之。

當父母報告遊戲單元過程時，繼續強調應做和不應做事項。在每次單元中持續進行遊戲單元原則和技巧的複習及角色扮演。一般來說，設限是個「熱門的話題」。在單元 6 到 8 中，治療師持續確認父母所關心之孩子與遊戲時間不相干的長期及危機問題，可以在父母表達時傾聽並寫下來；基本上，這些議題到單元 9 才會處理。在所有的單元中，治療師要小心地盡量避免轉移去討論孩子的其他枝節問題，方式是治療師可以簡單用幾個字帶過，並再次重新聚焦在手邊討論的重點上。對於少數的孩子枝節問題，或許可以提供一個非常簡短的建議，但不要做過多的討論和解釋。到了單元 8 和 9，許多父母開始整合遊戲單元技巧，並且自發性地在單元以外的時間成功運用技巧。當父母開始自發地分享遊戲單元外所發生的狀況，這都表示親子關係治療技巧的類化，治療師就要迅速地確認這個新發展的因應策略，目標是鼓勵、賦能及增進父母的自信。單元 9 會特別把重點擺在將這些技巧於每天生活中的使用。

一、非正式分享，接著由父母報告遊戲單元的情況，以檢視家庭作業（錄製錄影帶的家長最後分享）

- 父母分享給每位孩子三明治擁抱和三明治親吻的經驗。

- 父母分享遊戲單元期間所嘗試的設限。必要的話可複習 A-C-T 設限（參見單元 4 的講義，於父母手冊 4-2）。

  記得只聚焦在遊戲單元中發生的事——讓父母知道你稍後將會更聚焦於設限議題，藉以轉移有關設限的其他問題。

- 繼續聽取遊戲單元的報告，聚焦於父母所覺察到的自身行為改變。

  把重點放在遊戲單元中應做事項（用海報向父母說明）。

  藉父母討論的實例來強化應做事項。

  指出困難的情況，並與父母針對回應方式進行即興的角色扮演。

- 記住甜甜圈比喻：聚焦於優點和正向範例！在每一位父母的分享中，找出可以被鼓勵和支持的事——促進團體成員間的「連結」。

二、討論及督導錄製的遊戲單元

- 依照上週一樣的程序，觀看一到兩個親子遊戲單元。

- 示範鼓勵，並促進同儕回饋。

- 請父母看「課堂遊戲單元技巧檢核表」講義，在父母手冊 6-5，將他們在治療師示範過的或其他父母指出的技巧處打勾。

> 參見治療師手冊。

- 繼續看「遊戲單元中『應做』與『不應做』事項」海報或講義（單元 3）。

> 要一再地強調一致性的重要：遊戲單元進行有一致性、設限有一致性、日常生活的例行事務有一致性，諸如此類。從頭到尾都要強調一致地每週在一樣的時間和地點進行家庭遊戲單元的重要性，即使孩子要求改變，以及／或是對父母來說改變時間更為方便。父母通常很難在孩子的生活裡謹記一致性和可預測性的重要。

提醒父母，對孩子來說，父母的一致性→可預測性→安全感→孩子感受到安全和被愛！

基本原則：「在現實中不被允許的，可以在幻想中獲得。」

在遊戲單元裡，允許以行動外化在現實中需要限制的感受和渴望。

範例：三歲的瑪格麗特有個剛出生的妹妹，很自然會感覺到有些忌妒。在遊戲單元中，她拿著嬰兒娃娃且將其丟出遊戲區。父母有用的反應可能是：「妳只是不想要寶寶待在這裡」或「你決定把寶寶丟到那裡去」。然而，一般來說父母會受這種行為困擾，認為若他們接納遊戲單元中的這個行為，孩子會認為這在遊戲單元以外的時間也被容許。任何攻擊性或退化性的遊戲行為也是一樣；因此，親子治療師必須仔細地用父母能夠理解的方式來解釋這個概念。

三、給予選擇

- 瀏覽講義：「給予選擇 101：教導責任和做決定」（請家長看父母手冊 6-2）。

（參見治療師手冊）當討論第一段：「提供孩子適齡的選擇可以賦能孩子，因為這會讓他們對自己的環境有控制感……」時，引入下列的基本原則：

基本原則：「大孩子給大選擇，小孩子給小選擇。」

提供的選擇一定要與孩子的發展階段相符。

「給予孩子選擇」的概念引入是為了強化單元 4 和 5 所強調的設限原則，這個策略是為了賦能孩子做決定，並且避免在遊戲單元以外的地方形成權力拉扯。

告訴父母，給予選擇需要的是態度上的轉變、有創意的思考及自發性的反應。態度上的轉變是指從「為孩子做決定」到「允許孩子做決定」。舉例來說，若孩子不想吃藥，吃藥並不是一個「選擇」，那是「理當要做的事」。父母可以說：「你可以選擇用柳橙汁或蘋果汁配藥吃，你要選哪一個？」這個問題需要孩子承諾，一旦做好選擇，孩子會更樂於配合。允許孩子在決定過程中占有一席之地，通常會帶來合作或樂於妥協的結果。提醒父母要謹記在心的是，無論孩子做了哪一個選擇，他們必須樂於接受。

給予選擇也是教導紀律（不是懲罰，是紀律）的一個新策略，那會幫忙孩子學習如何參與做出適當的選擇，且學習自我負責。例如，「如果你選擇在四點把作業做完，代表你選擇要玩電腦遊戲。如果你選擇不在四點時把作業做完，代表你選擇不玩電腦遊戲。」

這個給予選擇的方式可以在特別的遊戲時間中，被當成是 A-C-T 模式的第四個步驟，以幫助孩子學習自律和自我控制。讓父母參與討論給予選擇的場景，像是：「你規定那道牆不能拿來畫，但孩子不斷試著要畫牆壁。現在，你要怎麼辦？你已經做完三、四次設限三步驟，但你的孩子仍然想要畫牆壁。」讓父母腦力激盪一些可能的選項。

- （選做）播放 DVD：《選擇、餅乾和小孩》（建議播放 15～20 分鐘，之後在單元 7 將 DVD 播完）。

只要有機會，就播一下錄影帶（Garry Landreth 的《選擇、餅乾和小孩》錄影帶，可以從北德州大學遊戲治療中心取得。其聯絡方式為 PO Box 310829, Denton, TX, 76203，或 www.centerforplaytherapy.com）。父母最容易藉由示範和實際練習的機會來學習給予選擇的技巧。《選擇、餅乾和小孩》錄影帶清楚地說明給予選擇的內容與技巧，片長約 30 分鐘，使用前應該先進行預覽。由於時間的限制，治療師可以在單元 6 播放一部分影片，然後在單元 7 將剩下的部分播完。「給予選擇的 Oreo 餅乾理論」也包含在影片中，約 6 分鐘長，即使時間有限而無法完整看完，也應該在單元 6 播放。

- 如果時間允許，瀏覽另一篇給予選擇的講義：「給予選擇進階版：提供選擇當作後果」（請家長看父母手冊 6-3）。**注意**：此講義可延至單元 7 使用，或是在本單元使用一部分，再於單元 7 完成。

參見治療師手冊。

看過講義，至少要溫習「給予選擇的 Oreo 餅乾法」，倘若需要更多時間，全部也要在單元 7 時完成。分享你的經驗：「直到我開始做這件事我才了解，原來我過去都在為兒子擔負他該負的責任。我以前在早上會花很多時間叫狄倫刷牙，並因此感到非常挫敗。我叫他四、五次，他仍然不去。我們有好幾個早上都遲到，因為他都不刷牙，一直要等到我站在那裡，要求他刷牙才刷。我在為他需要負責的事情負責。但我採用給予選擇的方式後，我不需要發脾氣也不再感到有壓力。我只要鎮定地說：『狄倫，如果你選擇在早上出門前刷牙，代表你選擇午餐可以吃你想吃的東西；如果你選擇不在出門前刷牙，代表你選擇午餐吃生菜沙拉，因為那是唯一不會傷害你牙齒的東西。』這是我提供過最強而有力的選擇。他只有一次選擇蔬食！」

注意：沒有孩子的治療師可以分享對親友或鄰居孩子的類似經驗，或在遊戲治療裡對孩子的類似經驗。

* （選做）補充工作單：必要時可另外指派給予選擇練習工作單作為額外的家庭作業——帶回去當家庭作業之前，可以先一起看幾個例子（參見附錄 C 的工作單及治療師用的答案單）

對大部分的父母而言，設限技巧是個持續的挑戰，通常在單元 6 也持續做為主要的重點。治療師要利用父母掙扎於設限的自發分享，來檢討和練習這個技巧。在設限之後，父母的掙扎常在於能否堅持貫徹，特別是得面對孩子的乞求、嘀咕，以及孩子學會用來操控和折磨父母的行為。提醒父母堅持貫徹的重要性：若他們在設限或承諾方面沒有堅持，就會失去信用，最終會傷害他們和孩子的關係。信任是健康關係的基礎。一旦父母無法堅持貫徹和提供一致性，給孩子的訊息就是：「你真的不能指望我說到做到。」可以用幽默來處理這個非常嚴肅的事情，例如，教父母重複唸三次：「只要一設限，我將會堅持到底——我像釘子一樣堅硬！」

四、角色扮演／觀看錄影帶片段或現場示範遊戲單元技巧與給予選擇

- 一定要讓父母有時間觀看遊戲單元技巧的示範，其中包括那些你想要他們模仿的技術，並聚焦在他們表示最為困難的技巧。
- 看完示範之後，邀請父母角色扮演他們自認最困難的一些情況，其中至少包含一個給予選擇的角色扮演。

用你自己的話告訴父母：「我們來練習想出一些選擇。你們三個一組，然後你們三個一組。你們的任務是，至少想出三件孩子做過或可能會做的事，然後對每個狀況想出一種選擇。接著與我們分享你們的情況和選擇。」

五、安排一到兩位父母在這週進行錄影

姓名／電話號碼_____日期／時間（若是在諮商所錄影）_____
姓名／電話號碼_____日期／時間（若是在諮商所錄影）_____
提醒這週要錄影的父母在「父母筆記和家庭作業」講義上做記錄。

六、家庭作業（請家長看父母手冊的家庭作業部分）

參見治療師手冊。

1. 閱讀「給予選擇 101：教導責任和做決定」以及「給予選擇進階版：提供選擇當作後果」。
2. 閱讀遊戲單元中常見的問題，並且標記你有疑問的二至三個議題，或寫下一個未列在工作單上但讓你飽受挑戰的議題。

3. 在遊戲單元以外的時間，練習提供至少一種選擇（「(1)」或「(2)」）。

　　(1) 賦能你的孩子是提供選擇的唯一目的（給孩子兩個正向的選擇，對你而言都是可接受的，且都是孩子渴望獲得的）

　　　　發生什麼事＿＿＿＿＿＿＿＿＿＿＿＿＿＿＿＿＿＿＿＿＿＿＿＿＿＿

　　　　你說了什麼＿＿＿＿＿＿＿＿＿＿＿＿＿＿＿＿＿＿＿＿＿＿＿＿＿＿

　　　　孩子如何回應＿＿＿＿＿＿＿＿＿＿＿＿＿＿＿＿＿＿＿＿＿＿＿＿

　　(2) 練習將給予選擇視為一種訓練紀律的方法（給予選擇是被用來做為不配合限制、家庭規則或政策的後果）

　　　　發生什麼事＿＿＿＿＿＿＿＿＿＿＿＿＿＿＿＿＿＿＿＿＿＿＿＿＿＿

　　　　你說了什麼＿＿＿＿＿＿＿＿＿＿＿＿＿＿＿＿＿＿＿＿＿＿＿＿＿＿

　　　　孩子如何回應＿＿＿＿＿＿＿＿＿＿＿＿＿＿＿＿＿＿＿＿＿＿＿＿

4. 進行遊戲單元（相同時間和地點）——複習「遊戲單元中『應做』與『不應做』事項」和「遊戲單元程序檢核表」。

　　(1) 完成「父母遊戲單元筆記」。

　　(2) 使用「遊戲單元技巧檢核表」標示你認為做得好的事情，且選擇一個想要在下一次遊戲單元使用的技巧。

　　我下週會帶著我的錄影帶（若是在諮商所錄製：我的預約日期／時間＿＿＿＿）。

5. 額外的作業：＿＿＿＿＿＿＿＿＿＿＿＿＿＿＿＿＿＿＿＿＿＿＿＿＿＿

（選做的額外作業）：完成課程中補充的給予選擇練習工作單。工作單的提出和指派可以提供父母額外練習的情境。要求父母在家庭作業單上寫下提醒。

七、以激勵人心的詩、故事或基本原則結束此單元（選做）

親子關係治療 單元 7
課程指引

此單元的主要焦點是透過團體督導及回饋來支持和鼓勵父母的技巧發展及信心；因此，大半的時間都投入於此活動。單元 7 唯一引入的新技巧是建立自尊的回應。

一、**非正式分享，接著由父母報告遊戲單元的情況，以檢視家庭作業**（錄製錄影帶的家長最後分享）

- 複習「給予選擇 101：教導責任和做決定」講義（請家長看父母手冊 6-2）——當父母報告家庭作業，即在遊戲單元之外練習給孩子選擇時，加強基本概念。

檢視選做的家庭作業工作單，視需要完成給予選擇練習工作單。

- （選做）視需要完成單元 6 的《選擇、餅乾和小孩》DVD。

- 視需要閱讀和完成「給予選擇進階版：提供選擇當作後果」（請家長看父母手冊 6-3）。

  如果父母提問當孩子不配合限制時，可以如何使用選擇，可以簡要討論使用選擇作為後果。告訴父母，更進階的技巧會在稍後的單元中有深入的探討（參見父母手冊 9-2，單元 9 的「進階設限：對不配合行為給予選擇當作後果」講義）。

用你自己的話告訴父母：「如果你已進行 A-C-T 三步驟設限數次，但孩子仍持續測試限制（例如，仍想用飛鏢槍射你），第四步驟會是『如果你選擇還是想射我，你就是選擇我們剩下的遊戲時間不玩槍。如果你選擇不射我，你就是選擇繼續玩槍。』或是『如果你選擇繼續將桌子塗色，你就是選擇我們剩下的遊戲時間不玩蠟筆，如果你選擇不塗桌子，你就是選擇繼續玩蠟筆。』下週我們會繼續致力於給予選擇的部分。」

- 簡要複習講義：「遊戲單元中常見的問題」（請家長看父母手冊 6-4）。

  利用這個機會複習反映式聆聽、設限、給予選擇等等。

- 繼續聽取遊戲單元進行情況的報告，聚焦於父母在自己身上察覺到的行為變化。

  聚焦於遊戲單元中應做事項（使用海報讓父母參照）。

  從父母的報告或評論中舉出例子以強化應做事項。

  與父母進行角色扮演，對困難的情況做出回應。

- 記住甜甜圈比喻：鼓勵……支持……連結！
  在每一位父母的分享中，找出可以被鼓勵和支持的事——促進團體成員間的「連結」。

二、討論及督導錄製的遊戲單元

- 依照上週一樣的程序，觀看一到兩個親子遊戲單元。
- 示範鼓勵，並促進同儕回饋。
- 請父母看「課堂遊戲單元技巧檢核表」講義，在父母手冊 7-4，將他們在呈現中看到的示範技巧處打勾。

參見治療師手冊。

- 繼續看「遊戲單元中『應做』與『不應做』事項」海報或講義（單元 3）。
  - 播放錄影帶，直到出現明顯的優點。
  - 聚焦於父母進行遊戲單元時自我覺察的重要性。
  - 播放父母有疑問或特別想展現的影片部分。
  - 詢問父母認為自己做得好的部分。
  - 詢問父母在下次遊戲單元中想致力於哪部分。

進一步的討論及範例請參考課程指引單元 4。

三、建立自尊

- 瀏覽講義：「建立自尊的回應」（請家長看父母手冊 7-2）。

（參見治療師手冊）給治療師的建議：講義最後的蝴蝶故事可在單元結束時朗讀
用你自己的話說明建立自尊的回應之重要性。父母幫助孩子發展出對「自我」的正面觀感，所透過的方式不僅是提供孩子愛和無條件的接納，還要幫助孩子有勝任感，覺得自己可以做到。首先要讓孩子經驗到什麼是發現、搞懂和解決問題。藉由讓孩子掙扎於一個問題，但在整個過程中給予鼓勵（鼓勵 vs.讚美將在單元 8 詳細探討），來表達對孩子和他的能力有信心。對大部分父母而言，讓孩子痛苦地掙扎是一件困難的事——但為了使孩子真正有自己可以做到的感覺，這是一個必要的過程。幫助孩子發展對自我的正面觀感而有勝任感和能夠做到的感覺，下一步是學習一種回應方法，肯定孩子的想法、努力和成就，但不讚美他。

基本原則：「絕不替孩子做他自己能做的事。」

如果你替他做了，便剝奪了孩子發現的樂趣以及覺得自己能勝任的機會。你永遠不知道孩子的能力，除非你給他機會去嘗試！

> 許多父母和孩子很難接受這樣的概念。多數父母為孩子做太多；因此孩子學會依賴父母來解決問題，並且認為自己無法做到。治療師需要花點時間進行角色扮演，在孩子說：「這裡，媽咪（一邊將黏土交給媽媽），幫我把蓋子打開」或是「爸比，幫我把士兵排好」的時候，父母究竟可以如何回應。在有關將責任歸還給孩子、讓他們去做自己可以做的事方面，父母需要許多的練習。透過觀看建立自尊的回應相關的錄影帶片段或現場示範，父母可以獲益良多。
>
> * （選做）補充工作單：建立自尊的回應工作單可以視需要作為額外的家庭作業——帶回去當家庭作業之前，可以先一起看幾個例子（參見附錄 C 的工作單及治療師用的答案單）。

課
程
指
引

四、角色扮演／觀看錄影帶片段或現場示範遊戲單元技巧、建立自尊的回應，以及將責任歸還給孩子的回應

- 一定要讓父母有時間觀看遊戲單元技巧的示範，其中包括那些你想要他們模仿的技術，並聚焦在他們表示最為困難的技巧。
- 看完示範之後，邀請父母角色扮演他們自認最困難的一些情況，其中至少包含一個建立自尊的回應之角色扮演。

五、安排一到兩位父母在這週錄影

姓名／電話號碼_____日期／時間（若是在諮商所錄影）_____
姓名／電話號碼_____日期／時間（若是在諮商所錄影）_____
提醒這週要錄影的父母在「父母筆記和家庭作業」講義上做記錄。

六、家庭作業（請家長看父母手冊的家庭作業部分）

參見治療師手冊。

1. 閱讀建立自尊的回應講義——在遊戲單元期間至少練習一次建立自尊的回應（記在「遊戲單元技巧檢核表」上），還要在遊戲單元之外練習給予一次建立自尊的回應。

在遊戲單元之外發生的事＿＿＿＿＿＿＿＿＿＿＿＿＿＿＿＿＿＿＿＿

你說了什麼＿＿＿＿＿＿＿＿＿＿＿＿＿＿＿＿＿＿＿＿＿＿＿＿＿＿＿

孩子如何回應（口語或非口語）＿＿＿＿＿＿＿＿＿＿＿＿＿＿＿＿＿＿

2. 寫一張便條給你主要聚焦的孩子，以及家中的其他孩子，指出你欣賞這個孩子的一項正面特質（參見正面人格特質講義）。連續三星期，每星期寫一張（如果可能的話，將第一張便條寄給孩子）。寫上以下的句子：

「親愛的＿＿＿＿＿，我剛才正想著你，我在想，你是這麼的＿＿＿＿＿（周到、負責任、體貼、有愛心等等）。我愛你，＿＿＿＿＿（爸爸，媽媽）」

在孩子讀完這張便條（或你向孩子朗讀這張便條）之後，用你自己的話告訴孩子：「這是多麼重要的特質；我們應該把這張便條貼在冰箱（布告欄等等）上。」**提醒**：不要期待孩子有回應。

> 鼓勵父母將便條寄給孩子；孩子通常很少收到信，這會讓便條成為一個很特別的禮物。如果孩子還無法閱讀，信件寄到時你可以安排另一位家庭成員朗讀便條，若無法安排，則父母可以自己朗讀。父母每週都要持續做這項家庭作業，在剩下的親子關係治療訓練期間找出孩子的不同正向特質，並且用不同的方式讓孩子看到便條，例如：放在孩子的餐盒內、貼在浴室的鏡子上、放在孩子的枕頭上、放在孩子的餐盤底下等等。

3. 進行遊戲單元（同樣的時間和地點）——複習「遊戲單元中『應做』與『不應做』事項」和「遊戲單元程序檢核表」。

   (1) 完成「父母遊戲單元筆記」。

   (2) 使用「遊戲單元技巧檢核表」標註你認為做得好的事情，且選擇一個想要在下一次遊戲單元使用的技巧：記下至少一個建立自尊的回應。

   我下週會帶著我的錄影帶（若是在諮商所錄製：我的預約日期／時間＿＿＿＿＿）。

4. 額外的作業：＿＿＿＿＿＿＿＿＿＿＿＿＿＿＿＿＿＿＿＿＿＿＿＿＿＿

> （選做的額外家庭作業）完成課程中補充的建立自尊的回應工作單。工作單的提出和指派可提供父母額外練習的場境。要求父母在家庭作業單上寫下提醒。

七、以激勵人心的詩、故事或基本原則結束此單元（選做）

建議閱讀「痛苦掙扎成為一隻蝴蝶：一個真實的故事」（參見「建立自尊的回應」講義，在父母手冊 7-2）。

切記：蝴蝶未經痛苦的掙扎，就沒有翅膀！

親子關係治療 單元 8

課程指引

如同單元 6 和 7，此單元的主要焦點是透過團體督導及回饋來支持和鼓勵父母的技巧發展及信心；因此，大半的時間都投入於此活動。這週唯一引入的新技巧是鼓勵式回應，並且奠基於上週單元 7 在建立自尊的回應所做的訓練。

一、**非正式分享，接著由父母報告遊戲單元的情況，以檢視家庭作業，並且類化遊戲單元技巧**（錄製錄影帶的父母最後分享）

- 父母報告寫正面人格特質便條的活動。
  簡要分享──提醒父母不要期待孩子有公開的回應。

  檢視選做的家庭作業工作單，視需要完成「建立自尊的回應工作單」（參見附錄 C）

- 父母報告在遊戲單元之外練習給予一次建立自尊的回應。
  父母報告在遊戲單元期間練習給予一次建立自尊的回應，作為遊戲單元報告的開頭。

- 繼續聽取遊戲單元進行情況的報告，聚焦於父母在自己身上察覺到的行為變化。
  聚焦於遊戲單元中應做事項（使用海報讓父母參照）。
  從父母的報告或評論中舉出例子以強化應做事項。
  與父母進行角色扮演，對困難的情況做出回應。

- 記住甜甜圈比喻：鼓勵……支持……連結！

二、**討論及督導錄製的遊戲單元**

- 依照上週一樣的程序，觀看一到兩個親子遊戲單元。
  請父母簡要地報告他們在家中進行的遊戲單元和家庭作業，即在遊戲單元中練習給予建立自尊的回應。

  在對錄製錄影帶的父母做焦點督導時，複習建立自尊的回應仍然是主要重點。示範如何鼓勵，並且促進同儕回饋。

- 請父母看「課堂遊戲單元技巧檢核表」講義，在父母手冊 8-3，將他們在呈現中看到的示範技巧處打勾。

參見治療師手冊。

- 繼續看「遊戲單元中『應做』與『不應做』事項」海報或講義（單元 3）。

仔細傾聽，以便在父母所分享遊戲單元發生的事件中，找到增強他們技巧的機會；必要時提供額外的策略。

監督回饋：在檢視父母所錄製的遊戲單元時，發現父母明顯運用到親子關係治療技巧時就先暫停播放，然後詢問其他父母是否要對該父母做任何回饋。這個策略可以鼓勵父母們分享回饋，並且將焦點放在父母的優點上面。

在每個單元的團體督導及回饋時間的互動中，父母對自己以及對運用新學會的技巧會越來越有信心。一般來説，到了這個單元，父母開始會主動説出看到自己、孩子及其他父母的改變。這時要把握機會促進父母的成長並學習達到更高的境界，藉由讓他們彼此分享在看到及聽到對方遊戲單元時的回饋。基本上你是將父母慢慢轉換到同儕督導的角色，並且幫助他們更能自我覺察，而目標就是邁向單元 10 的自我監督技巧。

提醒父母留意，特別的遊戲時間和玩具的新鮮感可能會開始消退，孩子有可能會逐漸不感興趣或覺得無聊。遊戲時間仍然很重要，請父母務必堅持進行下去。

三、瀏覽講義：「鼓勵 vs.讚美」（請家長看父母手冊 8-2）

參見治療師手冊。

- 閱讀講義上所寫要在遊戲單元中使用的鼓勵式回應。

肯定努力和進步的鼓勵式表達：

「你做到了！」或「你搞懂了！」

「你真的在這件事上付出許多努力。」

「你都沒有放棄，直到你弄懂為止。」

「看看你在_____上的進步。」（要明確指出）

「你已經做完半張作業了，現在才四點而已。」

表示信心的鼓勵式表達：

「我對你有信心，你一定會把它搞懂的。」

「那個問題好難哦，但我打賭你一定會把它搞懂的。」

「看來你已經有個計畫了。」

「以我對你的認識，我相信你一定會做得很好。」

「看起來你對＿＿＿＿＿很懂。」

重點放在貢獻、才能和感謝的鼓勵式表達：

「謝謝你，你真的幫了個大忙。」

「你＿＿＿＿＿真的是太體貼了。」或「我很感謝你＿＿＿＿＿。」

「你在＿＿＿＿＿方面真的很行。可以幫我個忙嗎？」

總而言之，鼓勵是：

1. 珍視並接受孩子原本的樣子（而不是添加接受的條件）。

2. 指出其行為的正向特質。

3. 對孩子表示信心，好讓他們能夠相信自己。

4. 肯定孩子的努力和進步（而不是要求成就）。

5. 對孩子的貢獻表示感謝。

引入並討論基本原則：

基本原則：「鼓勵孩子所做的努力，而不是讚美結果。」

孩子需要鼓勵，就像植物需要水一樣。

＊　（選做）補充工作單：「鼓勵 vs.讚美工作單」可以視需要作為額外的家庭作業
——帶回去當家庭作業之前，先一起討論幾個例子（參見附錄C的工作單及治療
師用的答案單）。

四、角色扮演／觀看錄影帶片段或現場示範遊戲單元技巧及鼓勵式回應

• 一定要讓父母有時間觀看遊戲單元技巧的示範，其中包括那些你想要他們模仿的
技術，並聚焦在他們表示最為困難的技巧。

• 看完示範之後，邀請父母角色扮演他們自認最困難的一些情況，其中至少包含一
個鼓勵的角色扮演。

五、安排一到兩位父母在這週錄影

　　姓名／電話號碼_____日期／時間（若是在諮商所錄影）_____

　　姓名／電話號碼_____日期／時間（若是在諮商所錄影）_____

　　提醒這週要錄影的父母在「父母筆記和家庭作業」講義上做記錄。

六、家庭作業（請家長看父母手冊的家庭作業部分）

> （參見治療師手冊）
>
> 一旦遊戲單元技巧很自然地成功運用在遊戲單元之外（大約在單元 8 到 9），治療師便可以開始增加家庭作業以鼓勵技巧在遊戲單元之外的類化。與所有的家庭作業一樣，必須清楚說明你想要父母寫下什麼以及下週要報告什麼；然後下週記得在單元一開始留一些時間給父母分享家庭作業的結果。

1. 閱讀「鼓勵 vs.讚美」講義——在遊戲單元期間至少練習一次鼓勵式回應（記在「遊戲單元技巧檢核表」上），還要在遊戲單元之外練習給予一次鼓勵式回應。

　　在遊戲單元之外發生的事_____

　　你說了什麼_____

　　孩子如何回應（口語或非口語）_____

2. 寫下在遊戲單元之外你最難以做到的一件事

　　_____

　　這可能是你之前有提到過的事，或你可能已經自己解決了的一個問題，而現在出現另一個需要幫忙的新議題。

3. 進行遊戲單元（同樣的時間和地點）——複習「遊戲單元中『應做』與『不應做』事項」。

　　(1) 完成「遊戲單元父母筆記」。

　　(2) 使用「遊戲單元技巧檢核表」標示你認為做得好的事情，且選擇一個想要在下一次遊戲單元使用的技巧；記下至少一個鼓勵式回應。

　　我下週會帶著我的錄影帶（若是在諮商所錄製：我的預約日期／時間_____）。

4. 額外的作業：＿＿＿＿＿＿＿＿＿＿＿＿＿＿＿＿＿＿＿＿＿＿＿＿＿＿

（選做的額外家庭作業）完成課程中補充的鼓勵 vs.讚美工作單。工作單的提出和指派可提供父母額外練習的場境。要求父母在家庭作業單上寫下提醒。

提醒：寫第二張便條給你主要聚焦的孩子及家中的其他孩子，指出你所欣賞這孩子的另一項正面人格特質（改變孩子看到便條的方式，例如：放在孩子的餐盒裡、貼在浴室的鏡子上、放在孩子的枕頭上、放在孩子的餐盤底下等等）。

七、以激勵人心的詩、故事或基本原則結束此單元（選做）

親子關係治療 單元 9

課程指引

單元 9 的模式與單元 6 到 8 大致相同（分享過去一週的進展、報告在家進行的遊戲單元、對錄製錄影帶的父母給予特別督導），但因上週家庭作業主要是遊戲單元之外的技巧運用，故這週用較多的時間讓家長討論與分享過去一週遊戲單元之外的情況，時間長短視該團體中家長的需求而定。家長的程度越進階，在遊戲單元之外運用技巧的能力也越好，因此，在日常活動中運用技巧的時間也會更多。

一般來說，課程進行到單元 9，父母不僅已更能察覺自己的感受，也更能敏銳地察覺孩子的感受並在課堂中分享；因此，治療師在父母討論遊戲單元之外的情況時，可鼓勵父母分享他們自己的感受，以及他們察覺到的孩子的感受。非正式分享讓父母有機會繼續練習如何能在不必接受孩子所有行為的情況下，更有效地回應他們的感受、渴望和需求。

一、非正式分享，接著由父母報告遊戲單元的情況，以檢視家庭作業

檢視選做的家庭作業工作單，視需要完成「鼓勵 vs. 讚美工作單」（參見附錄 C）

- 父母報告在遊戲單元期間練習鼓勵式回應的情況。
  若父母談到遊戲單元之外練習回應的情況，請他們待數分鐘後討論遊戲單元之外的技巧運用時再分享。

- 繼續聽取遊戲單元進行情況的報告，聚焦於父母在自己身上察覺到的行為變化。
  聚焦於遊戲單元中應做事項（使用海報讓父母參照）。
  從父母的報告或評論中舉出例子以強化應做事項。
  與父母進行角色扮演，對困難的情況做出回應。

- 牢記甜甜圈比喻：鼓勵……支持……連結！

（選做）補充工作單：「進階設限：給予選擇當作後果工作單」可以視需要作為額外的家庭作業——帶回家當家庭作業之前，先一起看幾個例子（參見附錄 C 的工作單及治療師用的答案單）。

二、討論及督導錄製的遊戲單元

- 依照上週一樣的程序，觀看一到兩個親子遊戲單元。

  請父母簡要地報告在家中進行的遊戲單元，然後示範鼓勵，並促進其他父母回饋。

  與父母討論家庭作業：記下遊戲單元中進行不順利及非常順利的事情各一件。

- 請父母看「課堂遊戲單元技巧檢核表」講義，在父母手冊 9-5，將他們在呈現中看到的示範技巧處打勾。

參見治療師手冊。

- 繼續看「遊戲單元中『應做』與『不應做』事項」海報或講義（單元 3）。

監督回饋：在檢視父母所錄製的遊戲單元時，發現父母明顯運用到親子關係治療技巧時就先暫停，然後詢問其他父母是否要對該父母做任何回饋。目標是訓練父母在單元 10 前就能做到自我監督。

父母可能會討論取悅孩子的議題，這是因為許多家長相信他們對孩子是否快樂負有責任。此議題的處理可參考本單元中，治療師和家長的對話：

治療師：金，我想確認妳剛才所說的，妳是否有提到要讓托比專注很困難？

　　金：對，托比的注意力很難集中；他只有在遊戲單元一開始時會對新玩具感興趣。

治療師：但托比是否整整 30 分鐘都能專注，並不是妳的責任。

　　金：可是我期待了一整個星期的遊戲單元，他卻玩得不開心。

治療師：所以妳很失望。

治療師使用這類的分享來幫助家長在遊戲單元之外運用遊戲單元的技巧。在這個例子中，治療師強調孩子的快樂並非父母的責任。父母無需確保孩子總是能專注、感興趣、忙碌或快樂。

提醒父母，若他們將孩子快樂的責任攬在肩上，那麼孩子要如何才能學到這是他們自己的責任？治療師即使沒有介紹新的遊戲單元技巧，也能介紹一些策略，幫助父母處理特別的問題。告訴家長，當某一週的氛圍或親子關係開始緊張，或預計當週有壓力事件要發生時，可在該週增加一次遊戲單元。

- 複習設限，並討論當孩子在遊戲單元進行中，未遵守限制時可使用的進階設限策略（請父母看「進階設限：對不配合行為給予選擇當作後果」講義，在父母手冊 9-2）。

工作單範本答案請參見治療師手冊。

三、在遊戲單元之外運用技巧

治療師可使用家庭作業引導家長討論如何類化技巧。

- 邀請父母分享如何將單元 8 家庭作業的技巧運用在遊戲單元之外。
  - 給予孩子鼓勵。
  - 指出孩子第二個正面人格特質的便條。
  - 在遊戲單元之外所使用的其他技巧。
- 詢問父母在過去八週所記下讓他們關心的問題中，有哪些到現在仍然棘手。簡述如何運用親子關係治療技巧來處理這些問題（單元 10 將進一步討論）。

課程進行至此，治療師已處理了一些家長所關心的問題，並討論如何使用遊戲單元技巧來更有效地回應，但仍需確保有時間來討論父母在過去八週所寫下的關心問題。過去的經驗指出，很多「問題」到這時已不再是「問題」！優先處理最多家長所關心的議題。在討論運用遊戲單元技巧來處理問題時，告訴家長：

基本原則：「切勿嘗試一次改變所有的事情！」

聚焦在對孩子正向自尊、勝任感及有用感會造成根本影響的「大」問題上。

- 討論如何在遊戲單元之外運用設限（請父母看「將設限類化到遊戲單元之外」講義，在父母手冊 9-3）。

（工作單範本答案請參見治療師手冊）。

首先複習 A-C-T 三步驟方法：A：確認感受，C：表達限制，T：指出其他選擇。

基本原則：「安全感的獲得取決於限制的設立。」

前後一致的限制＝安全穩固的關係

未能一致並貫徹執行限制，你將失去信用並傷害你與孩子的關係。

分享你自己的經驗：運用 A-C-T 設限技巧的一項優點是，你的孩子將學到如何以尊重的方式為自己設限，他們甚至不會注意到自己在使用 A-C-T 技巧，它已自然地成為一種溝通的方式。有一個例子我很喜歡，有一天我去學校接女兒放學，那時她只有九歲，一上車她就說：「媽媽，我很生氣。今天午餐時，副校長叫我們所有學生全部閉嘴。他這麼說是不對的！我想做點什麼讓他知道這樣是錯的。」說實話，讓我更震驚的倒不是副校長說了什麼，而是女兒說她想做點什麼。我小時候根本就沒這個膽子，敢跟校長或副校長說話。

我猶豫地問道：「那麼妳想怎麼做？」「我想告訴他，他不應該這麼說。」我回應道：「好，寶貝，我會告訴他。」「不，媽媽，我不要妳幫我告訴他，我要自己去跟他說。」我聽了很驚訝，繼續問道：「那妳打算跟他說什麼？」「我只想跟他說：『副校長，我知道學生午餐時太吵很煩人，但是學生不是用來跟他們說閉嘴的。如果你很生氣，你可以處罰不讓我們下課，或是告訴我們的導師。』」我回應道：「聽起來妳會禮貌地表達。妳有考慮到他的感受，也給他解決問題的辦法。」我希望我的回應能讓她覺得自己的計畫受到支持。她雖然決心不靠我的幫助來完成這件事，但還是決定讓哥哥陪她去副校長室。副校長不在辦公室，因此她留了張紙條。我們所知道的是，副校長從此再也沒有對學生說過「閉嘴」。

注意：沒有孩子的治療師可以分享對親友或鄰居孩子的類似經驗，或在遊戲治療裡對孩子的類似經驗。

- 若有時間可討論講義：「父母可運用的結構式玩偶遊戲」（請家長看父母手冊9-4）。

（參見治療師手冊）

治療師簡短介紹講義，讓家長知道什麼是玩偶遊戲。玩偶遊戲是父母以生動的說故事方式，幫助焦慮、不安的孩子因應新的或具壓力的情況，以下的例子是治療師和一位參與治療的家長在訓練課程中有關玩偶遊戲的對話：

治療師：不知大衛是因為要與治療師進到遊戲室，還是因為妳要離開而感到焦慮，讓我們試著來處理這個問題。

蘿　拉：好，告訴我應該怎麼做。我們下次預約的時間是星期三下午六點。

治療師：今天是星期一，今晚和明晚在大衛睡覺前，我希望妳能試試看結構式玩偶遊戲。（對學員說）各位可使用結構式玩偶遊戲來處理孩子的焦慮或擔憂，像是去保姆家、看牙醫、上學或第一次參加生日派對。蘿拉，請妳與大衛一起坐下來，對他說：「我要跟你說個很特別的故事，需要兩個玩具或絨毛動物，一個扮演你，一個扮演我。」讓大衛挑選。「我們也需要一台車。」大衛挑選完就開始說故事。「你正在房間玩，我說：『晚餐做好了。』」一邊說故事一邊用選出的玩偶扮演。「你來到餐桌坐下，我們吃晚餐。之後我洗碗盤。好，該上車去諮商中心了。我坐上車了，你也坐上車了。」將角色坐進車裡的動作演出來。「你扣上安全帶，咔擦；我也扣上安全帶，咔擦。」記得搭配音效，開車時發出汽車加速的聲音「轟隆隆，轟隆隆」。「諮商中

心到了。我鎖上車，嗶吱。我們一起穿過停車場，走進諮商中心，諮商中心裡有間遊戲室。哦，我們也需要一隻扮演布朗老師的玩偶，她會和你一起去遊戲室。大衛，挑個扮演布朗老師的玩偶。我們走進去，布朗老師說：『嗨！』」妳繼續將大衛和布朗老師間的對話演出來。「你與布朗老師走到走廊盡頭，進入遊戲室……」（將角色在走廊上行走的動作演出來。）「……而我就坐在等候室等你。你在遊戲室的時候我在看書。遊戲室裡有各種各樣好玩的東西，我會想著你在遊戲室玩什麼，我心想『你會在遊戲室待30分鐘。』」配上看手錶的動作。「然後我聽到你在走廊上走動的聲音，所以我站起來往走廊看去，沒錯，你已經走在走廊上了。我說『嗨！我們要回家了。』我們坐上車，扣好安全帶（咔擦），然後開車回家（轟隆隆，轟隆隆）。回到家我們在廚房吃巧克力脆片餅乾，也喝了牛奶，嗯嗯～餅乾真好吃！」故事在用力的親吻聲（嗯～～～啵）中結束，演出角色親吻的動作。確保你有用力發出親吻的聲音，小孩很喜歡這樣的扮演，然後結束故事。故事的時間應控制在五分鐘以下。

這類故事很重要，因為妳的孩子會記得他所看到的，也會記得故事的結尾。如果妳僅僅用言語告訴他會發生什麼事情，他無法將這些事情視覺化。但妳的孩子會記得他所看到的，也會記得故事的結尾是他可接受的。所以，蘿拉，星期一和星期二晚上跟妳兒子說這個故事。如果星期三下午帶他到遊戲室之前還能再說一次會更好，這樣能幫助他為遊戲室的療程做好準備。

有些家長不知如何處理孩子睡前哭鬧的問題，這時你可使用結構式玩偶遊戲幫助孩子為睡覺做好準備。你在故事中告訴孩子睡前會發生的事情，並告訴他：「我用力親你（嗯～～～啵），幫你蓋好被子，然後回房間工作；我在我的房間做事，而你在你的床上睡覺。我睡覺前再一次來到你房間看看，『沒錯，他睡了。』我用力親你，讓你知道我來看你。」故事在這裡結束。讓孩子知道他睡覺後你還在，這會讓他感到安心。蘿拉，妳兒子有可能是擔心他從遊戲室出來時妳不在那裡。

四、角色扮演／觀看錄影帶片段或現場示範遊戲單元技巧及給予孩子鼓勵

- 一定要讓父母有時間觀看遊戲單元技巧的示範，其中包括那些你想要他們模仿的技術，並聚焦在他們表示最為困難的技巧。
- 看完示範之後，邀請父母角色扮演他們自認最困難的一些情況，其中至少包含一個給孩子鼓勵的角色扮演。

五、安排一到兩位父母在這週錄影

姓名／電話號碼＿＿＿＿＿＿＿日期／時間（若是在諮商所錄影）＿＿＿＿

姓名／電話號碼＿＿＿＿＿＿＿日期／時間（若是在諮商所錄影）＿＿＿＿

提醒這週要錄影的父母在「父母筆記和家庭作業」講義上做記錄。

六、家庭作業（請家長看父母手冊的家庭作業部分）

參見治療師手冊。

1. 複習「將設限類化到遊戲單元之外」講義——如有在遊戲單元之外運用 A-C-T 設限技巧的例子，請舉出

   發生什麼事＿＿＿＿＿＿＿＿＿＿＿＿＿＿＿＿＿＿＿＿＿＿＿＿＿＿＿

   你說了什麼＿＿＿＿＿＿＿＿＿＿＿＿＿＿＿＿＿＿＿＿＿＿＿＿＿＿＿

   孩子如何回應（口語或非口語）＿＿＿＿＿＿＿＿＿＿＿＿＿＿＿＿＿＿

2. 注意並記下這週與孩子在遊戲單元之外互動時，你碰觸孩子的次數（擁抱、拍頭、碰碰手臂等）。與孩子肢體碰觸的次數：＿＿＿次。

要求父母在這週確實記下次數。

3. 可參考的肢體碰觸活動為玩摔角（例如：若家中有幼童及雙親，媽媽和小孩可偷偷地靠近爸爸，趁他不注意時將他擁著推倒，過程中將會充滿許多歡樂和笑聲）。

一項對年齡近 30 歲的男女所做的研究調查，詢問他們孩童時期與父母一起玩的活動中，哪些讓他們記憶最深刻，受訪者回答記憶最深刻與樂趣最多的活動是玩摔角。

4. 選擇一件你在遊戲單元之外感到棘手的問題，運用遊戲單元技巧處理此問題，並在下週分享你如何運用技巧：＿＿＿＿＿＿＿＿＿＿＿＿＿＿＿＿＿＿＿＿＿＿＿＿＿

＿＿＿＿＿＿＿＿＿＿＿＿＿＿＿＿＿＿＿＿＿＿＿＿＿＿＿＿＿＿＿＿＿＿＿＿＿

5. 進行遊戲單元（相同時間和地點）——複習「遊戲單元中『應做』與『不應做』事項」和「遊戲單元程序檢核表」。

　　(1) 完成「父母遊戲單元筆記」。

　　(2) 使用「遊戲單元技巧檢核表」標示你認為做得好的事情，且選擇一個想要在下一次遊戲單元使用的技巧。

　　我下週會帶著我的錄影帶（若是在諮商所錄製：我的預約日期／時間＿＿＿＿＿＿＿）。

6. 額外的作業：＿＿＿＿＿＿＿＿＿＿＿＿＿＿＿＿＿＿＿＿＿＿＿＿＿＿＿＿＿

（選做之額外家庭作業）完成補充的「進階設限：給予選擇當作後果」工作單。工作單的提出和指派可提供父母額外練習的情境。要求父母在家庭作業單上寫下提醒。

提醒：寫第三張便條給你主要聚焦的孩子及家中的其他孩子，指出你所欣賞這孩子的另一項正面人格特質（孩子看到便條的方式應有變化）。

七、以激勵人心的詩、故事或基本原則結束此單元（選做）

親子關係治療 單元 10
課程指引

單元 10 的主要目的是督導、評估,以及後續追蹤事宜。讓家長分享經驗,並為課程結束做好準備。請家長評估課程期間的經驗並分享從自己和孩子身上察覺到的改變。

治療師要切記,對這單元的進行要放掉所有期待,這點非常重要。雖然治療師和團體成員在最後一單元經常會流露出深刻的情感,但並非總是如此;而如果發生,其模式和強度也不會一樣。一般來說,父母會為在自己和孩子身上察覺到的轉變,及與孩子關係的改善流露出激動的情感。但父母在最後一單元會如何分享及探索這些情感取決於幾個變數,其中最重要的是團體成員間所建立的關係。

一、非正式分享,接著檢視家庭作業

- 父母報告與孩子肢體碰觸的次數。
- 邀請父母討論與孩子玩摔角的經過。

二、觀看最後一次的遊戲單元錄影,請父母簡要地報告在家中進行的遊戲單元

聚焦於父母從自身和孩子身上觀察到的成長與改變:

- 哪些訓練最有助益?
- 最關心的問題為何?
- 其他所關心的問題?

請家長簡要地報告在家中進行遊戲單元的情況,觀看最後一到兩個的遊戲單元錄影。複習基本親子關係治療原則;詢問家長哪些訓練對他們最有助益,以及哪些仍是他們最關心的。請家長分享有哪些特別遊戲單元或其他的議題仍讓他們擔心,治療師詢問這些問題是讓團體成員知道自己對他們的持續關心。

視團體人數決定討論這些議題所需的時間。避免陷入新的及可能與其他家長無關的議題討論,確保家長間持續且專注的互動。

三、瀏覽講義：「基本原則與其他應謹記事項」（請家長看父母手冊 10-2）

請父母分享對他們來說最具意義的基本原則。

參見治療師手冊。

四、回顧與總結

- 回顧每位父母所學到的重要事項。
- 討論每位父母現在對自己孩子的觀感與十週前有何不同。

  回顧「父母訊息表格」的筆記。

  - 鼓勵團體成員分享及回饋正向的改變。
  - 是孩子真的改變了許多，還是父母改變了感受或看法，例如變得更能接納孩子？

孩子行為的轉變

治療師參照筆記，將父母在課程一開始時對孩子的描述與家長分享，讓父母參照並評估孩子在這段期間的成長。這樣的分享經常能對照出孩子顯著且驚人的改變，並幫助父母獲得深刻的領悟。

以下是治療師和家長在訓練課程進行中的對話，以及團體成員對孩子行為轉變的報告摘要：

治療師：十週前，各位在描述你主要聚焦的孩子時，我做了筆記。現在我將這些描述讀出來，再請各位分享孩子是否有所改變。吉安，妳在單元 1 提到珍妮佛很愛引人關注，特別是睡前。她常有劇烈的頭痛，嚴重到需要服藥，也因此常獲得特別的關注。她無法與其他孩子好好相處，也像個小大人一樣，喜愛爭論。她的抽筋一天要發作好幾次，而且吃藥也沒有用。妳這麼說：「我覺得她知道怎麼讓抽筋發作，以引起關注。」這些情況是否已改善？

吉　安：有。這四週她的抽筋只發作一次；這四、五週中她也只抱怨了頭痛三、四次。

（團體成員鼓掌歡呼）

治療師：她的改變太驚人了！妳的報告非常激勵人心。

吉　安：以前她的抽筋有時一天會發作到十次。

治療師：吉安，是什麼帶來了這些改變？

吉　安：很可能是……可能是因為我回應她的方式帶來改變吧！我知道遊戲單元對她的幫助很大。

治療師：是的，妳為妳孩子的生命帶來了改變。

吉　安：她似乎比以前更快樂，而家裡的氛圍也比較不緊張了。

上述的行為改變非常驚人，特別是僅經過十週的時間而已。這樣的描述在單元 10 父母報告孩子行為的變化時並不少見。艾琳在單元 1 的親子關係治療訓練課程時，用「固執」來形容她兩歲大的女兒。她提到時常和女兒「爭鬥」，也提到她從女兒一出生就不知該如何與她建立連結。進行到單元 10 時，艾琳眼睛充滿淚水說，她終於能愛女兒了，她不再懲罰女兒，也和女兒擁有更多有品質的相處時間。

米雪在單元 1 時提及，為了避免四歲的女兒在睡前吵鬧，她每晚都會將女兒放進手推車中搖著直到她入睡。進行到單元 10 時，米雪報告女兒已漸漸可獨自入睡，而她們的關係也比以前更親密與平和。她也提到和兩個青少年孩子的關係也改善了，並能以相互理解和尊重的態度相處。

基妮在單元 1 時表示，她對於充滿憤怒的七歲兒子與他的攻擊行為感到害怕。她流著淚訴說兒子在學校的偏差行為，以及她因無法管教和控制兒子而產生的無力感和羞愧。經過兩個遊戲單元後，她報告兒子的行為已有所改善，以及兒子對於她參加了學習如何跟他玩的課程而感到興奮。在單元 10 時，基妮的臉上散發光芒，激動地訴說兒子的轉變，他不再充滿憤怒、不再不受控、在學校不再有偏差行為、她也不再對兒子感到害怕。基妮從「寫張便條給孩子」的作業獲得特別多的助益，她告訴兒子她多麼欣賞他誠實的特質並將便條郵寄給他。他收到便條極其歡喜，充滿期待地問：「是真的嗎？」便條對兒子的影響之大，讓她決定寫電子郵件告訴所有的朋友和學校輔導老師這個練習。

父母行為的轉變

詢問父母他們現在和以前是否不同、有何改變，他們對孩子的情感是否與以前不一樣了，這可幫助父母領悟，並體認到自己的能力。父母需要機會重新定義及描述自己。概述父母於單元 1 對自己的描述，這幫助他們更能辨識自己所經歷的改變及達到的成就。

以下是治療師和家長在單元 10 中的另一段對話：

治療師：各位現在和以前有什麼不同呢？

　金：以前我認為父母必須對孩子所做的每一件事負責，我期待孩子能為自己做決定，行為舉止像大人一般成熟。現在我能更認識到孩子的豐富性。孩子不是我的延伸物，他們與我不同，他們是獨特的個體。現在，我兒子知道我愛的是他原本的模樣，即使他做了錯誤的決定我也依然愛他和信任他。

桑　亞：以前我對女兒的方式比較威權，我們常陷入爭鬥。我們的互動好像正在進行心臟開刀的手術室一樣，充滿了喊叫、哭鬧和摔門聲。我的脾氣來得又急又快，我們每天至少會對彼此吼叫四、五次。現在我了解她的很多行為其實都很正常，我也更能接受她。親子關係治療讓我學到如何設限，不發怒地表明我的立場。

黛　比：以前我對女兒總是大喊大叫，現在我不會這樣了，我們的關係也因此緩和了不少。我現在會花更多時間陪她。我的自制力也比以前好很多，即使我犯了錯或有什麼問題出現，我也知道我下一次能修正過來。

蘿　拉：以前我的自我價值感是靠著確保孩子快樂而獲得的，我很努力不做會讓孩子生氣的事情，我認為我對他們的快樂負有全責。而我的孩子必須服從我，這樣別人才不會認為我是不稱職的母親。從遊戲單元課程中，我學到不需為孩子調整任何事情，這個原則改變了我教養孩子的觀念和態度。我學到我可以告訴孩子我知悉他們的感受，但同時我不需要調整什麼或為他們做什麼事。我僅需讓他們知道，在他們需要我的時候我就在那裡，我不需調整任何事情。

　金：我學到我不必做個完美的母親。以前我一直很努力地要做個完美的母親，我盡心盡力照顧孩子、滿足他們一切所需，但現在我不需這麼做了。

治療師：而妳喜歡這樣的感覺。

　金：對！感覺如釋重負。

治療師：黛比，妳在點頭。

黛　比：對，我覺得壓力比以前小多了，我不僅對自己比較滿意，也對我回應女兒的方式比較滿意了。現在我知道我有能力處理問題，以前我不認為自己有能力，所以甚至不會嘗試去處理問題。

凱　茜：我感覺與兒子更親近了。並不是我比以前更愛他，而是我與他比以前更親近了。現在他說話，我不會再敷衍地聽著，而是更能用心傾聽。

艾蜜麗：現在的我比以前對於教養孩子更有準備了。雖然我還沒有與其他孩子進行特別的遊戲單元，但我回應他們的方式已有所改變。我了解與孩子的問題不必立即獲得解決，而是需要一定的時間和過程來修復。

桑　亞：我希望訓練課程能一直繼續下去，即使我已把這些技巧練到爐火純青也一樣，因為我從團體每位成員身上獲得了支持，而且也因為我們有蘭爵斯（治療師）的指導，他總是有問必答。當他不知道答案時會說：「我不知道。」這樣我也不會有必須知道解答的壓力了。我需要有人告訴我，我的做法是否會對孩子造成傷害。我將會非常懷念這個課程。

蘿　拉：這個課程提供了一個感情的出口，這裡有妳可以談話的人，有知道妳想表達什麼的人；有知悉和了解妳情感、能碰觸妳心靈的人；有關心妳的人。

黛　比：一開始我是為了女兒進行特別遊戲單元，而現在也是為我自己。我成長的環境很糟，因此對於教養孩子我並沒有好的榜樣可學習；因此你（治療師）已成為我在教養孩子上的學習榜樣。我需要更多這樣的榜樣。

　　金：我希望這個課程能每星期繼續下去，直到孩子長大！能在這個相互支持和關懷、安全和不受評斷的氛圍裡，獲得建設性的建議和評論並分享故事，真的很棒。我們不會分析哪裡做錯了，因此也不會感到愧疚。

艾蜜麗：最近我家出了一些問題，我在這裡所學到的技巧幫助我面對了這些問題，對此我心存感激，我想這些技巧使這段困難的時期免於發展成更嚴重的危機。當事情失去控制時，我意識到我會自然地使用這些新學的技巧。

治療師也可請父母就家裡狀況以及遊戲單元狀況方面，比較現在和十週前的異同，目的是讓父母在課程結束時能體認到這段期間所獲得的能力。

父母評估課程經驗：

請父母分享他們對親子關係治療訓練的想法，以及哪些訓練對他們的助益最大。這個分享讓父母有機會回顧基本的親子關係治療技巧，提醒父母他們需要繼續致力將技巧運用在孩子身上。也可請父母分享他們如何將所學的技巧運用在家中其他孩子身上。一位母親在便條上分享她信心的增長：「我從未想過教養孩子這麼容易，而且收穫這麼豐富！！！」

另一位早前參與治療師親子關係治療訓練團體的家長這麼說：

「在這個課程中的所學深深地影響了我生活的所有面向。在團體中我深刻地體會到，那些我所抗拒的情感最後在我的內心築起了一道羞恥之牆，在我的外在也築起了一道審判與傲慢之牆。從課程中我學會去信賴那些我抗拒向他人表露的情感，其指引我找回我所覺察到自己遺失的部分。

我知道我的兒子仍將面對許多困境，有時會嘗到失敗。而我有時也會犯錯並深深地傷害他，這會讓我們都深感痛苦。但我不再相信療癒即代表再也不感到羞恥或不安。相反地，我會努力讓這些情感成為我們重要的一部分。

參與這個課程讓我學到完滿更勝於療癒，允許自己去擁抱那已成為我的一部分的傷痕。我也了解到我不需成為更好或最好的人，才能在這個世界找到屬於自己的位置，事實上，那些為了成為更好或最好所做的努力反倒阻礙了尋求歸屬的道路。在學習讓迪倫（我兒子）和自己表達內心真實情感的同時，我也領會到這些情感經驗不僅引領我們彼此的連結，也引領我們去探索這個受造的世界並活出更深刻的生命。」

五、決定後續會面的日期和時間

邀請一位家長作為志願協調人；請家長於家庭作業工作單上填入會面日期、時間和志願協調人姓名：

- 後續會面的日期和時間：＿＿＿＿＿＿＿＿＿＿＿＿＿＿＿＿＿＿＿
- 志願協調人：＿＿＿＿＿＿＿＿＿＿＿＿＿＿＿＿＿＿＿＿＿＿＿＿

確認父母同意並提供電話號碼給協調人，以便製作電話清單。

- 選做：後續與治療師會面的日期和時間：＿＿＿＿＿＿＿＿＿＿＿

家長可能會懷疑自己是否有能力，在沒有團體提供安全及支持的環境下，繼續運用他們的所學！與家長討論你是否應該以治療師的身份參與後續會面。

若未能決定後續會面的日期，可考慮鼓勵團體成員交換姓名和聯絡訊息，以在未來相互支持。

六、家庭作業：**強調持續進行遊戲單元的重要性**（請家長看父母手冊的家庭作業部分）

參見治療師手冊。

視需要與「希望繼續與主要聚焦的孩子進行遊戲單元，以及／或是與家中其他孩子開始遊戲單元」的父母安排後續的遊戲單元。

視需要發後續的「遊戲時間預約卡」給家長。

（參見附錄 A 預約卡）

和父母討論是否需要與家中其他孩子開始遊戲單元，評估父母是否需要支持。如果孩子的年齡較大，與父母討論適合使用的玩具及器材。

與需要更多專業協助的家長和／或孩子安排額外的專業協助。

請父母翻到家庭作業中的合約部分，在後續會面之前決定所欲進行的遊戲單元次數，並在合約上簽名：

- 持續進行遊戲單元：如果你現在就停止，那麼你傳達給孩子的訊息將是，你只是因為必須而不是因為想要而與他進行遊戲單元：

   我同意繼續與主要聚焦的孩子進行_____週的遊戲單元，並／或與_____開始進行_____週的遊戲單元。

在完成十單元訓練課程後，大約有一半的父母會停止特別遊戲時間，原因因人而異，有些家長因要重新開始那些在親子關係治療訓練期間所延後或暫停的活動；有些家長是因為不再需要對其他家長或治療師有所交代；有些家長則因孩子的行為已改善，而不再有須做某事的急迫感。然而，鼓勵父母繼續與孩子進行特別遊戲單元至關重要。

十單元親子關係治療訓練課程只是最低的門檻，孩子問題較嚴重的父母需要更多的訓練以獲得更多必要的技巧。然而，不管家長的情況是什麼，治療師都需要鼓勵父母繼續與孩子進行特別的遊戲時間。

一位母親分享了治療師在最後單元對團體成員所說的最重要的事情，他告訴父母在未來若遇到困擾欲尋求協助時可打電話給他，不過，因為大部分的問題只要父母重新進行遊戲單元即可獲得解決，他問家長的第一件事情會是：「你有與孩子進行遊戲單元嗎？」這位母親在接下來的幾年裡曾多次懷疑自己教養孩子的能力，並想打電話給治療師，但她記起治療師所說的話，便沒有打電話，而直接進行遊戲單元。她表示，每一次的遊戲單元對她的兩個孩子都有助益。她和孩子斷斷續續地進行遊戲單元，直到他們成為青少年，之後他們就直接以對話來溝通。她表示，遊戲單元大大地增加了她作為母親的信心，因為她所有的問題都可藉由進行遊戲單元獲得解決！

介紹基本原則，強調繼續進行遊戲單元的重要性：

基本原則：「建立深刻的關係，從生活的點滴開始。」

進入孩子的世界無須等待大事件——生活中俯拾皆是與孩子互動的機會，珍惜與孩子相處的每一刻！

七、推薦讀物（請父母看家庭作業下方的推薦讀物清單）

1. *Relational Parenting* (2000) and *How to Really Love Your Child* (1992), Ross Campbell

2. *Between Parent and Child* (1956), Haim Ginott

3. *Liberated Parents, Liberated Children* (1990), Adele Faber and Elaine Mazlish

4. *How to Talk So Kids Will Listen and Listen So Kids Will Talk* (2002), Adele Faber and Elaine Mazlish

5. *"SAY WHAT YOU SEE" for Parents and Teachers* (2005), Sandra Blackard (Free online resource available at www.languageoflistening.com)

八、頒發結業證書給每位父母

上課之前將證書準備好，在課程結束前發給父母（參見片附錄 A）。

九、以激勵人心的詩、故事或基本原則結束此課程（選做）

父母手冊

單元 1 至 10 的父母講義、筆記及家庭作業

父母手冊的使用

　　父母手冊裡面包括父母要完成親子關係治療訓練所需要的所有材料，可以事先印製好整個父母手冊，並且在訓練的第一天就發給父母。不過，有些治療師還是偏好在每個單元開始時才發放該單元的講義。提供標籤以標示每一個單元的做法可以增加父母手冊的可用性。其他編排訓練材料的有用方式還包括以不同顏色紙張印出兩張最常用到的講義：「遊戲單元中『應做』與『不應做』事項」及「遊戲單元程序檢核表」，或是利用標籤之類的工具，來幫助父母更容易在父母手冊裡面找到這兩張講義（在單元 3 會介紹這兩張講義，但之後每一個單元都會提到）。

　　講義的編排方式是依照一般親子關係治療的訓練單元來安排，不過依據個別父母團體的需求，在呈現材料時可以有些彈性。給父母使用的補充技巧練習工作單收錄在附錄 C 中，雖然這些補充工作單是為了對父母團體遇到的困難做額外的親子關係治療技巧練習，但治療師必須小心避免父母因過多的訊息或家庭作業而招架不住。同樣地，治療師應該運用臨床判斷來決定何時或是否使用補充工作單。

親子關係訓練 單元 1
父母筆記和家庭作業

需謹記的基本原則

1. 「把焦點放在甜甜圈，而不是那個洞上！」聚焦在親子關係，而非問題。

2. 「做個恆溫器，而不是溫度計！」學習回應（反映），而非反應。

3. 「最重要的也許不是你做了什麼，而是在你做了那件事之後，你接著做什麼！」我們都會犯錯，但我們可以挽回。使情況變得不一樣的是我們處理過失的方式。

反映式回應

不要用主導的方式，而是用跟循的方式。

反映出孩子的行為、想法、需求／願望和感覺（不問任何問題）。

幫助你了解孩子並幫助孩子感到自己被了解。

「同在」態度表達出：	而不是：
我在這裡、我聽到你	我總是同意
我了解	我必須讓你快樂
我關心	我會解決你的問題

筆記（另可使用空白處記載）

_____

_____

家庭作業

1. 在孩子身上，找出一種你之前從來沒有見過的身體特徵：

_____

2. 練習反映式回應──完成「回應感受：家庭作業工作單」，下星期帶回來。

3. 針對你目前所聚焦的孩子，帶一張你最喜歡、讓你感到揪心的照片。

4. 練習給孩子 30 秒的瞬間關注。如果你正在講電話，請告訴對方：「你可以等 30 秒嗎？我馬上回來。」然後把電話放到一旁，彎下身來，給你的孩子完全沒有分心的、完全專注的 30 秒關注；然後對孩子說：「我必須繼續和___說話。」直起身來，繼續和你的朋友講電話。

親子關係訓練 單元 1
回應感受：課堂練習工作單

指示：(1)看著孩子的眼睛以找出有關他的感受之線索。(2)在你找出孩子的感受之後，將此感受轉換成一個簡短的回應，一般而言都用「你」開始：「你看起來很傷心」或「你現在對我很生氣」。(3)你的臉部表情和音調應該配合孩子的表情和音調（同理心多透過非語言管道傳達，而不是言語管道）。

快樂

孩子：亞當在告訴你，祖父母來的時候，他要給他們看的東西。

孩子感到：＿＿＿＿＿＿＿＿＿＿＿＿
父母回應：＿＿＿＿＿＿＿＿＿＿＿＿

悲傷

孩子：莎莉放學後上車，告訴你班上養的寵物天竺鼠小博死掉了。她又告訴你上星期負責餵小博的情形，說牠會看著她，然後爬上滾輪開始跑。

孩子感到：＿＿＿＿＿＿＿＿＿＿＿＿
父母回應：＿＿＿＿＿＿＿＿＿＿＿＿

生氣

孩子：安迪正跟他的朋友哈利一起玩，結果哈利拿走了安迪的消防車，不還給他。安迪想辦法把消防車搶回來，結果消防車的梯子脫落了。安迪哭著跑來跟你說發生了什麼事，說這都是哈利的錯。

孩子感到：＿＿＿＿＿＿＿＿＿＿＿＿
父母回應：＿＿＿＿＿＿＿＿＿＿＿＿

害怕

孩子：莎拉在車庫裡玩，而你正在清理車庫。這時候，一個裝著書的大箱子從架子上掉下來，砸在她後面的地板上。她跳起來跑向你。

孩子感到：＿＿＿＿＿＿＿＿＿＿＿＿
父母回應：＿＿＿＿＿＿＿＿＿＿＿＿

親子關係訓練 單元 1
回應感受：家庭作業工作單

指示：(1)看著孩子的眼睛以找出有關他的感受之線索。(2)在你找出孩子的感受之後，將此感受轉換成一個簡短的回應，一般而言都用「你」開始：「你看起來很傷心」或「你現在對我很生氣」。(3)你的臉部表情和音調應該配合孩子的表情和音調（同理心多透過非語言管道傳達，而不是言語管道）。

快樂

孩子：（發生什麼事／孩子做或説了什麼）

_____

孩子感到：_____

父母回應：_____

修正的回應：_____

悲傷

孩子：（發生什麼事／孩子做或説了什麼）

_____

孩子感到：_____

父母回應：_____

修正的回應：_____

生氣

孩子：（發生什麼事／孩子做或説了什麼）

_____

孩子感到：_____

父母回應：_____

修正的回應：_____

害怕

孩子：（發生什麼事／孩子做或説了什麼）

_____

孩子感到：_____

父母回應：_____

修正的回應：_____

父母手冊

親子關係訓練
這是什麼以及這能如何幫助孩子？

這是什麼？

　　親子關係訓練是為父母設計的為期十單元的特別訓練課程，利用每星期一次 30 分鐘的遊戲時間幫助加強父母和孩子之間的關係。對孩子而言，遊戲很重要，因為它是孩子用以溝通最自然的方式，玩具就是孩子的字彙，而遊戲是他們的語言。大人可以用言語表達自己的經驗、想法和感受，而孩子則用玩具去探索經驗並表達他們的想法和感受。因此，這套訓練課程教導父母在家裡利用一套謹慎選出的玩具，與孩子享有特別建構的 30 分鐘遊戲時間。父母也學習如何以同理的方式回應孩子的感受，建立孩子的自尊，幫助孩子學習自我控制和自我負責，並在這些特別遊戲時間裡設下有療效的限制。

　　每星期有 30 分鐘，孩子是父母的宇宙中心。在這個特別遊戲時間裡，父母創造一種接納的關係，讓孩子感到可以完全安全地透過遊戲表達自己——害怕、喜歡、不喜歡、願望、生氣、孤獨、喜樂或感到失敗。這不是一般的遊戲時間，而是一個特別的遊戲時間，在這段時間裡，孩子主導而父母跟循。在這份特別關係裡，沒有：

- 斥責。
- 貶損。
- 評價。
- 要求（以特定的方式來畫圖等等）。
- 判斷（孩子或他玩耍的方式好或不好、對或錯）。

這能如何幫助孩子？

　　在這個特別遊戲時間裡，父母會和孩子建立一種不一樣的關係，而孩子會發現自己是有能力的、重要的、被理解的，以及自己原本的樣子是被接受的。當孩子經驗到一種被接受、理解和關心的遊戲關係時，他們會透過遊戲表達出許多自己的問題，這個過程釋放出緊張、各種感受和負擔。孩子將因此對自己有更好的感覺，能夠發現自己的長處，並且在主控遊戲情境時建立更大的自我責任感。

　　孩子對自己的感覺會使他的行為有顯著的不同。在特別遊戲時間裡，父母學著將焦點放在孩子而不是問題上時，孩子會開始有不同的反應，因為孩子的行為、想法和學校表現，與他對自己的感覺直接相關。當孩子對自己有更好的感覺時，他會展現更多自我提升的行為，而不是自我挫敗的行為。

親子關係訓練 單元 2
父母筆記和家庭作業

父母手冊 2-1

需謹記的基本原則

1. 「父母的腳趾頭應該和鼻子向著同一個方向。」

2. 「你無法給出你未曾擁有的事物。」如果你不先對自己有耐心並接受自己，你也無法對孩子做到這兩件事。作為孩子最重要的照護者，你被要求付出許多，而且很多時候是在你沒有資源去做到各種教養要求的當下。作為父母，你可能深刻意識到自己的失敗，然而，如果你對自己都沒有耐心、不接受自己，你更不能給予孩子耐心並接受他／她。

不要忘了飛機上的氧氣罩這個類比情況！

牢記「同在」的態度：我在這裡，我聽到你，我了解，而且我關心！

筆記（另可使用空白處記載）

_____

_____

_____

_____

_____

_____

_____

_____

_____

家庭作業

1. 第一優先——收集「遊戲單元的玩具檢核表」中的玩具。

2. 在家裡選出一個適合進行遊戲單元的固定時間和不受干擾的地點，並在下星期報告。選一個家長認為對孩子造成最少分心，又有最大自由而不必擔心打破東西或造成一團糟的房間。事先選出一個固定的時間，這個時間不可被打擾——不會有任何電話或被其他孩子打擾。

　　時間：_____　地點：_____

3. 額外的作業：_____

親子關係訓練 單元 2
遊戲單元的基本原則

遊戲單元的基本原則

1. 父母透過營造讓孩子感到能自由地決定如何利用這 30 分鐘遊戲時間的氣氛，來完成準備。孩子主導遊戲，而父母跟循。父母展現高度興趣並小心觀察孩子的遊戲，不提出任何建議或問題，並在受到邀請時，積極地參與遊戲。在這 30 分鐘裡，你（父母）是「啞巴」，而且不給任何答案；讓孩子自己決定並尋找自己的解決方法。

2. 父母的主要任務是對孩子展現同理心：理解孩子透過遊戲所表達的想法、感受和意圖，努力以孩子的眼睛去觀看並經驗孩子的遊戲。這個任務透過傳達「同在」的態度來運作。

3. 接著，父母要向孩子表達出這份理解，透過：(1)口語描述孩子正在做／玩的事，(2)口語反映出孩子正在說的事，和(3)最重要的是，口語反映出孩子透過遊戲正積極經驗到的感受。

4. 對孩子的行為所設下的少數「限制」，父母要非常清楚並堅定。限制能讓孩子為自己的行動和行為負責——幫助他培養自我控制的能力。需設定的限制包括：時間限制、不可破壞玩具或損壞遊戲區裡的物品，以及不可傷害自己或父母的身體。只有需要時，才說出這些限制，但要在所有的遊戲時間貫徹執行（什麼時候和如何設限的特定範例會在下幾個星期教導，你會有很多機會去練習這項非常重要的技巧）。

> **謹記「同在」的態度：**
> 你透過行動、陪伴和回應所表達的意圖是最重要的事，並且應該傳達給你的孩子：「我在這裡—我聽到／看到你—我了解—我關心。」

遊戲單元的目標

1. 允許孩子透過遊戲這個媒介向父母表達想法、需要和感受，而父母也藉此向孩子表達他們的理解。

2. 透過感受自己得到接受、理解和重視，孩子經驗到更多自我尊重、自我價值、自信、有能力的正面感受，並最終發展出自我控制，為自己的行為負責，以及學會以恰當的方式讓自己的需求得到滿足。

3. 加強親子關係並培養信任感、安全感和親子之間的親密感。

4. 增加遊戲的好玩度和親子之間的樂趣。

父母手冊 2-3	**親子關係訓練單元 2** 遊戲單元的玩具檢核表

注意：找一個有蓋子的堅固紙箱來存放玩具（裝影印紙的箱子就很理想──有深度的蓋子可以做娃娃屋）。將玩具攤開擺放在一張舊毛毯上，作為遊戲區域。

真實生活的玩具（亦能促進想像遊戲）

☐ 小嬰兒娃娃：不應該是「特別的」；可以是孩子不再玩的娃娃。

☐ 奶瓶：真的奶瓶，如此一來孩子可以在裡面裝飲料，以便遊戲時間當中飲用。

☐ 醫生包（含有聽診器）：為每一次遊戲時間準備三片OK繃（如果有的話，可加上用一次就丟的手套／彈性繃帶）。

☐ 玩具電話：建議準備兩個，可以互相通話；一支手機，一支普通座機。

☐ 小娃娃屋：利用放玩具的深蓋子──蓋子裡畫上房間隔間、窗戶、門等等。

☐ 娃娃家庭：可以彎曲的娃娃，媽媽、爸爸、哥哥、姐姐、嬰兒等等（具種族代表性）。

☐ 遊戲假錢：紙鈔和錢幣，信用卡可選擇性使用。

☐ 一些家畜和野生動動：如果你沒有娃娃家庭，可以用動物家庭代替（比如：馬隻家庭或牛隻家庭）。

☐ 汽車／卡車：一輛或兩輛（可按孩子需要選特定的車，比如：救護車）。

☐ 餐具：一些塑膠餐盤、杯子和食器。

選做

☐ 布偶：一隻兇猛的、一隻溫和的；可以自己做或購買（動物形狀的隔熱手套等等）。

☐ 娃娃屋家具：臥室家具、浴室家具和廚房家具。

☐ 小配飾：小鏡子、印染大手帕、圍巾或其他家中現成的小物品。

宣洩攻擊性的玩具（亦能促進想像遊戲）

☐ 玩具飛鏢槍、幾支飛鏢和靶：父母必須知道如何使用。

☐ 橡皮玩具刀：小型、可彎曲的軍刀類。

☐ 繩子：最好是軟的繩子（可以從跳繩剪下一段）。

☐ 兇猛動物：比如蛇、鯊魚、獅子、恐龍──強烈建議準備中空的鯊魚！

☐ 小玩具兵（12～15個）：兩種不同顏色，以分成兩隊或好人和壞人。

☐ 充氣式不倒翁（最好是小丑）。

☐ 面具：獨行俠之類。

選做

☐ 有鑰匙的玩具手銬。

創作型／情緒表達型玩具

☐ 黏土：建議將黏土放在餅乾烤盤上，以免弄得到處都是，而且也可以當作畫畫的平台。

☐ 蠟筆：八種顏色，把包裝紙剝一些下來（也可以為年紀大一點的孩子準備麥克筆，但比較容易弄髒）。

☐ 白紙：每次遊戲時間都要準備幾張白紙。

☐ 剪刀：不要尖頭的，但要很好剪的（比如：兒童剪刀）。

☐ 透明膠帶：不要忘了，孩子會很快就用光，所以多買幾卷小型的。

☐ 空的蛋盒、保麗龍杯／碗：給孩子弄壞、打破或著色用。

☐ 套圈圈玩具。

☐ 一副紙牌。

☐ 軟海綿球。

☐ 每次遊戲時間準備兩個汽球。

選做

☐ 各式各樣勞作材料，放在一個夾鏈袋裡（比如：有色的西卡紙、膠水、毛線、鈕釦、小珠子、碎布、生麵條等等──視兒童年齡而定）。

☐ 拼裝建構式玩具，如 Tinkertoys® 或其他各式各樣的積木。

☐ 望遠鏡。

☐ 鈴鼓、鼓或其他小型樂器。

☐ 魔術棒。

提醒：玩具不必是全新或昂貴的。避免因選太大而無法放進盒子裡的玩具，玩具應該要小一點。在某些情況下，按照孩子的需要並在治療師同意之下可以加入額外的玩具。如果無法在第一次遊戲單元之前準備好所有玩具，就每一類準備幾樣──詢問治療師要優先準備哪些。

注意：在遊戲時間之前將新玩具包裝拆掉或從盒子裡拿出來。玩具應該要看起來很誘人。

尋找玩具的好地方：

二手拍賣、閣樓／儲藏室、朋友／親戚、十元商店、雜貨店或藥妝放在走道上的玩具。

親子關係訓練 單元 3
父母筆記和家庭作業

需謹記的基本原則

「做個恆溫器，而不是溫度計！」

反映／回應你孩子的想法、感受和需求，能夠創造一個了解和接納你孩子的自在氛圍。

基本的設限

「莎拉，我知道妳想要拿槍射我，但我不是用來射的，妳可以選擇射那個。」（指向可以被射的東西）。

筆記（另可使用空白處記載）

_____

_____

_____

_____

_____

_____

_____

注意：你可以向孩子解釋，你會和他有這些特別的遊戲時間，是因為「我要去上個特別的遊戲課程，學習一些特別的方式來和你一起玩！」

家庭作業

1. 完成遊戲單元玩具裝備——取得毯子／桌布和其他器材（參見父母手冊 3-4「遊戲單元中玩具擺設的照片」），並且確認你選擇的時間和地點。安排好其他孩子。

2. 給孩子遊戲單元預約卡，並在一到三天前（依照孩子的年紀）與孩子一起製作一個「特別遊戲時間——請勿干擾」的標記。參見附錄 A 中「『請勿干擾』門牌範本」。

3. 在遊戲單元前先閱讀講義：

    「遊戲單元中『應做』與『不應做』事項」。

    「遊戲單元程序檢核表」。

4. 這週會在家裡開始遊戲單元——安排錄下你的遊戲單元，並記下你在遊戲單元中的問題或疑惑。

    我下週會帶著我的錄影帶（若是在諮商所錄製：我預約的日期／時間＿＿＿＿＿）。

親子關係訓練 單元 3
遊戲單元中「應做」與「不應做」事項

你的主要任務是強烈地表達出你對孩子遊戲的興趣，還有藉由你的語言、行動和對孩子的專注來傳遞你對孩子想法、感受和行為的興趣及了解。

應做事項

1. 準備。

    (1) 事先準備好遊戲區（舊的毛毯或尼龍布可以在視覺上建立遊戲區的範圍，也提供地板保護；在藝術材料／蠟筆下鋪厚紙板，可以在捏黏土、畫圖和塗膠水時提供比較硬的表面，也比較容易清理）。

    (2) 用一致性的方式將玩具擺設在遊戲區的周圍。

    (3) 透過你的指導語來傳達特別遊戲時間可享有的自由度：「在我們的特別遊戲時間裡，你可以用許多你想要的方式來玩玩具。」

    (4) 透過返還責任讓你的孩子主導，可以回應「你可以作主」、「這你可以決定」或「你希望它是什麼，它就是什麼」。

2. 讓孩子主導。

    在遊戲時間中允許孩子主導，能夠幫助你更了解孩子的世界，以及孩子需要從你這裡獲得什麼。透過如下的回應，傳達你願意跟隨孩子的主導：「讓我知道你想要我做什麼」、「你想要我放上那個」、「嗯……」或「我想知道……」。當孩子想要你扮演某個角色時，使用耳語技術（一起的共謀者）：「我應該說什麼？」或「接下來會發生什麼事？」（對年紀較大的孩子請調整你的回應，用共謀者的聲調：「現在發生什麼事？」或「我是個什麼樣的老師？」等等）。

3. 積極參與孩子的遊戲，但是當一個跟隨者。

    透過你積極參與遊戲的回應以及行動，傳達你願意跟隨孩子的主導（孩子是導演，父母是演員）：「所以我應該是老師」、「你想要我當個強盜，所以我應該戴這個黑色面具」、「現在我應該假裝被關在監獄，直到你說我可以出來為止」或「你想要我把這些東西堆得和你的一樣高」。在角色扮演時，使用耳語技術：「我應該說什麼？」或「接下來會發生什麼事？」

4. 用口語跟循孩子的遊戲（描述你所看到的）。

用口語跟循孩子的遊戲，這個方法可以讓孩子知道你很專注，也很感興趣並且投入：「你想盡辦法把那個堆高」、「你已經決定接下來要畫畫」、「你已經讓他們如你所想要的整好隊」。

5. 反映孩子的感受。

用口語反映孩子的感受，能夠讓他們覺得被了解，也表達你對他們感受和需要的接納：「你對你的圖畫感到很自豪」、「那種東西讓你感到驚訝」、「你真的很喜歡手上的那種感覺」、「你真的很希望我們可以玩久一點」、「你不喜歡這個結果」或「你聽起來很失望」。（**提示**：近一點看孩子的臉，更可以辨識出孩子的情緒感受是如何）

6. 設定明確和一致的限制。

一致性的限制能夠提供一種結構，讓孩子感到安全並且可以預測環境。永遠都不容許孩子傷害他們自己或是你。設限提供你的孩子發展自我控制和自我負責的機會，使用平穩、有耐性並堅定的聲音說：「地板不是用來放黏土的，你可以將它放在托盤裡玩」或「我知道你想要用槍射我，但我不是用來被射的，你可以選擇射那個」（指出可以被射的東西）。

7. 對孩子的力量致意，並且鼓勵他的努力。

用口語認可和鼓勵孩子，這很有助於建立自尊和自信，也可以促進自我動力：「你很努力的做這個」、「你做到了」、「你想到了」、「對於你要做的事，你已經有計畫了」、「你就是知道你想要它怎麼樣」或「聽起來你知道很多照顧寶寶的事情」。

8. 在口語上要積極主動。

口語上的積極主動可以向孩子傳達出你很感興趣、也很投入他的遊戲。如果你都不說話，你的孩子會覺得被監視。**注意**：當你不確定要如何回應時，同理的「嗯哼……」等等也能夠傳達興趣和投入。

不應做事項（1～7 項引自 Guerney, 1972）

1. 不批評任何行為。
2. 不讚美孩子。
3. 不詢問引導式的問題。
4. 不允許遊戲單元中的干擾。
5. 不給予訊息或教導。

6. 不說教。

7. 不主動開啟新的活動。

8. 不消極或沉默。

謹記「同在」的態度：

你回應中的意圖最為重要，要傳達給你的孩子：「我在這裡—我聽到／看到你—我了解—我關心。」

提醒：如果這些遊戲單元的技巧（你所應用的新技巧）只是機械式地使用，而不是真誠同理並且真正想要了解你的孩子的話，那就沒有什麼意義。你的意圖和態度比你所說的話來得更重要。

父母手冊 3-3	# 親子關係訓練單元 3 ## 遊戲單元程序檢核表

取決於孩子的年紀，可能需要提醒他／她：「今天是我們特別遊戲時間的日子噢！」

遊戲單元之前（記得要做好準備）

☐ 安排好其他家庭成員（這樣才能夠沒有干擾）。

☐ 將玩具擺設在舊的毯子上──讓玩具的擺設有預期性。

☐ 在房間裡可以看得到的地方放一個時鐘。

☐ 將寵物放到房間外或另一個房間。

☐ 遊戲單元開始之前先讓孩子上廁所。

☐ 打開錄影設備。

遊戲單元一開始

☐ 孩子和父母：掛上「請勿干擾」的標示（如果遊戲單元的地點有電話的話，也可以將電話線「拔」掉）。給予孩子「這段時間是重要的，任何人不得打擾」的訊息。

☐ 告訴孩子：「我們將會有 30 分鐘的特別遊戲時間，你可以用很多你想要的方式來玩玩具。」（聲音需要傳達出你很期待與孩子有這段時間）

☐ 從這個時間點開始，讓孩子主導。

遊戲單元期間

☐ 與孩子坐在一樣的高度，要接近孩子至能夠顯示出興趣的距離，但仍提供足夠的空間讓孩子可以自由行動。

☐ 將你的眼睛、耳朵和身體全然地聚焦在孩子身上（腳趾頭應該和鼻子朝向同一個方向）。傳達出全然的專注。

☐ 你的聲音應該是溫和並顯出關懷，但要隨著孩子遊戲的強度和情感而變化。

☐ 讓孩子定義玩具。〔為了促進假扮遊戲（亦即：對你來說看起來像車子，可能對你的孩子來說是太空船），如果孩子沒有為玩具命名，就盡量用非特定的詞（「這個」、「那個」、「它」）〕。

☐ 如果孩子要求你參與，那麼就積極和孩子一起玩。

☐ 用口語反應你所看到和聽到的（孩子的遊戲／活動、想法、感受）。

☐ 讓你不舒服的行為要設限。

☐ 遊戲單元結束前五分鐘給提醒，然後一分鐘前再提醒一次。

（「比利，我們的特別遊戲時間還剩五分鐘。」）

結束遊戲單元

☐ 在 30 分鐘時，站起來並說「我們今天的遊戲時間結束了」。超時不要多於二到三分鐘。

☐ 由父母進行整理工作。如果孩子選擇幫忙，可以讓其幫忙（如果孩子在「整理」時繼續玩，做下方的設限）。

☐ 如果孩子難以離開：

1. 打開門或開始把玩具拿走。

2. 反映孩子還不想離開的感受，但平穩且堅定地重申遊戲時間結束了。

　　（可能需要重申幾次設限──目的在讓孩子能夠自己停下來）

　　「我知道你很想留在這裡玩玩具，但我們今天的特別遊戲時間結束了。」

3. 加入一些說法，給予某些孩子期待的東西，以幫助孩子看到雖然無法繼續玩這些特別的玩具，但還是可以做一些其他有趣的事情。例如：

   • 「在下週我們的特別遊戲時間裡，你還可以玩這些玩具。」

   • 「點心時間到了，今天你想要吃葡萄或櫻桃？」

   • 「我們可以到外面去，在彈簧墊上玩。」

注意：耐心是幫助孩子離開最重要的部分──可以沉穩地重複幾次限制，讓孩子最後能夠靠他自己離開（關鍵在於陳述限制時，要從語調和臉部表情中顯示你的同理和了解）。較小的小孩可能需要更多次才能「聽到」限制及做出回應。

永遠不要用特別遊戲時間作為獎賞或懲罰──不論孩子當天的行為如何！

親子關係訓練 單元 3
遊戲單元中玩具擺設的照片

父母手冊 4-1	**親子關係訓練**單元 **4** 父母筆記及家庭作業

需謹記的基本原則

1. 「當孩子正在溺水，別在此時嘗試教他游泳。」當孩子感到沮喪或失控，那不是告知規則或教導他的時間。

2. 「在遊戲單元期間，只有在需要的時候才設限！」

基本的設限

從叫孩子的名字開始：「莎拉」。

反映感受：「我知道你想要拿槍射我……」。

設限：「但我不是用來射的」。

給一個可接受的其他選擇：「你可以選擇射那個」（指向可以被射的東西）。

筆記（另可使用空白處記載）

_____

_____

_____

_____

_____

_____

_____

_____

家庭作業

1. 完成「設限：A-C-T 練習工作單」。

2. 在遊戲單元前先閱讀講義：

   「設限：在太遲之前執行 A-C-T」。

   「遊戲單元中『應做』與『不應做』事項」（單元 3）。

   「遊戲單元程序檢核表」（單元 3）。

3. 進行遊戲單元並完成「父母遊戲單元筆記」。

   注意這週遊戲單元中你自己的一個強烈感受。

   我下週會帶著我的錄影帶（若是在諮商所錄製：我的預約日期／時間_____）。

親子關係訓練 單元 4
設限：在太遲之前執行 A-C-T

Acknowledge：確認感受

Communicate：表達限制

Target：指出其他選擇

A-C-T 設限方法三步驟

情景：比利正假裝充氣式不倒翁是個壞蛋，並用飛標鏢射它；他看向你並用飛鏢槍瞄準你，接著笑著說：「現在，你也是其中一個壞蛋」。

A：確認你孩子的感受或渴望（你的聲音必須傳達出同理和了解）。

「比利，我知道你認為射我也會很有趣……」

孩子會知道他的感受、渴望和希望被父母所認可和接納（但不是所有行為）；只要同理式地反映孩子的感覺，通常就可以減輕感受或需求的強度。

C：表達限制（必須明確、清楚且簡短）。

「但我不是用來射的。」

T：指出可被接受的其他選擇（取決於孩子的年齡，提供一個或多個選擇）。

「你可以假裝這個娃娃是我（指著那個娃娃）並射它。」

目標是提供你孩子可被接受的出口來表達感受或原始行動，同時給他練習自我控制的機會。**注意**：用手指著某物能幫助孩子重新導向他的注意力。

何時該設限？

基本原則：「在遊戲單元期間，只有在需要的時候才設限！」

只有在需要的時候才設限，而且基於四個基本理由：

1. 為了避免孩子傷害自己或父母。
2. 為了保護有價值的物品。
3. 為了維持父母對孩子的接納。
4. 透過限制孩子、將玩具保持在遊戲區域內以及準時結束，提供遊戲單元的一致性。

在遊戲單元中設限之前，問問自己：

- 「這個限制是必要的嗎？」
- 「我能夠一致地執行這個限制嗎？」
- 「如果我不在這個行為上設限，我能夠一致地允許這個行為並且接納我的孩子嗎？」

避免在家中需要過多限制的區域裡進行遊戲單元，遊戲單元的設限應該要比一般情況允許更大的表達自由。限制越少，你就越容易做到一致——一致性是很重要的。事先決定一些限制（練習 A-C-T）：不能打或射擊父母、不能在地毯上玩黏土、不能故意弄壞玩具等等。**提醒**：孩子真的可以了解遊戲時間是「特別的」，而且它的規則有所不同——他們不會期待在一週中其餘的時間裡也享有同等的容許程度。

如何設限？

限制不是一種懲罰，它需要以堅定、沉穩且就事論事的語氣說出來。在用同理確認孩子的感受和渴望之後（非常重要的步驟），你說「黏土不是用來丟在桌子上的」，就像是你在說「天空是藍色的」一樣。不要強迫你的孩子遵守限制，記得提供可接受的替代選擇。在這個方法中，真的是靠孩子決定要接受或打破限制，但身為父母，一致性的執行限制就是你的工作。

為何要建立一致的限制？

提供孩子一致的限制，能幫助他們感到安全和穩定。這種限制孩子行為的方法，透過讓他們經驗選擇和決定的後果，來教導孩子自我控制和為自身行為負責。遊戲單元中的設限幫助孩子練習自我控制，並開始學習在真實世界中停下自己的某些行為。

一致的限制→可預測、安全的環境→安全感

親子關係訓練 單元 4
設限：A-C-T 練習工作單

Acknowledge：確認感受
Communicate：表達限制
Target：指出其他選擇

範例 1

比利正把充氣式不倒翁當作壞蛋在玩，而且正在打它；他拿起剪刀看著你，並笑著說：「它是壞蛋，所以我要刺他！」

A：「比利，我知道你認為刺不倒翁很有趣⋯⋯」

C：「但不倒翁不是拿來用剪刀戳的」

T：「你可以用這把橡膠刀」

範例 2

遊戲單元時間結束了，你已經說了兩次時間限制，因為針對讓他玩更久這件事你不讓步，你的孩子開始生氣，想要打你。打人並不被允許，所以立即進行 A-C-T 的第二步，接著再用 A-C-T 三步驟設限。

C：（堅定地）「比利，我不是用來被打的」

A：（同理地）「我知道你對我很生氣⋯⋯」

C：（堅定地）「但人不是用來被打的」

T：（中立的語氣）「你可以假裝不倒翁是我，打他（指著充氣式不倒翁）」

練習

1. 你的孩子開始彩繪娃娃屋，並說：「它需要一些紅色的窗簾！」
   （假設你有買一個娃娃屋的話；然而，塗顏色在紙板製的娃娃屋是可以的）

   A：我知道你真的想要＿＿＿＿＿＿＿＿＿＿＿＿＿＿＿＿＿＿＿＿＿

   C：但娃娃屋＿＿＿＿＿＿＿＿＿＿＿＿＿＿＿＿＿＿＿＿＿＿＿＿＿＿

   T：你可以＿＿＿＿＿＿＿＿＿＿＿＿＿＿＿＿＿＿＿＿＿＿＿＿＿＿＿

2. 你的孩子用裝有子彈的飛鏢槍瞄準你。

   A：＿＿＿＿＿＿＿＿＿＿＿＿＿＿＿＿＿＿＿＿＿＿＿＿＿＿＿＿＿＿＿

   C：＿＿＿＿＿＿＿＿＿＿＿＿＿＿＿＿＿＿＿＿＿＿＿＿＿＿＿＿＿＿＿

   T：＿＿＿＿＿＿＿＿＿＿＿＿＿＿＿＿＿＿＿＿＿＿＿＿＿＿＿＿＿＿＿

3. 在遊戲單元進行 15 分鐘後，你的孩子說她想要離開，到外面和她的朋友一起玩。

　　A：＿＿＿＿＿＿＿＿＿＿＿＿＿＿＿＿＿＿＿＿＿＿＿＿＿＿＿

　　C：＿＿＿＿＿＿＿＿＿＿＿＿＿＿＿＿＿＿＿＿＿＿＿＿＿＿＿

　　T：＿＿＿＿＿＿＿＿＿＿＿＿＿＿＿＿＿＿＿＿＿＿＿＿＿＿＿

4. 你的孩子想扮演醫生，並要求你當病人。你的孩子要求把襯衫拉上來，讓她聽你的心跳聲。

　　A：＿＿＿＿＿＿＿＿＿＿＿＿＿＿＿＿＿＿＿＿＿＿＿＿＿＿＿

　　C：＿＿＿＿＿＿＿＿＿＿＿＿＿＿＿＿＿＿＿＿＿＿＿＿＿＿＿

　　T：＿＿＿＿＿＿＿＿＿＿＿＿＿＿＿＿＿＿＿＿＿＿＿＿＿＿＿

5. 描述你認為在遊戲單元中可能需要設限的一個情境。

　　情境：＿＿＿＿＿＿＿＿＿＿＿＿＿＿＿＿＿＿＿＿＿＿＿＿＿

　　＿＿＿＿＿＿＿＿＿＿＿＿＿＿＿＿＿＿＿＿＿＿＿＿＿＿＿＿＿

　　A：＿＿＿＿＿＿＿＿＿＿＿＿＿＿＿＿＿＿＿＿＿＿＿＿＿＿＿

　　C：＿＿＿＿＿＿＿＿＿＿＿＿＿＿＿＿＿＿＿＿＿＿＿＿＿＿＿

　　T：＿＿＿＿＿＿＿＿＿＿＿＿＿＿＿＿＿＿＿＿＿＿＿＿＿＿＿

父母手冊 4-4

親子關係訓練 單元 4
父母遊戲單元筆記

第_____次遊戲單元　日期：_____

重要事件

我了解到關於孩子

表達的感受：

遊戲主題：

我了解到關於自己

我在遊戲單元中的感受：

我認為我做得最好的部分是：

對我最困難和最具挑戰的是：

問題或擔心

在下次遊戲單元中我想聚焦的技巧

父母手冊 5-1	**親子關係訓練**單元 5 父母筆記和家庭作業

需謹記的基本原則

「若你無法在 16 個字以內說完，就別說了。」

身為父母，我們很容易對孩子做過多的解釋，並在字裡行間將訊息混淆。

筆記（另可使用空白處記載）

_____

_____

_____

_____

_____

_____

_____

_____

家庭作業

1. 給你每一個孩子三明治擁抱和三明治親吻。

2. 在遊戲單元前先閱讀講義：

   「設限：在太遲之前執行 A-C-T」（單元 4）。

   「遊戲單元中『應做』與『不應做』事項」（單元 3）。

   「遊戲單元程序檢核表」（單元 3）。

3. 進行遊戲單元（相同時間和地點）：

   (1) 完成「父母遊戲單元筆記」。

   (2) 使用「遊戲單元技巧檢核表」標示你認為做得好的事情，且選擇一個想要在下一次遊戲單元使用的技巧。

   (3) 若你有在遊戲時間中設限，請在檢核表上寫下事發經過，以及你在過程中說或做了什麼。

   我下週會帶著我的錄影帶（若是在諮商所錄製：我的預約日期／時間_____）。

4. 額外的作業：_____

親子關係訓練 單元 5
設限：為什麼使用 A-C-T 三步驟

Acknowledge：確認感受

Communicate：表達限制

Target：指出其他選擇

討論下列一般父母回應無法接受的行為時所隱含的不同訊息：

- 在牆壁上畫畫或許不是個好主意。

  訊息：＿＿＿＿＿＿＿＿＿＿＿＿＿＿＿＿＿＿＿＿＿＿＿＿＿＿＿＿

- 你不能畫在這裡的牆上。

  訊息：＿＿＿＿＿＿＿＿＿＿＿＿＿＿＿＿＿＿＿＿＿＿＿＿＿＿＿＿

- 我不能讓你畫在牆上。

  訊息：＿＿＿＿＿＿＿＿＿＿＿＿＿＿＿＿＿＿＿＿＿＿＿＿＿＿＿＿

- 你或許可以畫在牆壁以外的地方。

  訊息：＿＿＿＿＿＿＿＿＿＿＿＿＿＿＿＿＿＿＿＿＿＿＿＿＿＿＿＿

- 規則就是你不能畫在牆上。

  訊息：＿＿＿＿＿＿＿＿＿＿＿＿＿＿＿＿＿＿＿＿＿＿＿＿＿＿＿＿

- 牆壁不是拿來畫畫用的。

  訊息：＿＿＿＿＿＿＿＿＿＿＿＿＿＿＿＿＿＿＿＿＿＿＿＿＿＿＿＿

親子關係訓練 單元 5
課堂遊戲單元技巧檢核表
檢討錄影帶（或現場）的遊戲單元

指示：當你在錄影帶或現場示範的遊戲單元中觀察到某個遊戲單元技巧時，在空格處標示「√」。

1. ____做好準備／組織遊戲單元

2. ____傳達「同在」的態度

    全然的關注／感興趣

    腳趾頭應與鼻子朝向同一個方向

3. ____允許孩子主導

    避免給建議

    避免問問題

    將責任歸還給孩子

4. ____跟隨孩子的主導

    身體降到孩子視線的高度

    當孩子參與遊戲時，身體更靠近一些

    被邀請時加入遊戲──在適當的情況下扮演想像／假扮的角色

5. ____反映式回應技巧

    ____反映孩子的非口語遊戲行為（跟循）

    ____反映孩子的口語表達（內容）

    ____反映孩子的感受／需求／渴望

    ____聲調配合孩子的強度／情感

    ____回應簡短且有互動性

    ____臉部表情配合孩子的情感

6. ____使用鼓勵／建立自尊的回應

7. ____必要時使用 A-C-T 設限

親子關係訓練單元 5
父母遊戲單元筆記

第_____次遊戲單元　日期：_____

重要事件

我了解到關於孩子

表達的感受：

遊戲主題：

我了解到關於自己

我在遊戲單元中的感受：

我認為我做得最好的部分是：

對我最困難和最具挑戰的是：

問題或擔心

在下次遊戲單元中我想聚焦的技巧

<table>
<tr><td>父母手冊 5-5</td><td colspan="2" align="center"># 親子關係訓練 單元 5
遊戲單元技巧檢核表</td></tr>
</table>

第_____次遊戲單元　日期：_____

註：若有使用該項技巧，就在前方空格裡標示「√」；若未使用該項技巧就標示「－」；若該項技巧是強項則標示「＋」。

√－＋	技巧	備註／評語
	做好準備／組織遊戲單元	
	傳達「同在」的態度	
	全然的關注／感興趣	
	腳趾頭應與鼻子朝向同一個方向	
	允許孩子主導	
	避免給建議	
	避免問問題	
	將責任歸還給孩子	
	跟隨孩子的主導	
	身體降到孩子視線的高度	
	當孩子參與遊戲時，身體更靠近一些	
	被邀請時加入遊戲	
	反映式回應技巧	
	反映孩子的非口語遊戲行為（跟循）	
	反映孩子的口語表達（內容）	
	反映孩子的感受／需求／渴望	
	聲調配合孩子的強度／情感	
	回應簡短且有互動性	
	臉部表情配合孩子的情感	
	使用鼓勵／建立自尊的回應	
	必要時使用 A-C-T 設限	

親子關係訓練 單元 6
父母筆記和家庭作業

需謹記的基本原則

1. 「**在現實中不被允許的，可以在幻想中獲得。**」在遊戲單元裡，允許以行動外化在現實中需要限制的感受和渴望。例如，在遊戲時間裡將「妹妹嬰兒」娃娃丟出窗外是可以的。

2. 「**大孩子給大選擇，小孩子給小選擇。**」提供的選擇一定要與孩子的發展階段相符。

筆記（另可使用空白處記載）

_____

_____

_____

_____

_____

_____

_____

_____

家庭作業

1. 閱讀「給予選擇 101：教導責任和做決定」以及「給予選擇進階版：提供選擇當作後果」。

2. 閱讀「遊戲單元中常見的問題」，並且標記你有疑問的二至三個議題，或寫下一個未列在工作單上但讓你飽受挑戰的議題。

3. 在遊戲單元以外的時間，練習提供至少一種選擇（「(1)」或「(2)」）。

    (1) 賦能你的孩子是提供選擇的唯一目的（給孩子兩個正向的選擇，對你而言都是可接受的，且都是孩子渴望獲得的）。

    發生什麼事_____

    你說了什麼_____

    孩子如何回應_____

父母手冊

(2) 練習將給予選擇視為一種訓練紀律的方法（給予選擇是被用來做為不配合限制、家庭規則或政策的後果）。

發生什麼事＿＿＿＿＿＿＿＿＿＿＿＿＿＿＿＿＿＿＿＿＿＿＿＿

你說了什麼＿＿＿＿＿＿＿＿＿＿＿＿＿＿＿＿＿＿＿＿＿＿＿＿

孩子如何回應＿＿＿＿＿＿＿＿＿＿＿＿＿＿＿＿＿＿＿＿＿＿

4. 進行遊戲單元（相同時間和地點）——複習「遊戲單元中『應做』與『不應做』事項」和「遊戲單元程序檢核表」。

(1) 完成「父母遊戲單元筆記」。

(2) 使用「遊戲單元技巧檢核表」標示你認為做得好的事情，且選擇一個想要在下一次遊戲單元使用的技巧。

我下週會帶著我的錄影帶（若是在諮商所錄製：我的預約日期／時間＿＿＿＿）。

5. 額外的作業：＿＿＿＿＿＿＿＿＿＿＿＿＿＿＿＿＿＿＿＿＿＿＿＿

父母手冊 6-2	**親子關係訓練**單元 6 給予選擇 101：教導責任和做決定

- 提供孩子適齡的選擇可以賦能孩子，因為這會讓他們對自己的環境有控制感。感受被賦能且「有控制感」的孩子比較有能力調整自己的行為，這是自我控制的先決條件。選擇讓孩子能斟酌自己的內在資源，而非仰賴父母（外在資源）來中止他們的行為或解決問題。如果父母總是干涉，孩子學習到的是「假如我失控的話，爸媽會阻止我」或「假如我陷入一團糟，爸媽會解決問題」。

- 讓孩子選擇可以提供其做決定和解決問題的機會。藉由練習做選擇，孩子學會接受其選擇和行動的責任，並且了解自己是勝任且有能力的人。給予選擇會促進孩子良知的發展；當我們允許孩子從錯誤中學習，他們就能學到根據可能的後果來衡量如何做決定。

- 提供孩子選擇可以降低親子間的權力拉扯，並且能夠保有親子關係。親子雙方都被賦能；父母負責或控制給予選擇的範圍，孩子則負責或控制自己的決定（在父母決定的範圍內）。

給予選擇的策略

- 提供適齡的選擇，且對孩子和對你來說都能接受。記住，你一定要樂於接納孩子的選擇。不要為了試圖操控孩子去做你想要的事情，而提出你想要孩子選的選項和你知道孩子不會喜歡的第二選項。

- 提供小選擇給小孩子、大選擇給大孩子。例如：一個三歲的孩子只能在兩件衣服或兩種食物中挑選：「莎拉，你想要穿紅色或粉紅色洋裝上學？」「莎拉，你午餐想吃蘋果或柳丁？」

給予選擇以避免潛在的問題行為和權力拉扯

選擇可以被用來避免潛在的問題。和上述的例子相似，提供的選擇要讓父母和孩子都能接受。在這個情況下，父母可以提前計畫選項，以避免孩子出現跟過去一樣的掙扎狀況。例如莎拉有早晨不知穿哪件洋裝的困擾，前一天晚上先提供穿著的選項（以避免隔天早晨的拉扯）；在她做了決定之後，將洋裝從衣櫥拿出來，為早晨做準備。被給予做決定的責任後，孩子會比較能夠遵循決定。

在為預防問題挑選選項時，父母必須對孩子掙扎的實際狀況有所了解。假如你的孩子回家總是會餓，想吃一點甜食，但你想要他吃健康的點心，你手邊至少要準備好兩個他喜歡的健康點心選項。在他吃冰淇淋之前說：「比利，我買了葡萄和櫻桃當點心，

你想要哪一種？」

或，假如你做了孩子喜歡的點心，對五歲孩子來說，吃一兩片可以接受，那你就說：「比利，我今天做了你喜歡吃的餅乾，你想要一片還是兩片呢？」

提示：這是另一個「建構成功」的應用方式，藉著淘汰大部分不可被接受的點心項目，且囤積健康的點心項目！建構你的家庭環境，以便將衝突降到最低，這會讓你和孩子都有較多的「控制感」。**切記：當一個恆溫器。**

建議父母閱讀：*"Teaching Your Child to Choose"*, Parenting, October, 2002.

親子關係訓練單元 6～7
給予選擇進階版：提供選擇當作後果

孩子需要父母的引導和規範。在許多情況裡，父母必須為孩子做決定——孩子不夠成熟來負起責任的決定——例如睡覺時間、其他健康和安全的事項，以及家中需配合的政策和規則。然而，在這樣的情況裡，父母還是能透過給予選擇提供孩子某些程度的控制感。

給予選擇的 Oreo® 餅乾法（Garry Landreth 的《選擇、餅乾和小孩》DVD，心理出版社 2016 年出版）

範例 1：三歲的莎拉緊抓著一把 Oreo 餅乾，準備把它們全吃下肚（現在是睡前時間，父母知道這樣做對莎拉來說並不健康，但莎拉不知道——她只知道她想要餅乾！）父母可說：「莎拉，妳可以選擇留一塊餅乾吃，把剩下的放回去，或者妳可以把餅乾通通放回去。妳選哪一個？」或者，若對父母來說，讓莎拉吃兩個餅乾是可行的，那就說：「莎拉，妳能吃一塊或兩塊餅乾，妳選哪個？」

範例 2：三歲的莎拉不想吃藥，而且堅定地告訴你，她就是要這樣做！服藥不是一個選擇，那是件必然要做的事。但是父母可以說：「莎拉，妳可以選擇用蘋果汁或柳橙汁配藥吃，妳要選哪一個？」以提供孩子對此情況的控制感。

範例 3：七歲的比利疲倦且易怒，拒絕從祖父母家坐車回家。父母可以說：「比利，你可以選擇跟爸爸坐前座，或跟莎拉一起坐後座，你選哪一個？」

給予選擇以實行家庭政策和規則

給予選擇可以用在實行家庭政策／規則方面。剛開始一次只執行一項。一般來說，提供兩個選項——一個以正向言詞表達（配合政策的後果），另一個選項（不配合政策的後果）是你的孩子絕對不會喜歡的後果（例如放棄喜歡的電視節目）。不配合的後果應該有其關連性和邏輯性，而不是一種處罰，而且一定要可執行。

範例：某個家庭規則已經建立，就是在晚餐前一定要把起居室地板上的玩具收好（孩子沒有被重複提醒的話，似乎就無法記住，父母因為不斷提醒和權力拉扯而覺得很挫敗）。

「我們即將在家規中制定一個全新而重要的政策」（用深奧的字吸引孩子們的注意！）

「當你選擇在晚餐前把玩具收好，表示你選擇在晚餐後看 30 分鐘的電視。當你選擇不在晚餐前把玩具收好，表示你選擇不在晚餐後看電視。」**注意**：確保孩子們知道何時距離晚餐還有 10～15 分鐘，這樣他們才有時間收玩具。

在你第一次宣布這個新政策時，孩子或許能配合，因為你才剛告知他們。但最重要的是，接下來你要開始讓孩子使用內在資源和控制來記住這個新政策，而不是靠你不斷的提醒。（記住，你就是因為過去感到挫敗和疲於嘮叨，才執行新政策！）因此，隔天晚上，父母可以說：「比利和莎拉，我們將在 10 分鐘後開飯；該是收拾玩具的時候了」，然後就走出去。當晚餐時間一到，再走回房間要他們去吃晚餐：

(1) 玩具沒有收拾，當下不用說什麼。晚餐過後，走回起居室對孩子宣布：「看來你們今晚決定不看電視。」即使孩子開始忙著收玩具，他們仍已經選擇該晚不看電視。「喔，你們想如果現在收玩具的話，就能看電視。但這個政策是，玩具必須在晚餐之前收好。」孩子乞求再給機會，你要堅持到底，平靜且同理地說：「我知道你們希望剛剛選擇把玩具在晚餐前收好，這樣就選擇現在能看電視。明天晚上，你們能選擇在晚餐前把玩具收好，便能選擇看電視。」有些孩子會連續好幾個晚上都選擇不看電視。

(2) 孩子忙著收拾玩具且已把大部分的東西都放好（媽媽可以協助收玩具，以示範合作精神，並避免晚餐耽擱）。父母可以說：「晚餐時間到了，看來你們已經選擇今天晚餐後看電視。」

有關設限和後果方面給予選擇的指引

- 堅定且不帶怒氣地執行後果。
- 後果只針對「今天」——每一天（或每次遊戲單元）應該都有機會重新開始；有機會從先前的決定和後果中學習；有機會使用內在資源來控制「自己」和做出不同的決定。
- 用同理心反映孩子的選擇，但保持堅定的立場。一致性和堅持到底是必要的。
- 用一種陳述事實的聲音傳達選擇——假如孩子在父母的聲音裡聽到挫折或憤怒，可能會產生權力拉扯，同時會認為父母喜歡某個選擇而非另一個。孩子必須有自由去選擇不配合的後果。

注意：一旦你的孩子已經達到「失控」的階段，孩子或許無法聽到和處理選擇。回到上一個步驟，把焦點放在孩子的感受，在對他不能被接受的行為設限時，以同理反映他的感覺，必要的話抱住他，以避免他傷害自己或你。

親子關係訓練單元 6
遊戲單元中常見的問題

問：孩子注意到我在遊戲單元中有不同的說話方式，想要我講話正常一點。我該怎麼做呢？

答：對孩子說：「對你來說，我聽起來不太一樣。那是我讓你知道我有在聽你說話的一種方式。還記得嗎？我有去上特別的課程學習怎麼跟你玩。」（孩子可能會說他注意到父母不一樣了；對於口語關注有驚喜的反應；對太多的字詞反映感到不舒服；或是說他注意到父母的反映模式有所不同。孩子可能不希望父母改變，因為那代表他接下來也一定要因父母的新回應方式而改變和調適。）

問：孩子在遊戲單元期間問了許多問題，且對我沒有回答感到惱怒。我應該怎麼做？

答：我們都會從反映孩子的感受開始：「你在生我的氣。」有時候當父母改變基本的回應方式時，孩子會感到不安，並且因為不知道要如何反應而生氣。你的孩子可能會覺得不安，試著用他過去一直在用的方法吸引你的注意。你的目標是鼓勵孩子的自信和自我接納：「在我們特別的遊戲時間裡，你想要問題的答案是什麼，它就是什麼。」例如，你的孩子可能會問：「我應該畫什麼？」你要讓孩子知道，在這個特別的遊戲時間，由他決定他的畫，所以你回應：「你已經決定要畫了，在這個特別的遊戲時間，你可以畫你決定要畫的任何東西。」我們的目標是去賦能孩子，使其發現自己的優勢。

問：我的孩子都在玩耍和覺得好玩。我做錯了什麼呢？

答：你沒有做錯，你的孩子可以選擇如何運用這段時間。在這個特別的遊戲時間裡，你和孩子所建立的關係會比孩子是否致力於解決問題來得重要。當你和孩子的關係強化，孩子的問題將會減少。你的孩子或許正藉由遊戲處理議題，而你並不知情。記住單元 2 課程中提到的 OK 繃比喻，你在遊戲時間所做的一切都在發揮效用，即使你未看見任何改變。孩子能夠透過與父母或遊戲治療師在遊戲單元中所做的事情而改變，即使我們不明白他們正在做什麼。在這個特別的遊戲時間裡，你的工作是跟隨孩子的主導、不批判，只要理解和接納就好。你的同理回應將幫助孩子聚焦於對他而言重要的議題上。

問：我覺得很無聊。這麼做有何價值？

答：在遊戲時間裡覺得無聊並不是一件不尋常的事情，因為父母的行程表很滿，有許多緊湊的行程要跑，且不習慣坐下來、安靜地交流 30 分鐘。透過回應你從孩子臉上所看

見的，以及問自己一些問題，像是：「他的感覺是什麼？」「他嘗試在遊戲裡說些什麼？」「他需要從我這裡得到什麼？」或「這個玩具或遊戲裡讓他最感興趣的是什麼？」還有藉由更多的跟循和反映性的回應，可以增加你感興趣的程度以及對孩子遊戲的參與。你所能做且最重要的事情，是繼續在遊戲單元的歷程裡保持耐心。

問：孩子對我的話毫無反應，我要怎麼知道是否做對了？

答：通常當你做對了，孩子會讓你知道。假如他對你的反映無動於衷，你或許可以探索他現在有什麼其他感受，或傳達你很努力想要了解。例如，若你已反映「你真的好生氣！」而你的孩子沒有回應，你可以說：「……也許你現在感覺到的不是憤怒，或許只是有很強烈、很有力的感受。」假如你的孩子仍然沒有回應，你可以說：「也許兩者都不是，我很好奇你感覺到的是什麼。」

問：我何時可以問問題，何時不行？

答：大部分情況下，問句可以被改換成陳述句，例如，用「我很好奇那是否曾發生在你身上」來取代「那曾經發生在你身上嗎？」在遊戲單元中唯一可以使用的問句類型像是一種「故意被聽見的自言自語」（stage whispers），例如：「我該說什麼呢？」

問：孩子討厭遊戲單元，我應該終止嗎？

答：溝通和了解一直都很重要。可以對孩子說：「你不想要有這個特別的遊戲時間，你更想要做別的事情。我們先進行遊戲 10 分鐘，接著你能決定是否要繼續進行或做別的事情。」這個回應有助於孩子覺得被理解和有控制感，許多的孩子因此較願意妥協。在多數的情況下，孩子會開始遊戲，且之後決定繼續遊戲單元。

問：孩子想要遊戲時間更長一些，我應該延長遊戲單元的時間嗎？

答：即使你的孩子玩得很開心，仍得遵守設定的時間限制，因為這會增進一致性，不僅提供你表達堅定立場的機會，也提供孩子機會進行自我控制並結束一次很想要的遊戲時間。可以使用 A-C-T 設限技巧，並確保已確認孩子的感受。例如，你可以說：「你真的玩得很開心，好想要玩得更久一點，但是我們今天的特別遊戲時間已經到了，下週二我們會有另一次特別遊戲時間。」假如孩子執意繼續，你可以說：「裴依，我也希望我們有更多的時間。但是今天的 30 分鐘已經到了，我們在下週二有另一次遊戲時間。」

問：我的孩子想在這星期的其他時間玩玩具，那是可以的嗎？

答：只有在這 30 分鐘的遊戲時間裡允許孩子玩這些玩具，那有助於傳達「這是個特別的

時間，一個只為了我們兩人而存在的歡樂時光」的訊息。將這些玩具做區隔，會讓遊戲時間變得獨特，孩子也會渴望得到這樣的時間。另一個原因是，這個與孩子相處的時間是連結情感關係的時刻；玩具變成情感關係的一部分，因為透過你所使用的同理性回應，孩子得以藉由玩具表達和探索情緒訊息。相同的情緒探索無法發生在其他遊戲時間，因為你並不在那裡對孩子傳達你對其遊戲的理解。此外，只允許孩子在特別遊戲時間玩這些玩具，有助於孩子學習延宕滿足。若你對於阻止孩子玩這些玩具物件感到困擾的話，可以把它們收在櫃子的頂層架子，讓它們不會被看到。若那樣做也無效，就把它鎖在車廂裡。

問：在遊戲單元期間，孩子想要我用飛鏢槍射他。我該怎麼做？

答：設限。若你的孩子說：「我是一個壞人，射我。」你可以說：「我知道你想要我射你，但你不是拿來被射的；我可以假裝你是一個要逃走的壞人，我會抓住你，或者你可以畫一張壞人被射的圖畫。」

問：＿＿＿＿＿＿＿＿＿＿＿＿＿＿＿＿＿＿＿＿＿＿＿＿＿＿＿＿＿＿＿＿＿＿＿

　　＿＿＿＿＿＿＿＿＿＿＿＿＿＿＿＿＿＿＿＿＿＿＿＿＿＿＿＿＿＿＿＿＿＿＿

　　＿＿＿＿＿＿＿＿＿＿＿＿＿＿＿＿＿＿＿＿＿＿＿＿＿＿＿＿＿＿＿＿＿＿＿

　　＿＿＿＿＿＿＿＿＿＿＿＿＿＿＿＿＿＿＿＿＿＿＿＿＿＿＿＿＿＿＿＿＿＿＿

父母手冊

父母手冊 6-5

親子關係訓練 單元 6
課堂遊戲單元技巧檢核表
檢討錄影帶（或現場）的遊戲單元

指示：當你在錄影帶或現場示範的遊戲單元中觀察到某個遊戲單元技巧時，在空格處標示「√」。

1. ＿＿ 做好準備／組織遊戲單元

2. ＿＿ 傳達「同在」的態度

   全然的關注／感興趣

   腳趾頭應與鼻子朝向同一個方向

3. ＿＿ 允許孩子主導

   避免給建議

   避免問問題

   將責任歸還給孩子

4. ＿＿ 跟隨孩子的主導

   身體降到孩子視線的高度

   當孩子參與遊戲時，身體更靠近一些

   被邀請時加入遊戲——在適當的情況下扮演想像／假扮的角色

5. ＿＿ 反映式回應技巧

   ＿＿ 反映孩子的非口語遊戲行為（跟循）

   ＿＿ 反映孩子的口語表達（內容）

   ＿＿ 反映孩子的感受／需求／渴望

   ＿＿ 聲調配合孩子的強度／情感

   ＿＿ 回應簡短且有互動性

   ＿＿ 臉部表情配合孩子的情感

6. ＿＿ 使用鼓勵／建立自尊的回應

7. ＿＿ 必要時使用 A-C-T 設限

親子關係訓練單元 6
父母遊戲單元筆記

第＿＿＿＿＿次遊戲單元　日期：＿＿＿＿＿＿

重要事件

我了解到關於孩子

表達的感受：

遊戲主題：

我了解到關於自己

我在遊戲單元中的感受：

我認為我做得最好的部分是：

對我最困難和最具挑戰的是：

問題或擔心

在下次遊戲單元中我想聚焦的技巧

<table>
<tr><td colspan="3" align="center">父母手冊 6-7

親子關係訓練 單元 6
遊戲單元技巧檢核表</td></tr>
</table>

第＿＿＿＿次遊戲單元　日期：＿＿＿＿＿＿

註：若有使用該項技巧，就在空格裡標示「√」；若未使用該項技巧就標示「－」；若該項技巧是強項則標示「＋」。

√－＋	技巧	備註／評語
	做好準備／組織遊戲單元	
	傳達「同在」的態度	
	全然的關注／感興趣	
	腳趾頭應與鼻子朝向同一個方向	
	允許孩子主導	
	避免給建議	
	避免問問題	
	將責任歸還給孩子	
	跟隨孩子的主導	
	身體降到孩子視線的高度	
	當孩子參與遊戲時，身體更靠近一些	
	被邀請時加入遊戲	
	反映式回應技巧	
	反映孩子的非口語遊戲行為（跟循）	
	反映孩子的口語表達（內容）	
	反映孩子的感受／需求／渴望	
	聲調配合孩子的強度／情感	
	回應簡短且有互動性	
	臉部表情配合孩子的情感	
	使用鼓勵／建立自尊的回應	
	必要時使用 A-C-T 設限	

親子關係訓練 單元 7
父母筆記和家庭作業

需謹記的基本原則

「絕不替孩子做他自己能做的事。」

如果你替他做了，便剝奪了孩子發現的樂趣以及覺得自己能勝任的機會。

你永遠不知道孩子的能力，除非你給他機會去嘗試！

筆記（另可使用空白處記載）

_____

_____

家庭作業

1. 閱讀「建立自尊的回應」講義——在遊戲單元期間至少練習一次建立自尊的回應（記在「遊戲單元技巧檢核表」上），還要在遊戲單元之外練習給予一次建立自尊的回應。

   在遊戲單元之外發生的事 _____

   你說了什麼 _____

   孩子如何回應（口語或非口語）_____

2. 寫一張便條給你主要聚焦的孩子，以及家中的其他孩子，指出你欣賞這個孩子的一項正面特質（參見「正面人格特質」講義）。連續三星期，每星期寫一張（如果可能的話，將第一張便條寄給孩子）。寫上以下的句子：

   「親愛的_____，我剛才正想著你，我在想，你是這麼的_____（周到、負責任、體貼、有愛心等等）。我愛你，_____（爸爸，媽媽）」

   在孩子讀完這張便條（或你向孩子朗讀這張便條）之後，用你自己的話告訴孩子：「這是多麼重要的特質；我們應該把這張便條貼在冰箱（布告欄等等）上。」**提醒**：不要期待孩子有回應。

3. 進行遊戲單元（同樣的時間和地點）——複習「遊戲單元中『應做』與『不應做』事項」和「遊戲單元程序檢核表」。

   (1) 完成「父母遊戲單元筆記」。

   (2) 使用「遊戲單元技巧檢核表」標示你認為做得好的事情，特別聚焦在建立自尊的回應，且選擇一個想要在下一次遊戲單元使用的技巧。

   我下週會帶著我的錄影帶（若是在諮商所錄製：我的預約日期／時間_____）。

4. 額外的作業：_____

親子關係訓練 單元 7
建立自尊的回應
發展孩子的勝任感

需謹記的基本原則

「絕不替孩子做他自己能做的事。」

如果你替他做了，便剝奪了孩子發現的樂趣以及覺得自己能勝任的機會。

你永遠不知道孩子的能力，除非你給他機會去嘗試！

父母幫助孩子發展出對「自我」的正面觀感，所透過的方式不僅是提供孩子愛和無條件的接納，還要幫助孩子有勝任感，覺得自己可以做到。首先要讓孩子經驗到什麼是發現、搞懂和解決問題。藉由讓孩子掙扎於一個問題，但在整個過程中給予鼓勵（「鼓勵 vs. 讚美」將在單元 8 詳細探討），來表達對孩子和他的能力有信心。對大部分父母而言，讓孩子痛苦地掙扎是一件困難的事——但為了使孩子真正有自己可以做到的感覺，這是一個必要的過程。幫助孩子發展對自我的正面觀感而有勝任感和能夠做到的感覺，下一步是學習一種回應方法，肯定孩子的想法、努力和成就，但不讚美他。

建立自尊的回應，在遊戲單元時使用

「你做到了！」　　　　　「你決定它們應該是這樣拼起來的。」

「你搞懂了。」　　　　　「你就是知道要讓它看起來是什麼樣子。」

「你喜歡這結果。」　　　「你沒有放棄——而是想辦法要搞懂它。」

「你決定了……」　　　　「你有一個計畫要……」

範例 1：孩子一直努力要把黏土的蓋子打開，最後終於成功。

　　　　父母回應：「你做到了！」

範例 2：孩子一直努力要把黏土的蓋子打開，可是打不開。

　　　　父母回應：「你想盡辦法要打開它。」

範例 3：孩子辛苦地將飛鏢塞到槍裡面，並且它塞到底，最後終於成功了。

　　　　父母回應：「你知道怎麼做了！」

範例 4：孩子花時間畫畫、剪剪貼貼一張難以形容的「藝術品」，他完成之後，帶著微笑拿給你看。

　　　　父母回應：「你真的喜歡你做出來的樣子。」

範例 5：孩子正小心地擺放士兵小人偶，並告訴你即將開打的戰役會發生什麼，以及其中
　　　　一方如何偷偷爬過去等等。

　　　　父母回應：「你已經計劃好那一方怎麼去……」或「你一切都計劃好了。」

注意：如果孩子傾向於不先自己嘗試就要求你幫他做，可請治療師進行角色扮演，示範如何將責任歸還給孩子，讓孩子去做他能夠自己搞懂的事。

****

痛苦掙扎成為一隻蝴蝶：一個真實的故事（作者不明）

我家附近有一家人最近將兩個即將羽化的繭帶回家。他們看著第一個繭開始開了一個小口，裡面的蝴蝶在繭的尾端咬破一個小洞，很緩慢並痛苦地從這個小洞鑽出來。在艱難痛苦地從繭鑽出來後，牠筋疲力竭地在那休息裡大概十分鐘，最後蝴蝶張開漂亮的翅膀，從窗戶飛出去。

於是這家人決定幫助第二隻蝴蝶，好讓牠不必經歷這種酷刑般的折磨。結果，牠一開始要鑽出繭時，他們就小心地用刀片將繭割開，就像剖腹生產的手術一樣。結果第二隻蝴蝶一直沒有張開翅膀，十分鐘後，牠沒有飛走，而是死掉了。

這個家庭詢問一位生物學家朋友，想了解到底發生了什麼事。這位科學家說，從小洞痛苦掙扎鑽出的過程，會將蝴蝶體腔深處的體液擠到翅膀的毛細血管裡，使翅膀變硬，讓牠變成一隻健康漂亮的成蝶。

切記：蝴蝶未經痛苦的掙扎，就沒有翅膀！

父母手冊 7-3	**親子關係訓練 單元 7**

親子關係訓練 單元 7
正面人格特質

負責任	感情豐富	有欣賞力	果敢
勇敢	小心謹慎	關心他人	聰明
有同情心	自信	體貼	合作
很有勇氣	謙恭有禮	有創意	乾脆俐落
可以依靠	有決心	直接	有同理心
令人愉快	熱情	充滿活力	感覺敏銳
心胸寬大	友善	風趣	慷慨
溫柔	目標導向	擅長運動	有感恩之心
樂於助人	誠實	謙虛	理想主義者
有洞察力	聰穎	善於創新	快樂開朗
親切和藹	有愛心	忠誠	端莊
整潔	有秩序	外向	有耐心
愛好和平	堅持不懈	有禮貌	有明確目標
準時	安靜	可靠	足智多謀
尊重他人	有責任感	對自己有信心	有自制力
自律	敏感	真誠	精明
給予別人支持	機智	好的隊友	不屈不撓
考慮周到	寬容	值得信賴	坦率

親子關係訓練 單元 7
課堂遊戲單元技巧檢核表
檢討錄影帶（或現場）的遊戲單元時使用

指示：當你在錄影帶或現場示範的遊戲單元中觀察到某個遊戲單元技巧時，在空格處標示「√」。

1. ＿＿＿做好準備／組織遊戲單元

2. ＿＿＿傳達「同在」的態度

　　　全然的關注／感興趣

　　　腳趾頭應與鼻子朝向同一個方向

3. ＿＿＿允許孩子主導

　　　避免給建議

　　　避免問問題

　　　將責任歸還給孩子

4. ＿＿＿跟隨孩子的主導

　　　身體降到孩子視線的高度

　　　當孩子參與遊戲時，身體更靠近一些

　　　被邀請時加入遊戲——在適當的情況下扮演想像／假扮的角色

5. ＿＿＿反映式回應技巧

　　　＿＿＿反映孩子的非口語遊戲行為（跟循）

　　　＿＿＿反映孩子的口語表達（內容）

　　　＿＿＿反映孩子的感受／需求／渴望

　　　＿＿＿聲調配合孩子的強度／情感

　　　＿＿＿回應簡短且有互動性

　　　＿＿＿臉部表情配合孩子的情感

6. ＿＿＿使用鼓勵／建立自尊的回應

7. ＿＿＿必要時使用 A-C-T 設限

親子關係訓練單元 7
父母遊戲單元筆記

第_____次遊戲單元　日期：_____

重要事件

我了解到關於孩子

表達的感受：

遊戲主題：

我了解到關於自己

我在遊戲單元中的感受：

我認為我做得最好的部分是：

對我最困難和最具挑戰的是：

問題或擔心

在下次遊戲單元中我想聚焦的技巧

親子關係訓練單元 7
遊戲單元技巧檢核表

第＿＿＿＿次遊戲單元　日期：＿＿＿＿＿＿

註：若有使用該項技巧，就在前方空格裡標示「√」；若未使用該項技巧就標示「一」；若該項技巧是強項則標示「＋」。

√ 一 ＋	技巧	備註／評語
	做好準備／組織遊戲單元	
	傳達「同在」的態度	
	全然的關注／感興趣	
	腳趾頭應與鼻子朝向同一個方向	
	允許孩子主導	
	避免給建議	
	避免問問題	
	將責任歸還給孩子	
	跟隨孩子的主導	
	身體降到孩子視線的高度	
	當孩子參與遊戲時，身體更靠近一些	
	被邀請時加入遊戲	
	反映式回應技巧	
	反映孩子的非口語遊戲行為（跟循）	
	反映孩子的口語表達（內容）	
	反映孩子的感受／需求／渴望	
	聲調配合孩子的強度／情感	
	回應簡短且有互動性	
	臉部表情配合孩子的情感	
	使用鼓勵／建立自尊的回應	
	必要時使用 A-C-T 設限	

父母手冊

父母手冊 8-1

親子關係訓練單元 8
父母筆記和家庭作業

需謹記的基本原則

「鼓勵孩子所做的努力，而不是讚美結果。」

孩子需要鼓勵，就像植物需要水一樣。

筆記（另可使用空白處記載）

_____

_____

_____

_____

家庭作業

1. 閱讀「鼓勵 vs. 讚美」講義——在遊戲單元期間至少練習一次鼓勵式回應（記在「遊戲單元技巧檢核表」上），還要在遊戲單元之外練習給予一次鼓勵式回應。

   在遊戲單元之外發生的事_____

   你說了什麼話_____

   孩子如何回應（口語或非口語）_____

2. 寫下在遊戲單元之外你最難以做到的一件事

   _____

   這可能是你之前有提到過的事，或你可能已經自己解決的問題，而現在出現另一個需要幫忙的新議題。

3. 進行遊戲單元（同樣的時間和地點）——複習「遊戲單元中『應做』與『不應做』事項」。

   (1) 完成「父母遊戲單元筆記」。

   (2) 使用「遊戲單元技巧檢核表」標示你認為做得好的事情，特別聚焦在鼓勵式回應，且選擇一個想要在下一次遊戲單元使用的技巧。

   我下週會帶著我的錄影帶（若是在諮商所錄製：我的預約日期／時間_____）。

   4. 額外的作業：_____

提醒：寫第二張便條給你主要聚焦的孩子及家中的其他孩子，指出你所欣賞這孩子的另一項正面人格特質（改變孩子看到便條的方式，例如：放在孩子的餐盒裡、貼在浴室的鏡子上、放在孩子的枕頭上、放在孩子的餐盤底下等等）。

親子關係訓練單元 8
鼓勵 vs. 讚美

需謹記的基本原則
「鼓勵孩子所做的努力，而不是讚美結果。」

讚美

雖然讚美和鼓勵都把焦點放在正向的行為上，且看起來是一樣的過程，但事實上，讚美會養成孩子的依賴，因為讚美教導孩子依靠一個外來的控制源和激勵，而不是自我控制和自我激勵。讚美試圖以外在獎賞激勵孩子。實際上，若父母讚美孩子，就等於在說：「如果你做到一些我覺得好的事情，你就會獲得被我肯定和重視作為獎勵。」過度依賴讚美會產生有害的效果。孩子會逐漸相信，自己的價值取決於別人的意見──讚美使用一些給予價值評判的字眼並專注於外在評價。

範例：「你真是個乖孩子。」孩子可能會懷疑：「只有我乖的時候，才會被接受嗎？」

　　　「你得到 A 啦！真棒！」孩子被暗示，只有他們得到 A 時才有價值。

　　　「你做得好棒。」「我為你感到驕傲。」所傳遞的訊息是，父母的評價比孩子的評價更重要。

鼓勵

重點放在內在評價和孩子所做的貢獻上──促進自我激勵和自我控制的發展。若父母鼓勵孩子，是教導孩子接受自己的不足，從錯誤中學習（錯誤是學習的珍貴機會），對自己有信心，並因為自己的貢獻而覺得自己是有用的。對孩子的努力發表意見時，小心，不要對他們已經做的事給予價值判斷。要注意不要使用任何價值性的字眼（好、好棒、優秀等等）。將這些字眼改為幫助孩子相信自己的鼓勵性詞彙，鼓勵的焦點放在努力上，而且隨時都可以提供。那些覺得自己的努力有受到鼓勵、重視和欣賞的孩子，會發展出堅持不懈和堅定果斷的特質，並且可能成為解決問題的能手。**注意**：父母的聲音應要配合孩子的情感強度；如果孩子因為得到「A」的考試分數而興奮，那麼父母也應以同樣興奮的音調去回應：「你真的可以為自己感到驕傲！」使用事後慶祝的方法（根據孩子對自己的成就感到驕傲），而不是獎勵（激勵孩子成就的外在因素）去肯定孩子的成就。在這個例子中，父母可以補充說：「這看起來是值得慶祝的事，我們來做個蛋糕吧！」或「你挑一家餐廳，我請客！」

肯定努力和進步的鼓勵式表達

「你做到了！」或「你搞懂了！」

「你真的在這件事上付出許多努力。」

「你都沒有放棄，直到你弄懂為止。」

「看看你在＿＿＿＿＿上的進步。」（要明確指出）

「你已經做完半張作業了，現在才四點而已。」

表示信心的鼓勵式表達

「我對你有信心，你一定會把它搞懂的。」

「那個問題好難哦，但我打賭你一定會把它搞懂的。」

「看來你已經有個計畫了。」

「以我對你的認識，我相信你一定會做得很好。」

「看起來你對＿＿＿＿＿很懂。」

重點放在貢獻、才能，和感謝的鼓勵式表達

「謝謝你，你真的幫了個大忙。」

「你＿＿＿＿＿真的是太體貼了。」或「我很感謝你＿＿＿＿＿。」

「你在＿＿＿＿＿方面真的很行。可以幫我個忙嗎？」

總而言之，鼓勵是

1. 珍視並接受孩子原本的樣子（而不是添加接受的條件）。
2. 指出其行為的正向特質。
3. 對孩子表示信心，好讓他們能夠相信自己。
4. 肯定孩子的努力和進步（而不是要求成就）。
5. 對孩子的貢獻表示感謝。

改編自 Dinkmeyer, D., & McKay, G.D. *The Parent's Handbook*, (1982). Circle Pines, Minn: American Guidance Service.

親子關係訓練單元 8
課堂遊戲單元技巧檢核表
檢討錄影帶（或現場）的遊戲單元時使用

指示：當你在錄影帶或現場示範的遊戲單元中觀察到某個遊戲單元技巧時，在空格處標示「√」。

1. ____ 做好準備／組織遊戲單元

2. ____ 傳達「同在」的態度

    全然的關注／感興趣

    腳趾頭應與鼻子朝向同一個方向

3. ____ 允許孩子主導

    避免給建議

    避免問問題

    將責任歸還給孩子

4. ____ 跟隨孩子的主導

    身體降到孩子視線的高度

    當孩子參與遊戲時，身體更靠近一些

    被邀請時加入遊戲——在適當的情況下扮演想像／假扮的角色

5. ____ 反映式回應技巧

    ____ 反映孩子的非口語遊戲行為（跟循）

    ____ 反映孩子的口語表達（內容）

    ____ 反映孩子的感受／需求／渴望

    ____ 聲調配合孩子的強度／情感

    ____ 回應簡短且有互動性

    ____ 臉部表情配合孩子的情感

6. ____ 使用鼓勵／建立自尊的回應

7. ____ 必要時使用 A-C-T 設限

父母手冊 8-4	**親子關係訓練** 單元 **8** **父母遊戲單元筆記**

第_____次遊戲單元　日期：_____

重要事件

我了解到關於孩子

表達的感受：

遊戲主題：

我了解到關於自己

我在遊戲單元中的感受：

我認為我做得最好的部分是：

對我最困難和最具挑戰的是：

問題或擔心

在下次遊戲單元中我想聚焦的技巧

父母手冊 8-5	**親子關係訓練**單元 **8** 遊戲單元技巧檢核表	

第_____次遊戲單元　日期：_____

註：若有使用該項技巧，就在空格裡標示「√」；若未使用該項技巧就標示「－」；若該技巧是強項則標示「＋」。

√－＋	技巧	備註／評語
	做好準備／組織遊戲單元	
	傳達「同在」的態度	
	全然的關注／感興趣	
	腳趾頭應與鼻子朝向同一個方向	
	允許孩子主導	
	避免給建議	
	避免問問題	
	將責任歸還給孩子	
	跟隨孩子的引導	
	身體降到孩子視線的高度	
	當孩子參與遊戲時，身體更靠近一些	
	被邀請時加入遊戲	
	反映式回應技巧	
	反映孩子的非口語遊戲行為（跟循）	
	反映孩子的口語表達（內容）	
	反映孩子的感受／需求／渴望	
	聲調配合孩子的強度／情感	
	回應簡短且具互動性	
	臉部表情配合孩子的情感	
	使用鼓勵／建立自尊的回應	
	必要時使用 A-C-T 設限	

父母手冊

親子關係訓練 單元 9
父母筆記和家庭作業

需謹記的基本原則

1. 「**切勿嘗試一次改變所有的事情！**」聚焦在對孩子正向自尊、勝任感和有用感會造成根本影響的「大」問題上。

2. 「**安全感的獲得取決於限制的設立。**」前後一致的限制＝安全穩固的關係。未能一致並貫徹執行限制，你將失去信用並傷害你與孩子的關係。

筆記（另可使用空白處記載）

_____

_____

家庭作業

1. 複習「將設限類化到遊戲單元之外」講義——如有在遊戲單元之外運用 A-C-T 設限技巧的例子，請舉出

   發生何事_____

   你說了什麼_____

   孩子如何回應（口語及非口語）_____

2. 注意並記下這週與孩子在遊戲單元之外互動時，你碰觸孩子的次數（擁抱、拍頭、碰碰手臂等）。與孩子肢體碰觸的次數：_____次。

3. 可參考的肢體碰觸活動為玩摔角（例如：若家中有幼童及雙親，媽媽和小孩可偷偷地靠近爸爸，趁他不注意時將他擁著推倒，過程中將會充滿許多歡樂和笑聲）。

4. 選擇一件你在遊戲單元之外感到棘手的問題，運用遊戲單元技巧處理此問題，並在下週分享你如何運用技巧：_____

5. 進行遊戲單元（相同的時間和地點）——複習「遊戲單元中『應做』與『不應做』事項」和「遊戲單元程序檢核表」。

   (1) 完成「父母遊戲單元筆記」。

   (2) 在「遊戲單元技巧檢核表」標示你認為做得好的事情，且選擇一個想要在下一次遊戲單元使用的技巧。

   我下週會帶著我的錄影帶（若是在諮商所錄製：我的預約日期／時間_____）。

6. 額外的作業：_____

提醒：寫第三張便條給你主要聚焦的孩子及家中的其他孩子，指出你所欣賞這孩子的另一項正面人格特質（孩子看到便條的方式應有變化）。

親子關係訓練單元9
進階設限：對不配合行為給予選擇當作後果

情境範例

遊戲單元中，五歲的比利在父母告知黏土只能置於托盤上玩之後，將黏土丟到地上。接下來父母依照A-C-T設限技巧回應：「比利，我知道你想在地上玩，可是地板（地毯等）不是用來玩黏土的；（指著托盤）托盤才是用來玩黏土的。」比利對父母之指示仍不理睬，並將黏土用力甩到地上。父母可耐心地重申限制，最多三次，再對遵守或不遵守限制進行下一步驟——「如果……就……」的選擇（後果）。**注意**：此範例假設父母在結束後能方便地清潔遊戲單元地點的地板（若孩子正要將黏土置於地毯上，父母可在進行A-C-T設限步驟時遞出托盤，指示孩子將黏土置於托盤內）。

下一步驟

對無法接受的行為給出後果，給予「如果……就……」的選擇。注意「選擇」這個詞使用的次數！其意圖是幫助孩子能夠自我控制；因此，父母的耐心至關重要。孩子需要時間和練習來學習自我控制。

範例

「比利，如果你選擇在托盤上（指著托盤）玩黏土，就是選擇今天可以玩黏土。如果你選擇繼續在地板上玩黏土，就是選擇今天接下來的時間都不行玩黏土。」（停頓）若孩子未做出遵守限制的選擇，耐心地重申給予的選擇（若比利未回答並繼續在地板上玩黏土，那就表示他已做出了選擇）。「比利，看來你已經選擇了今天都不行玩黏土，現在你可以選擇將黏土給我，也可以選擇讓我幫你把黏土拿走，你選擇哪一個？」如果孩子開始哭鬧並求著要黏土，父母必須堅持到底。確認你知悉孩子的感受，並給孩子希望，讓他知道下一次遊戲單元他還有機會做出不同的選擇。「比利，我了解你對於今天都不行玩黏土的選擇感到不開心，但我們下一次遊戲單元你可以再選擇玩黏土。」

在上述的範例中，若孩子在任何時間點將黏土置於托盤上玩，父母必須依事實謹慎回應：「看來你已經決定今天還要繼續玩黏土。」

練習

1. 你的孩子將一支已經裝上飛鏢的槍瞄準你。

A：＿＿＿＿＿＿＿＿＿＿＿＿＿＿＿＿＿＿＿＿＿＿＿＿＿

C：＿＿＿＿＿＿＿＿＿＿＿＿＿＿＿＿＿＿＿＿＿＿＿＿＿

T：＿＿＿＿＿＿＿＿＿＿＿＿＿＿＿＿＿＿＿＿＿＿＿＿＿

在你使用 A-C-T 技巧設限三次後，孩子仍持續用槍瞄準你。

如果你選擇用槍瞄準我

就是選擇不行繼續玩槍。

如果你選擇把槍瞄準其他地方

就是選擇繼續玩槍。

如果孩子用槍瞄準你並向你發射，你可回應：

看來你已經選擇不行繼續玩槍。

如果孩子將槍放下，你可回應：

看來你已經決定要繼續玩槍。

2. 描述一個在遊戲單元進行中你認為可能需要設限，但預料孩子可能不會遵守的情境。

情境：

＿＿＿＿＿＿＿＿＿＿＿＿＿＿＿＿＿＿＿＿＿＿＿＿＿＿＿

＿＿＿＿＿＿＿＿＿＿＿＿＿＿＿＿＿＿＿＿＿＿＿＿＿＿＿

＿＿＿＿＿＿＿＿＿＿＿＿＿＿＿＿＿＿＿＿＿＿＿＿＿＿＿

A：＿＿＿＿＿＿＿＿＿＿＿＿＿＿＿＿＿＿＿＿＿＿＿＿＿

C：＿＿＿＿＿＿＿＿＿＿＿＿＿＿＿＿＿＿＿＿＿＿＿＿＿

T：＿＿＿＿＿＿＿＿＿＿＿＿＿＿＿＿＿＿＿＿＿＿＿＿＿

如果……就……

＿＿＿＿＿＿＿＿＿＿＿＿＿＿＿＿＿＿＿＿＿＿＿＿＿＿＿

＿＿＿＿＿＿＿＿＿＿＿＿＿＿＿＿＿＿＿＿＿＿＿＿＿＿＿

＿＿＿＿＿＿＿＿＿＿＿＿＿＿＿＿＿＿＿＿＿＿＿＿＿＿＿

＿＿＿＿＿＿＿＿＿＿＿＿＿＿＿＿＿＿＿＿＿＿＿＿＿＿＿

＿＿＿＿＿＿＿＿＿＿＿＿＿＿＿＿＿＿＿＿＿＿＿＿＿＿＿

親子關係訓練 單元 9
將設限類化到遊戲單元之外

Acknowledge：確認感受

Communicate：表達限制

Target：指出其他選擇

對不配合行為給予選擇當作後果之 A-C-T 三步驟設限方法

情境：孩子發現你私藏糖果的地方，手中已拿著一顆糖，正要將糖紙剝開（但還有 30 分鐘就要吃晚餐了）。

1. A：確認孩子的感受或欲求（你的聲音必須能夠傳達同理與了解）。

   （同理）「比利，我知道你真的很想吃糖……」

   孩子可得知他的感受、欲求和願望是正當的，同時也是父母能接受的（但並非所有的行為）。僅僅以同理反映孩子的感覺，通常即可平緩孩子的感受或需求。

2. C：表達限制（明確、清晰、簡短）。

   「……可是晚餐前不行吃糖。」

3. T：指出可接受的其他選擇（視孩子的年紀給予一至數個選擇）。

   「你可以選擇現在先吃點水果（指著水果），等晚餐吃完再吃糖」（如果你不希望孩子養成吃糖的習慣，家裡就不應該有糖果出現）。

   這麼做的目的是提供孩子可接受的其他選擇，也就是作為父母的你可接受的選擇，以及你相信能滿足孩子需求的選擇（此例中孩子的需求為糖果，可接受的選擇是晚餐後才能吃；若孩子的需求是餓了，可接受的選擇是晚餐前可以吃些點心）。

   注意：用手指著物品常可轉移孩子的注意力。如果孩子選擇水果，就結束對話。視孩子的年紀，耐心地重申限制至多三次，讓孩子先試著自我控制，之後再進行下一步驟。

4. 對不配合行為進行下一步驟的給予選擇當作後果，可能的回應如下：

   比利仍然堅持他不要吃水果；他要吃糖。

   「比利，我沒有給你晚餐前吃糖的選擇。你可以選擇現在把糖拿給我，你就是選擇等吃完晚餐再吃糖，你也可以選擇讓我把糖拿走，這樣就是選擇晚餐後不行吃糖。你選擇哪一個？」（停頓；比利沒有回應）「如果你選擇不做選擇，就等於選擇了讓我幫你選擇。」（停頓）

(1)（比利把糖果給你）「我知道做這個選擇很不容易。我把糖放在這裡，你吃完晚餐就可以吃了。」

(2)（比利仍拿著糖）「看來你已經選擇了讓我幫你選擇」（同時你伸手把糖拿走）。晚餐後，如果比利來跟你説「現在我可以吃糖了嗎？」你應如此回應：「你知道晚餐前你選擇了不把糖果給我的時候，也就是選擇了晚餐後不行吃糖。」孩子可能會繼續吵著要糖（因為吵鬧這招一直挺奏效的）。此時必須堅持，千萬別讓步！

練習：現在是平日的晚上，雖然已到了睡覺時間，但五歲的比利還想再多看 30 分鐘的電視，因為他最喜歡的史努比卡通特別節目馬上就要開始了。

1. A：_____

2. C：_____

3. T：_____

若比利不應允，耐心重申限制至多三次；重要的是你能平靜地傳達你的同理，但必須堅持。「比利，我也很希望我們有時間看史努比，可是現在是睡覺時間，你可以選擇明天放學後再看，因為現在是睡覺的時間。」（提出睡前的例行活動讓孩子選擇，能幫助孩子將注意力轉移到睡覺時間）例如：「你今晚要我或是媽媽説故事給你聽嗎？」

A-C-T 設限之後

以同理且堅持的態度進行 A-C-T 設限三步驟之後：

1. 若你對自己回應孩子問題的方式感到滿意，但孩子仍重覆他的問題或懇求，此時你無須繼續與他商量。

2. 若你認為孩子不明瞭你的回應，可説：「我已經回答你的問題了，你對我的回答也許有些疑題。」

3. 若你認為孩子已了解，則回應：

(1)「我知道你還想繼續討論這個問題，可是我已經回答你了。」或是

(2)「我知道你對我的回答不滿意。如果你繼續問是希望得到不一樣的答案的話，那麼我的回答還是一樣的。」或是

(3)「還記得幾分鐘前你問同樣的問題時，我是怎麼回答你的嗎？」若孩子答：「我不記得。」則回應：「找個安靜的角落坐下來想一想，我知道你會想起來的。」

4. 若你對自己回應孩子問題的方式不滿意：

　　(1) 若你願意讓孩子提出能說服你的理由，則回應：「我還不確定。我們坐下來談談吧！」

　　(2) 若你不想現在就做出答覆，而是之後再回答這個問題時，則回應：「我現在不能回答你，因為（我想和其他人談談、我想再查詢更多訊息、我需要時間考慮等）。我會在（明確的時間）答覆你。」

　　(3) 若孩子要求立刻得到答覆的話，則回應：「如果你現在就要我回答，那麼答案絕對會是『不行。』」

設限無效時可做的事項

你已經以平靜及同理的態度進行數次 A-C-T 設限步驟以及給予選擇，但孩子仍執意不順從。這時你能做什麼？

1. 看看哪些生理或心理因素可能造成孩子的不順從：疲倦、生病、肚子餓、壓力等，先將孩子的生理需求及心理問題處理好才能期待孩子的配合。

2. 尊重自己和孩子，保持冷靜：孩子不順從並不代表你是失敗的父母，也不代表他是壞孩子。只要是孩子都需要「練習」不順從。**切記**：此時此刻沒有任何事情比你和孩子的關係更重要，因此，以尊重孩子和你自己的方式回應。若察覺自己開始失去控制、要對孩子生氣時，可走到室外或另一個房間平靜一下。

3. 設立孩子不服從的合理後果：讓孩子自己選擇服從還是不服從，但設立不服從時的合理後果。例如：「如果你選擇不去睡覺而是要看電視的話，那麼就是選擇明天一天都不行看電視」（或是其他會讓孩子在意的合理後果）。

4. 絕不容許暴力行為：若孩子訴諸暴力，你必須冷靜地以非攻擊性的方式制止孩子。以平靜及同理的態度反映孩子的憤怒及孤獨；當孩子漸漸恢復自制力時，傳達你的同情並給予其他選擇。

5. 若孩子拒絕選擇，則你為他選擇：孩子拒絕選擇也是一種選擇。設立後果，例如：「如果你不（在 A 或 B 之間）做出選擇，就表示你選擇了讓我幫你選擇。」

6. 確保後果的執行：切勿提出你無法執行的後果選項。若你因孩子發脾氣或哭鬧而投降，就表示你放棄父母的角色並因而失去其權力。堅定以對！無法堅持到底，你也就失去信用，並傷害你和孩子的關係。

7. 識別出代表嚴重問題的徵兆：憂鬱、創傷（虐待／疏於照管／哀慟／壓力）。長期憤怒或叛逆的孩子在情感上是受到困擾的，可能需要專業協助。與孩子談談你的憂慮，例如：「約翰，我發現你常常憤怒或不快樂，我愛你也很擔心你，我們可以尋求協助，這樣我們都能開心些。」

親子關係訓練單元 9
父母可運用的結構式玩偶遊戲

何謂結構式玩偶遊戲？

結構式玩偶遊戲是父母以生動地說故事方式，幫助焦慮或不安的孩子，目的是讓孩子從短暫但特定的體驗中，為會引發焦慮的事件（例：父母離異、去保姆家等）做好準備；另一個目的是幫助孩子在生活遭受重大轉變後，重新恢復正常與例行活動。結構式玩偶遊戲有特定的目的及明確的訊息（例如：媽媽今天放學時會來接露西）。

我的孩子能否從結構式玩偶遊戲中受益？

若你的孩子表現出焦慮或恐懼，或曾經歷過創傷，就有可能從和你共同參與結構式玩偶遊戲中受益。結構式玩偶遊戲的效果在二至六歲的孩子身上最顯著，然而在這年齡層之上和之下的孩子也能從中受益。

我如何進行結構式玩偶遊戲？

1. 編創故事

   結構式玩偶遊戲主要是編創在真實生活的特定情境中會發生的故事。它與你讀故事書給孩子聽類似，主要的不同之處在於：

   (1) 故事不是從書中讀的，而是由你編創的。

   (2) 故事中的角色皆為在真實生活中會出現的角色，例如媽媽、爸爸、露西（你的孩子）、保姆珍、祖母、學校老師、牙醫等。

   (3) 故事的情境是真實生活中會發生的情境，通常是未來一至兩天會發生的事件，也可以是每天例行活動中的情境。

   (4) 你有特定的目的和明確的訊息。例如：露西不想去新的保姆家，你送她到保姆家時她不讓你離開。你的目的是幫助露西對於去保姆家感到更安心，你的訊息可以是「媽媽今天下班後來會來接露西」（很重要的是，這個訊息應是父母認為最讓孩子擔心的問題）。

   (5) 使用玩偶是為了增加戲劇效果，幫助孩子記住。你也可以利用音效讓故事更逼真、生動和有趣。切記，與承諾和說理相較，稚齡孩童更能理解如玩偶和場景等具體事物。

2. 故事結構（三段結構：開始、中間、結尾）

　　(1) 開始：切忌一開始就提露西要去保姆家。先說明故事的背景（例如，早晨剛睡醒等可預見的日常活動）。

　　(2) 中間：加入細節為故事注入內容（例如穿鞋子或扣上安全帶）。記得動作要誇張並配上音效（一開始你可能會覺得愚蠢，但小孩都很喜歡這樣的扮演）。

　　(3) 結尾：記得要讓故事有個結尾，別吊孩子胃口。以親吻來結束故事。「媽媽開車去保姆（珍）家，按門鈴（叮咚）。珍來開門，露西看見媽媽」。露西跳到媽媽身上，媽媽用力擁抱和親吻露西（發出親吻的聲音）。媽媽和露西開車一起回家，路上他們聊今天發生的事情。」

　　編創故事的步驟：

　　(1) 先說故事的標題（例如，「這是露西去保姆家的故事」）。

　　(2) 以真實人物的名字來介紹角色。

　　(3) 說故事（以第三人稱的視角來敘述，用孩子的名字，而不是「你」，來稱呼代表孩子的玩偶。例如，「露西跟媽媽說再見」，而不是「妳跟媽媽說再見」）。

3. 道具與場地

　　切記：結構式玩偶遊戲是項創作，因此須在遊戲前即決定好合適的地點和時間，也須將道具（玩偶）準備好。孩子的臥室和睡前是合適的選擇（以避免受到干擾並可建立為例行活動）。你不需再特別購置玩偶，用孩子的玩偶或絨毛動物即可。（把錢省下來，創作出好故事後可犒賞自己，因為要說出精彩的故事可是很費工夫的！）你也可以讓孩子幫忙挑選玩偶／絨毛動物，「今晚我要說的故事很特別，是一個叫露西的小女孩去珍（保姆）家裡的故事。要說這個故事，我需要露西玩偶、媽媽玩偶、爸爸玩偶、珍玩偶，妳可以幫我挑選這些角色的玩偶（絨毛動物）嗎？」（確保你的孩子有足夠的玩偶／絨毛動物可供挑選）。**注意**：你需要記住玩偶所代表的人物，並在此後繼續使用相同的玩偶扮演該人物（使用此方式說其他的故事時可增加新玩偶，例如第一次去看牙醫等）。

4. 如何開始？

　　一開始你可使用不具威脅性的日常活動來練習說故事（例如，去雜貨店等），以漸漸掌握說故事的技巧，然後再進入具挑戰性的主題。故事長度不超過五分鐘，一次僅一個主題即可。你可在腦中構思故事，也可記下摘要。

有用的提示

1. 你可能覺得自己一邊說故事一邊表演會很笨拙。給自己一些時間適應，你的孩子會覺得很好玩，不會注意到你表現的是好是壞。

2. 故事的內容必須是你可掌握的。別說露西一定會玩得很開心（如果她已開始焦慮可能也無法開心起來）。若故事中提到在保姆家會發生的事情（例如去公園玩等），隔天要請保姆當天帶孩子做這些事。故事的最終重點就是要藉由預測會發生何事來幫助孩子更有安全感。

3. 故事中不要提及你的情感。例如，「媽媽在上班，露西在保姆家玩，媽媽想起露西，媽媽想念露西」（劃線的句子不要說；故事中提及你的情感可能會讓孩子因你想念他而自責）。**切記**：故事的目的是幫助露西去保姆家時不再感到焦慮，能夠放鬆而自在地玩。

4. 故事應實際且正面。作為故事的創作者，你可以讓故事反映實際生活中你希望會發生的情境。與其說露西多麼不想讓媽媽走，倒不如說：「露西和媽媽一起按門鈴（叮咚！），門開了，露西看到珍，笑了。露西擁抱媽媽，她和珍一起跟媽媽說再見……。」（記得告訴珍故事的內容）。

5. 故事的結尾必須正面且是你能掌握的。如果故事是孩子好幾個小時看不到你（尤其當此點是議題時），切記要說：「看到你真高興！」並加上擁抱與親吻。將情境用玩偶演出來比口頭給予承諾更具說服力。

6. 孩子可能會因分心而打斷故事，很快地處理他的需求，但要把故事說完。在孩子的睡覺時間說故事能避免故事被打斷。若孩子要求玩其他的東西，父母可回應：「現在是睡覺時間，你可以明天再玩。」若孩子要喝水，你可說：「等我說完故事就倒給你。」

親子關係訓練 單元 9
課堂遊戲單元技巧檢核表
檢討錄影帶（或現場）的遊戲單元時使用

指示：當你在錄影帶或現場示範的遊戲單元中觀察到某個遊戲單元技巧時，在空格處標示「√」。

1. ＿＿＿做好準備／組織遊戲單元

2. ＿＿＿傳達「同在」的態度

    全然的關注／感興趣

    腳趾頭應與鼻子朝向同一個方向

3. ＿＿＿允許孩子主導

    避免給建議

    避免問問題

    將責任歸還給孩子

4. ＿＿＿跟隨孩子的主導

    身體降到孩子視線的高度

    當孩子參與遊戲時，身體更靠近一些

    被邀請時加入遊戲──在適當的情況下扮演想像／假扮的角色

5. ＿＿＿反映式回應技巧

    ＿＿＿反映孩子的非口語遊戲行為（跟循）

    ＿＿＿反映孩子的用語表達（內容）

    ＿＿＿反映孩子的感受／需求／願望

    ＿＿＿聲調配合孩子的強度／情感

    ＿＿＿回應簡短且有互動性

    ＿＿＿臉部表情配合孩子的情感

6. ＿＿＿使用鼓勵／建立自尊的回應

7. ＿＿＿必要時使用 A-C-T 設限

父母手冊

父母手冊 9-6

親子關係訓練 單元 9
父母遊戲單元筆記

第_____次遊戲單元　日期：_____

重要事件

我了解到關於孩子

表達的感受：

遊戲主題：

我了解到關於自己

我在遊戲單元中的感受：

我認為我做得最好的部分是：

對我最困難和最具挑戰的是：

問題或擔心

在下次遊戲單元中我想聚焦的技巧

親子關係訓練 單元 9
遊戲單元技巧檢核表

第_____次遊戲單元　日期：_____

註：若有使用該項技巧，就在前方空格裡標示「√」；若未使用該項技巧就標示「－」；若該項技巧是強項則標示「＋」。

√－＋	技巧	筆記／意見
	做好準備／組織遊戲單元	
	傳達「同在」的態度	
	全然專注／感興趣	
	腳趾與鼻子同方向	
	讓孩子主導	
	避免給予建議	
	避免詢問問題	
	將責任歸還給孩子	
	順著孩子的引導	
	身體降到孩子視線的高度	
	在孩子參與遊戲時更加地靠近他	
	在孩子邀請時加入遊戲	
	反映性回應技巧	
	反映孩子非口語的遊戲行為（跟循）	
	反映孩子的用語（內容）	
	反映孩子的感受／需求／願望	
	聲音語調合乎孩子的情感與強度	
	回應簡短且具互動性	
	臉部表情合乎孩子的情感	
	以鼓勵／有助於建立孩子自尊的方式回應	
	視需要運用 A-C-T 設限技巧	

父母手冊

父母手冊 10-1	親子關係訓練單元 10 父母筆記和家庭作業

需謹記的基本原則

「建立深刻的關係，從生活的點滴開始。」

進入孩子的世界無需等待大事件──

生活中俯拾皆是與孩子互動的機會，珍惜與孩子相處的每一刻！

筆記（另可使用空白處記載）

_____

_____

_____

_____

_____

_____

家庭作業

持續進行遊戲單元，如果你現在就停止，那麼你傳達給孩子的訊息將是，你只是因為必須而不是因為想要而與他進行遊戲單元的：

我同意繼續與主要聚焦的孩子進行_____週的遊戲單元，並／或與_____開始進行_____週的遊戲單元。

後續會面的日期和時間：_____

志願協調人：_____

推薦讀物

1. *Relational Parenting* (2000) and *How to Really Love Your Child* (1992), Ross Campbell

2. *Between Parent and Child* (1956), Haim Ginott

3. *Liberated Parents, Liberated Children* (1990), Adele Faber and Elaine Mazlish

4. *How to Talk So Kids Will Listen and Listen So Kids Will Talk* (2002), Adele Faber and Elaine Mazlish

5. *"SAY WHAT YOU SEE" for Parents and Teachers* (2005), Sandra Blackard (Free online resource available at www.languageoflistening.com)

父母手冊 10-2	親子關係訓練 單元 10 基本原則與其他應謹記事項

基本原則

1. **把焦點放在甜甜圈，而不是那個洞上！**

   聚焦在關係（你的長處和孩子的長處），而非問題。

2. **做個恆溫器，而不是溫度計！**

   要學著回應（反映）而不是反應。孩子的感受不是你的感受，不需隨之起舞。

3. **最重要的也許不是你做了什麼，而是在你做了那件事之後，你接著做什麼！**

   我們都會犯錯，但我們可以挽回。使情況變得不一樣的是我們處理過失的方式。

4. **父母的腳趾頭應該和鼻子向著同一個方向。**

   身體語言表達出興趣。

5. **你無法給出你未曾擁有的事物。**

   （類比情況：飛機上的氧氣罩）如果你不先對自己有耐心並接受自己，你也無法對孩子做到這兩件事。

6. **當孩子正在溺水，別在此時嘗試教他游泳。**

   當孩子感到沮喪或失控，那不是告知規則或教導他的時間。

7. **在遊戲單元期間，只有在需要的時候才設限！**

8. **若你無法在 16 個字以內說完，就別說了。**

   身為父母，我們很容易對孩子做過多的解釋，使訊息在字裡行間混淆了。

9. **在現實中不被允許的，可以在幻想中獲得。**

   在遊戲單元裡，允許以行動外化，在現實中需要限制的感受和渴望。

10. **大孩子給大選擇，小孩子給小選擇。**

    提供的選擇一定要與孩子的發展階段相符。

11. **絕不替孩子做他自己能做的事。**

    你永遠不知道孩子的能力，除非你給他機會去嘗試！

12. **鼓勵孩子所做的努力，而不是讚美結果。**

    孩子需要鼓勵，就像植物需要水一樣。

13. **切勿嘗試一次改變所有的事情！**

    聚焦在對孩子正向自尊、勝任感及有用感會造成根本影響的「大」問題上。

14. 安全感的獲得取決於限制的設立。（前後一致的限制＝安全穩固的關係）

　　未能一致並貫徹執行限制，你將失去信用並傷害你與孩子的關係。

15. 建立深刻的關係，從生活的點滴開始。

　　進入孩子的世界無需等待大事件——生活中俯拾皆是與孩子互動的機會，珍惜與孩子相處的每一刻！

其他應謹記事項

1. 反映性的回應方式能幫助孩子感覺受到理解，進而緩減他憤怒的情緒。

2. 孩子藉著遊戲表達出他對目前生活的感知和需求，以及他對事情本應如何的盼望。

3. 在遊戲單元中，父母不需給予答案（而是將問題反映給孩子：「嗯，我也想知道……」）。

4. 別問任何你已經知道答案的問題。

5. 問題隱含了不理解；問題迫使孩子以理性思考，但孩子通常是用感覺去覺知這個世界。

6. 重要的不是孩子知道什麼，而是孩子相信什麼。

7. 當你將焦點放在問題時，你就看不見孩子本身。

8. 即使你無法認可孩子的行為，也要支持孩子的感覺、意圖和需求。

9. 關注孩子對其自尊的建立至關重要。

10. 放手讓孩子自己做決定，並認可他的決定：「你決定要_____」。

11. 父母能傳達給孩子最棒的一件事，就是讓他知道自己是有能力的。告訴孩子他有能力，他便會相信自己有能力；若不斷告訴孩子他無法承擔某事，結果將是他確實無法承擔某事。

12. 鼓勵創造力並給予自由——有了自由孩子才能負起責任。

13. 「我們將立即在這裡實施重要的新政策。」

14. 父母採彈性的教養方式，便能更容易地處理憤怒的情緒；父母採嚴苛的教養方式，父母和孩子可能兩敗俱傷。

15. 當你不知對孩子說什麼或怎麼做時，問自己：「什麼樣的行動或話語才能最有效地維護我們的關係，或將傷害降到最低？」有時最好的處理方式是什麼也不說，默默走開；或是告訴孩子：「我需要時間冷靜一下，然後我們再來談。」**切記**：「此時沒有任何事情比我和孩子的關係更為重要。」（這在處理與配偶或伴侶等關係時也適用）。

16. 活在當下——讓孩子為今日而活，而非為明日擔憂。

訓練資源

親子關係訓練資源的使用

　　親子關係訓練資源是一份於親子關係治療的有用清單，包含錄影帶、書籍及手冊，以及測驗工具。每個類別進一步分成推薦資源及補充資源。

錄影帶

推薦的錄影帶

Center for Play Therapy (Producer), & Landreth, G. (Writer/Director). (1994). *Choices, cookies, & kids: A creative approach to discipline* [Video cassette-DVD]. Approximate length: 35 minutes. (Available in VHS and DVD from Center for Play Therapy, www.centerforplaytherapy.com, University of North Texas, P.O. Box 310829, Denton, TX 76203-1337, 940-565-3864).

Nova Presentation (Producer). *Life's first feelings* [Video cassette]. (Available on www.amazon.com, Item No. 4810. *The following two segments are used in CPRT Training Session 1 to help parents understand the importance of responding appropriately to children's feelings. Prior to showing to parents, filial therapists should view entire tape for helpful, research-based information on the universality of the development of emotions, as well as information on child temperament and child's innate internal locus of control).*
Segment Info: 0:00　Tape Begins *(times listed are "real time," not "counter time")*
　　　　　　　5:14　Segment 1 Begins: Parent Responsive/Non-Responsive to Infant
　　　　　　　9:46　Segment 1 Ends *(Total time = 4min. 32 sec)*
　　　　　　21:34　Segment 2 Begins: Universal Feelings/Facial Expressions
　　　　　　27:01　Segment 2 Ends *(Total time = 5min. 27 sec)*

補充的錄影帶

Center for Play Therapy (Producer), & Landreth, G. (Writer/Director). (1997). *Child-centered play therapy: A clinical session* [Video cassette-DVD]. (Available from Center for Play Therapy, www. centerforplaytherapy.com, University of North Texas, P.O. Box 310829, Denton, TX 76203-1337, 940-565-3864). 1) This video is useful for demonstration of play session skills for filial therapist that do not have their own video sessions (with permission to show parents). 2) This tape contains several "segments" that can be utilized to teach specific filial play skills. *The following 5 minute segment is particularly helpful in demonstrating "Being With" and allowing the child to lead as well as basic play session skills.*
Segment Info: 0:00　Tape Begins
　　　　　　42:11　Medical play segment begins
　　　　　　47:12　Medical play segment ends

National Institute of Relationships Enhancement (Producer), & Guerney, L. (Writer/Director). (1989). *Filial therapy with Louise Guerney* [Video cassette]. (Available from 12500 Blake Road Silver Spring, MD 20904-2050). *Contains examples of parent-child play sessions).*

VanFleet, R. (Writer/Director). (1999). *Introduction to Filial Play Therapy* [Video cassette]. (Available from Family Enhancement & Play Therapy Center, P.O. Box 613, Boiling Springs, PA 17007).

VanFleet, R. (Writer/Director). *Overcoming resistance: Engaging parents in play therapy* [Video cassette]. (Available from Family Enhancement & Play Therapy Center, P.O. Box 613, Boiling Springs, PA 17007).

訓練資源

書籍及手冊

推薦的資源

Bratton, S., Landreth, G., Kellam, T., & Blackard, S. (2006). *Child Parent Relationship Therapy (CPRT) Treatment Manual: A 10-session filial therapy model.* New York, NY: Routledge. *The manual includes a CD-ROM of all training materials for ease of reproduction.*

Landreth, G., & Bratton, S. (2006). *Child Parent Relationship Therapy (CPRT): A 10-session filial therapy model.* New York: Routledge.

補充的治療師資源

Bailey, B. (2000). *I love you rituals.* New York, NY: HarperCollins.

Campbell, R. (1992). *How to really love your child.* Colorado Springs, CO: Chariot Victor.

Campbell, R. (2000). *Relational parenting.* Chicago, IL: Moody Press.

Faber, A., & Mazlish, E. (1990). *Liberated parents/Liberated children.* New York, NY: Avon Books.

Faber, A., & Mazlish, E. (2002). *How to talk so kids will listen & listen so kids will talk.* New York: Harper Collins.

Ginott, H. (1956). *Between parent and child.* New York, NY: Avon Books.

Guerney, L. (1987). *The parenting skills program: Leader's manual.* State College, PA: IDEALS.

Guerney, L. (1988). *Parenting: A skills training manual* (3rd ed.). State College, PA: IDEALS.

Guerney, L. (1990). *Parenting adolescents – A supplement to parenting: A skills training program.* Silver Spring, MD: IDEALS.

Kraft, A., & Landreth, G. (1998). *Parents as therapeutic partners: Listening to your child's play.* Muncie, IN: Jason Aronson.

Landreth, G. (2002). *Play therapy: The art of the relationship.* New York, NY: Routledge.

Nelson, J. (1996). *Positive discipline.* New York, NY: Ballantine Books.

Ortwein, M. C. (1997). *Mastering the magic of play: A training manual for parents in filial therapy.* Silver Spring, MD: IDEALS.

VanFleet, R. (1994). *Filial therapy: Strengthening parent-child relationships through play.* Sarasota, FL: Professional Resources.

VanFleet, R. (2000). *A parent's handbook of filial play therapy.* Boiling Springs, PA: Play Therapy Press.

VanFleet, R., & Guerney, L. (2003). *Casebook of filial therapy.* Boiling Springs, PA: Play Therapy Press.

可以運用在親子關係治療的補充兒童讀物

Hausman, B., & Fellman, S. (1999). *A to Z: Do you ever feel like me?* New York, NY: Dutton Children's Books.

Manning-Ramirez, L., & Salcines, M. (2001). *Playtime for Molly*. McAllen, TX: Marlin Books.

McBratney, S. (1994). *Guess how much I love you*. Cambridge, MA: Candlewick Press.

Melmed, L. (1993). *I love you as much...* New York, NY: Lothrop, Lee & Shepard Books.

Munsch, R. (1986). *Love you forever*. Willowdale, Ontario, Canada: Firefly Books. ***Authors strongly recommend this book for parents*** .

可以運用在親子關係治療且適用於父母的補充文獻

Critzer, D. (1996). Children's feelings. *Positive Parenting Newsletter, (1)*10. Retrieved February 28, 2003, from www.positiveparenting.com/newletter/news_july_1996.html

Dreisbach, S. (1997). My child's nothing like me. *Working Mother, 61*, 53, 60–61.

Gibbs, N. (1995). The EQ factor. *Time, 146,* 60–68.

Hitz, R. & Driscoll, A. (1988). Praise or encouragement? New insights into praise: Implications for early childhood teachers. *Young Children, 43*(5): 6–13.

Hitz, R., & Driscoll, A. (1994, Spring). Encouragement, not praise. *Texas Child Care Quarterly,* 3–10.

Hormann, E. (1983, November). Explaining death to children. *Single Parent,* 25, 27.

Klein, M. (2003). Teaching your child to choose. *Parenting,* 116–123.

Melvin, A. (1987, December 11). Let's not forget how to play. *Dallas Morning News, p. 30A.*

Pickhardt, C. (1984, September). Self-care: Insurance against abusing others. *Single Parent,* 6.

Thompkins, M. (1991). In praise of praising less. *Extensions, 6(1),* 1–4.

Vaughn, L. (1985, January). Are you an enslaved parent? *Prevention,* 60–65.

有關教養及兒童之激勵人心的詩及故事補充資源

Canfield, J., & Hansen, M. (1993). *Chicken soup for the soul*. Deerfield Beach, FL: Health Communications.

Rogers, F. (2005) Life's Journey According to Mister Rogers: Things to Remember Along The Way. New York, NY: Hypercion.

Rogers, F. (2003) The World According to Mister Rogers: Important things to Remember. New York, NY: Hypercion.

感受清單／圖表的補充資源

Boulden Publishing. www.bouldenpublishing.com. *"Children's Poster" (of feelings), and "Feelings & Faces" products, are available for purchase.*

Self Esteem Shop. www.selfesteemshop.com *"Feelings" poster and additional resources are available in Spanish and English. Versions are available for purchase.*

專業發展的額外資源

Note: The World of Play Therapy Literature (Landreth et al., 2003) contains a listing of over 250 publications on filial therapy, including all research on filial therapy. (Available for purchase from the Center for Play Therapy, www.centerforplaytherapy.com. The Center houses the majority of these publications. An online bibliographic and ordering service is also available.)

Bratton, S. (1997).Training parents to facilitate their child's adjustment to divorce using the filial/family play therapy approach. In E. Schaefer & J. M. Briesmeister (Eds.), *Handbook of parent training* (2nd ed., pp. 549–572). New York: John Wiley & Sons.

Bratton, S., & Crane, J. (2003). Filial/family play therapy with single parents. In VanFleet, R. & Guerney, L. (Eds.), *Casebook of filial therapy*. Boiling Springs, PA: Play Therapy Press.

Fuchs, N. (1957). Play therapy at home. *Merrill-Palmer Quarterly, 3*, 87–95.

Ginsberg, B. (1989). Training parents as therapeutic agents with foster/adoptive children using the filial approach. In E.Schaefer & J. M. Briesmeister (Eds.), *Handbook of parent training: Parents as co-therapists for children's behavior problems* (pp. 442–478). New York: John Wiley & Sons.

Greenberg, P. (1989). Learning self-esteem and self-discipline through play. *Young Children*, 29–31.

Greenspan, S., & Greenspan, N. (1985). First Feelings: Milestones in The Emotional Development of Your Baby and Child. New York, NY: Penguin Books.

Guerney, L., & Guerney, B. (1989). Child relationship enhancement: Family therapy and parent education. Special issue: Person-centered approaches with families. *Person Centered Review, 4(3)*, 344–357.

Guerney, B., Guerney, L., & Andronico, M. (1966). Filial therapy. *Yale Scientific Magazine, 40*, 6–14.

Guerney, L. (1976). Filial therapy program. In D. H. Olson (Ed.), *Treating Relationships* (pp. 67–91). Lake Mills, IA: Graphic Publishing.

Guerney, L. (2000). Filial therapy into the 21st century. *International Journal of Play Therapy, 9(2)*, 1–17.

Landreth, G., Schumann, B., Hilpl, K., Kale-Fraites, A., Bratton, S., & Homeyer, L. (Eds.). (2003). *The world of play therapy literature: A definitive guide to authors and subject in the field* (4th ed.). Denton, TX: Center for Play Therapy. *Filial therapy resources begin on p. 172, with over 250 citations.* (Available for purchase from the Center for Play Therapy, www.centerforplaytherapy.com, University of North Texas, P.O. Box 310829, Denton, TX 76203-1337, 940-565-3864). To purchase the online searchable bibliography database of play therapy, go to http://www.coe.unt.edu/cpt/prosindex.html.

Moustakas, C. (1959). The therapeutic approach of parents. *Psychotherapy with children: The living relationship* (pp. 271–277). New York: Harper & Row.

Ortwein, M.C. (1997). Mastering the magic of play: A training manual for parents in filial therapy. Silver Spacing. MD: Ideals.

Strom, R. (1975). Parents and teachers as play observers. *Childhood Education, 139–141.*

Swick, K. (1989). Parental efficacy and social competence in young children. *Dimensions, 25–26.*

父母的額外資源

Axline, V. (1964). *Dibs in search of self.* New York: Ballantine Books.

Bailey, B. (2000). *I love you rituals.* New York: HarperCollins.

Blackard, S. *"SAY WHAT YOU SEE" for Parents and Teachers* (2005)—(Free online resource available at *www.languageoflistening.com*)

Brazelton, T. B., & Greenspan, S. I. (2000). *The irreducible needs of children.* Cambridge, MA: Perseus.

Campbell, R. (1992). *How to really love your child.* Colorado Springs, CO: Chariot Victor.

Campbell, R. (2000). *Relational parenting.* Chicago: Moody Press.

Faber, A., & Mazlish, E. (1990). *Liberated parents/Liberated children.* New York: Avon Books.

Faber, A., & Mazlish, E. (1998). *Siblings without rivalry: How to help your children live together so you can live too.* New York: Avon.

Faber, A., & Mazlish, E. (2002). *How to talk so kids will listen & listen so kids will talk.* New York: Harper Collins.

Ginott, H. (1956). *Between parent and child.* New York: Avon Books.

Glenn, H. S., & Nelsen, J. (1988). *Raising self-reliant children in a self-indulgent world.* Rocklin, CA: Prima Publishing & Communications.

Greenspan, S., & Greenspan, N. (1985). First Feelings Milestones in The Emotional Development of Your Baby and Child. New York, NY: Penguin Books.

Guerney, L. (1987). *The parenting skills program: Leader's manual.* State College, PA: IDEALS.

Guerney, L. (1988). *Parenting: A skills training manual* (3rd ed.). State College, PA: IDEALS.

Illg, F. L., Ames, L. B. A., & Baker, S. M. (1981). *Child behavior: Specific advice on problems of child behavior.* New York: Barnes & Noble.

Nelson, J. (1996). *Positive discipline.* New York: Ballantine Books.

Schaefer, C. (1984). *How to talk to children about really important things.* New York: Harper & Row.

Schaefer, C. E., & Digeronimo, T. F. (2000). *Ages and Stages: A parent's guide to normal childhood development.* NY: John Wiley & Sons.

額外的專業資源

Association for Filial and Relationship Enhancement Method (AFREM). www.afrem.org. Membership dues are: $20.00/yr. individual, $30.00/yr. couple, $10.00/yr. student. Membership form is available on the website.

運用在親子關係治療及
親子遊戲治療研究的測驗工具

已出版的工具

The following published instruments are included because they have been used to measure CPRT/filial therapy effectiveness. Examples of published instruments that have been used to examine changes in parental behavior as a result of filial training include the Parenting Stress Index (PSI) and the Family Environment Scale (FES). Changes in children as a result of filial training have been quantified through the use of measurements such as the Child Behavior Checklist (CBCL) and the Joseph Preschool and Primary Self-Concept Scale (JPPSCS).

Abidin, R. (1983). *Parenting stress index.* Charlottesville, VA: Pediatric Psychology Press. (The PSI can be ordered from Psychological Assessment Resources at 1-800-331-8378 or via e-mail at www. parinc.com or www.custserv@parinc.com.)

Achenbach, T. M., & Edlebrock, C.S. (1983/2001). *Manual for the child behavior checklist and revised behavioral profile.* Burlington, VT: University of Vermont. (The CBC is available for purchase at www.aseba.org.)

Joseph, J. (1979). *Joseph pre-school and primary self-concept screening instructional manual.* Chicago: Stoelting. The JPPSST is available for purchase at http://www.stoeltingco.com/tests/store/view-level3.asp?keyword1=38&keyword3=956.

Moos, R. H. (1974). *Family environment scale.* Palo Alto, CA: Consulting Psychologists Press, Inc. (The FES is available for purchase at http://www.mindgarden.com/products/fescs.htm.)

Muller, D. G., & Leonetti, R. (1972). *Primary self-concept inventory test manual.* Austin, TX: Urban Research Group, Inc.

Pino, C., Simons, N., & Slawinowski, M. (1984). *The children's version of the family environmental scale manual.* New York: Slosson Educational Publications, Inc. (The CVFES is available for purchase at http://www.slosson.com/productCat6206.ctlg.)

Reynolds, C. R., & Kamphaus, R. W. (1992). *Behavior assessment system for children (BASC).* Circle Pines, MN: American Guidance Service, Inc.

未出版的工具

The Measurement of Empathy in Adult-Child Interaction (MEACI), the Porter Parental Acceptance Scale (PPAS), and the Filial Problem Checklist (FPC) have been used frequently in filial therapy research to assess child behavior problems and to more specifically measure parent (and teacher) skills and attitudes consistent with the goals of filial therapy. With the permission of their authors, these instruments, along with administration and scoring directions, are included in Appendix E on the accompanying CD to facilitate ease of reproduction. We gratefully acknowledge Dr. Louise Guerney and Dr. Blaine Porter for allowing us to include these instruments to facilitate their use by CPRT/filial therapy researchers.

Measurement of Empathy in Adult-Child Interactions Scale (MEACI). The MEACI measures the ability of parents or teachers to demonstrate empathic behaviors in adult-child play sessions. The MEACI has its origins in the work of Guerney, Stover, and DeMeritt's (1968) untitled assessment that measured mothers' empathy in mother-child interactions during spontaneous play with their children. Stover, Guerney, and O'Connell (1971) revised the scale and established acceptable reliability and validity scores. Bratton (1993) developed the current MEACI rating form (included below) from information obtained from Stover, L., Guerney, B., & O'Connell, M. (1971) and personal communication with Louise Guerney (April 12, 1992). Specifically, the MEACI examines three major aspects of empathic behaviors: communication of acceptance, allowing the child self-direction, and involvement with the child. Empathic behaviors are rated at three-minute intervals during the observed parent-child play sessions.

Porter Parental Acceptance Scale (PPAS). The PPAS was originally developed by Dr. Blaine Porter in 1954 and recently revised by the author (Porter, 2005). The PPAS measures parental acceptance of child, a core element in the communication of empathy and a fundamental condition needed to facilitate a child's development of positive self-worth (Bratton & Landreth, 1995). Specifically, the four subscales of the PPAS measure respect for the child's feelings and the child's right to express them, appreciation of the child's uniqueness, recognition of the child's need for autonomy and independence, and a parent's experience of unconditional love for a child.

Filial Problem Checklist (FPC). The FPC was developed at the individual and Family Consultation Center, Pennsylvania State University in 1974 by Peter Horner MS to measure the effectiveness of filial therapy in reducing problematic behaviors. The FPC is a parent self-report instrument that contains 108 problematic child behaviors that parents rate, to indicate the severity of the problem. A total score is obtained and used pre-treatment and post-treatment to compare parents' perception of change in their child's behavior.

相關文獻

Bratton, S., Landreth, G., & Homeyer, L. (1993). An intensive three-day play therapy supervision/training model. *International Journal of Play Therapy, 2(s)*, 61–79.

Bratton, S., & Landreth, G. (1995). Filial therapy with single parents: Effects on parental acceptance, empathy, and stress. *International Journal of Play Therapy, (4)1,* 61–88.

Guerney, B., Stover, L., & DeMeritt, S. (1968). A measurement of empathy for parent-child interaction. *Journal of Genetic Psychology, 112,* 49–55.

Stover, L. Guerney, B., & O'Connell, M. (1971). Measurements of acceptance, allowing self-direction, involvement, and empathy in adult-child interaction. *Journal of Psychology, 77,* 261–269.

訓
練
資
源

附錄

附錄的使用

　　附錄 A 包括了對親子關係治療訓練很有用的組織性及實用性材料。這些材料便於在每個新團體開始之前複印，並包括一份在單元 1 之前需完成的「父母訊息表格」，用來記錄有關團體成員的重要訊息（此表格每一次單元都要帶來，因此建議把它收在治療師手冊的最前面）；單元 1 至 10 的「材料檢核表」有助於治療師記得每一單元所需攜帶的東西（治療師最好每次多帶幾份印好的備用工作單，以備父母忘了攜帶父母手冊時可以使用）；「親子關係治療進展筆記」可以評估個別團體成員在單元 1 至 10 的臨床進展；「治療師技巧檢核表」可以讓親子關係治療新手治療師或實習學生用來自我評估重要的親子關係治療技巧。此附錄也包括了要給家長但不宜放在父母手冊中的一些材料，像是「遊戲時間預約卡」、「『請勿干擾』門牌範本」以及「給父母的結業證書」。

　　附錄 B 是最常用的講義「遊戲單元中『應做』與『不應做』事項」的海報格式，治療師可以將它印製在海報紙上，在單元 3 至 10 當中作為提示重要技巧的視覺輔助。

　　附錄 C 包括了給父母的補充工作單以及附有範本答案的治療師版本，這些補充講義提供額外練習親子關係治療技巧的機會，但其運用取決於治療師對父母需求的評估。每份工作單的單元次數通常配合著某些技巧的引入或練習期間。工作單包括：單元 2 的「回應感受練習工作單」、單元 6 的「給予選擇練習工作單」、單元 7 的「建立自尊的回應工作單」、單元 8 的「鼓勵 vs. 讚美工作單」、單元 9 的「進階設限：給予選擇當作後果工作單」。在一些單元的課程指引中會提及如何使用選做的工作單；然而，其運用取決於個別父母團體的需要。儘管這些補充工作單提供家長額外練習一些他們感到困難的親子關係治療技巧，治療師仍需避免給父母過多的訊息或家庭作業，以免他們吸收不了。再次提醒，治療師應該運用臨床判斷來決定何時及是否使用補充工作單。

附錄

 附錄 A：所需材料

- 父母訊息表格（治療師用，單元 1 開始之前完成且每次單元都需帶著）
- 材料檢核表（治療師用，單元 1 至 10）
- 親子關係治療進展筆記（空白版）
- 治療師技巧檢核表（單元 1 至 10）
- 「請勿干擾」門牌範本
- 遊戲時間預約卡：年幼孩子版（單元 3 與 10）
- 遊戲時間預約卡：較大孩子版（單元 3 與 10）
- 給父母的結業證書（單元 10）

 附錄 B：海報

- 遊戲單元中應做與不應做事項（單元 10）

 附錄 C：父母的補充工作單

- 回應感受練習工作單（單元 2）
- 回應感受練習答案單（治療師用－單元 2）
- 給予選擇練習工作單（單元 6）
- 給予選擇練習答案單（治療師用－單元 6）
- 建立自尊的回應工作單（單元 7）
- 建立自尊的回應答案單（治療師用－單元 7）
- 鼓勵 vs.讚美工作單（單元 8）
- 鼓勵 vs.讚美答案單（治療師用－單元 8）
- 進階設限：給予選擇當作後果工作單（單元 9）
- 進階設限：給予選擇當作後果答案單（治療師用－單元 9）

親子關係治療

（單元 1 開始之前完成且每次單元都需帶著）

父母訊息表格

父母姓名 （婚姻狀態，配偶）	主要聚焦孩子 的年齡	其他孩子 的年齡	主要聚焦孩子 的擔憂	額外意見

親子關係治療單元 1 至 10
材料檢核表

材料檢核表要單面印製，以作為準備每次單元之用。治療師可以一次印製單元 1 至 10 的所有檢核表，也可以按照單元時間各別印製當次的檢核表。

親子關係治療單元 1
材料檢核表

建議材料

☐單元 1：治療大綱（參見治療師手冊）

☐父母名牌

☐父母訊息表格〔包括父母／主要聚焦孩子／年齡清單等等〕（參見 p. 258）

☐每位父母使用的父母手冊（印製成雙面，確保頁碼正確）

☐單元 1 的講義和家庭作業（參見父母手冊）

　　☐父母筆記和家庭作業──單元 1

　　☐回應感受：課堂練習工作單

　　☐回應感受：家庭作業工作單

　　☐親子關係訓練：這是什麼以及這能如何幫助孩子？

☐錄影帶：生命的最初感覺（*Life first feelings*）（參見訓練資源）

選做

☐錄影帶片段：示範遊戲治療技巧當中的「反映感受」以及「讓孩子主導」

☐以激勵人心的詩或故事來結束此單元

親子關係治療單元 2
材料檢核表

建議材料

☐ 單元 2：治療大綱（參見治療師手冊）

☐ 父母訊息表格（隨同單元 1 的治療師筆記，並且需有添加筆記的空間）

☐ 單元 1 的家庭作業〔外加一些備用的影本〕

☐ 單元 2 的講義及家庭作業（參見父母手冊）

　　☐ 父母筆記和家庭作業──單元 2

　　☐ 遊戲單元的基本原則

　　☐ 遊戲單元的玩具檢核表

☐ 親子遊戲的玩具樣本

選做

☐ 給父母的補充工作單：回應感受練習工作單（參見附錄 C）

☐ 錄影帶片段：示範遊戲的組織及準備〔創造一種容許的氛圍以及允許孩子主導〕

☐ 現場示範〔假如沒有錄影帶，可事先安排一位參加親子遊療訓練的孩子〕

☐ 以激勵人心的詩或故事結束此單元，例如 *"I'll Love You Forever."* 繪本（參見訓練資源）

親子關係治療單元 3
材料檢核表

建議材料

☐ 單元 3：治療大綱（參見治療師手冊）

☐ 父母訊息表格〔隨同前面單元的治療師筆記，並且需有添加筆記的空間〕

☐ 單元 2 的家庭作業〔外加一些備用的影本〕

☐ 單元 3 的講義及家庭作業（參見父母手冊）

　☐ 父母筆記和家庭作業——單元 3

　☐ 遊戲單元中「應做」與「不應做」事項（建議印在黃色紙張上面）

　☐ 遊戲單元程序檢核表（建議印在藍色紙張上面）

　☐ 遊戲單元中玩具擺設的照片

☐ 「請勿干擾」門牌範本（參見附錄 A）

☐ 遊戲時間預約卡（參見附錄 A）

☐ 全套的親子遊戲玩具（必要時需添增玩具以利角色扮演及技巧示範）

選做

☐ 遊戲單元中「應做」與「不應做」事項海報（參見附錄 B）

☐ 錄影帶片段：示範遊戲單元技巧，好幫父母做好第一次遊戲單元的心理準備〔最好錄製你自己的錄影帶；若無法這麼做，可以使用 Garry Landreth 所錄製 Child-Centered Play Therapy 錄影帶的最後五分鐘（參見訓練資源）〕

☐ 現場示範〔假如沒有錄影帶，可事先安排一位參加親子遊療訓練的孩子〕

☐ 以激勵人心的詩或故事結束此單元

親子關係治療單元 4
材料檢核表

建議材料

☐單元 4：治療大綱（參見治療師手冊）

☐父母訊息表格〔隨同前面單元的治療師筆記，並且需有添加筆記的空間〕

☐單元 3 的家庭作業〔外加一些備用的影本〕

☐單元 4 的講義及家庭作業（參見父母手冊）

　　☐父母筆記和家庭作業──單元 4

　　☐設限：在太遲之前執行 A-C-T

　　☐設限：A-C-T 練習工作單

　　☐父母遊戲單元筆記

選做

☐遊戲單元中「應做」與「不應做」事項海報（參見附錄 B）

☐以藍色紙張複印遊戲單元程序檢核表置於本單元（參見單元 3 講義）

☐錄影帶片段：示範遊戲單元技巧及設限

☐現場示範〔假如沒有錄影帶，可事先安排一位參加親子遊療訓練的孩子〕

☐以激勵人心的詩或故事結束此單元

親子關係治療單元 5
材料檢核表

建議材料

☐ 單元 5：治療大綱（參見治療師手冊）

☐ 父母訊息表格〔隨同前面單元的治療師筆記，並且需有添加筆記的空間〕

☐ 單元 4 的家庭作業〔外加一些備用的影本〕

☐ 單元 5 的講義及家庭作業（參見父母手冊）

　☐ 父母筆記和家庭作業──單元 5

　☐ 設限：為什麼使用 A-C-T 三步驟

　☐ 課堂遊戲單元技巧檢核表

　☐ 父母遊戲單元筆記

　☐ 遊戲單元技巧檢核表

選做

☐ 遊戲單元中「應做」與「不應做」事項海報（參見附錄 B）

☐ 將遊戲單元程序檢核表（藍紙影本）置於該單元（參見單元 3 講義）

☐ 錄影帶片段：以示範複習及強化基本親子遊戲技巧及設限技巧

親子關係治療單元 6
材料檢核表

建議材料

☐單元 6：治療大綱（參見治療師手冊）

☐父母訊息表格（隨同前面單元的治療師筆記，並且需有添加筆記的空間）

☐單元 5 的家庭作業〔外加一些備用的影本〕

☐單元 6 的講義及家庭作業（參見父母手冊）

　　☐父母筆記和家庭作業──單元 6

　　☐給予選擇 101：教導責任和做決定

　　☐給予選擇進階版：提供選擇當作後果

　　☐遊戲單元中常見的問題

　　☐課堂遊戲單元技巧檢核表

　　☐父母遊戲單元筆記

　　☐遊戲單元技巧檢核表

選做

☐給父母的補充工作單：給予選擇練習工作單（參見附錄 C）

☐遊戲單元中「應做」與「不應做」事項海報（參見附錄 B）

☐錄影帶：Garry Landreth 的《選擇、餅乾和小孩》（參見訓練資源）

☐錄影帶片段：示範遊戲單元技巧，重點是給予選擇

☐以激勵人心的詩或故事結束此單元

親子關係治療 單元 7
材料檢核表

建議材料

☐單元 7：治療大綱（參見治療師手冊）

☐父母訊息表格（隨同前面單元的治療師筆記，並且需有添加筆記的空間）

☐單元 6 的家庭作業〔外加一些備用的影本〕

☐單元 7 的講義及家庭作業（參見父母手冊）

　☐父母筆記和家庭作業──單元 7

　☐建立自尊的回應

　☐正面人格特質

　☐課堂遊戲單元技巧檢核表

　☐父母遊戲單元筆記

　☐遊戲單元技巧檢核表

選做

☐給父母的補充工作單：建立自尊的回應工作單（參見附錄 C）

☐遊戲單元中「應做」與「不應做」事項海報（參見附錄 B）

☐錄影帶：看完 Garry Landreth 的《選擇、餅乾和小孩》，假如單元 6 沒看完的話

☐錄影帶片段：示範遊戲單元技巧，重點是建立自尊以及將責任歸還給孩子的回應

☐以激勵人心的詩或故事結束此單元

親子關係治療 單元 8
材料檢核表

建議材料

☐ 單元 8：治療大綱（參見治療師手冊）

☐ 父母訊息表格（隨同前面單元的治療師筆記，並且需有添加筆記的空間）

☐ 單元 7 的家庭作業〔外加一些備用的影本〕

☐ 單元 8 的講義及家庭作業（參見父母手冊）

　　☐ 父母筆記和家庭作業──單元 8

　　☐ 鼓勵 vs.讚美

　　☐ 課堂遊戲單元技巧檢核表

　　☐ 父母遊戲單元筆記

　　☐ 遊戲單元技巧檢核表

選做

☐ 給父母的補充工作單：鼓勵 vs.讚美工作單（參見附錄 C）

☐ 遊戲單元中「應做」與「不應做」事項海報（參見附錄 B）

☐ 錄影帶片段：示範遊戲單元技巧，重點是建立自尊的回應以及鼓勵

☐ 以激勵人心的詩或故事結束此單元

親子關係治療 單元 9
材料檢核表

建議材料

□單元 9：治療大綱（參見治療師手冊）

□父母訊息表格（隨同前面單元的治療師筆記，並且需有添加筆記的空間）

□單元 8 的家庭作業〔外加一些備用的影本〕

□單元 9 的講義及家庭作業（參見父母手冊）

　　□父母筆記和家庭作業——單元 9

　　□進階設限：對不配合行為給予選擇當作後果

　　□將設限類化到遊戲單元之外

　　□父母可運用的結構式玩偶遊戲

　　□課堂遊戲單元技巧檢核表

　　□父母遊戲單元筆記

　　□遊戲單元技巧檢核表

□父母在過去八週所表達的擔憂之書面清單

選做

□給父母的補充工作單：進階設限：給予選擇當作後果工作單（參見附錄 C）

□遊戲單元中「應做」與「不應做」事項海報（參見附錄 B）

□錄影帶片段：示範給予孩子鼓勵以及父母最難做到的任何遊戲單元技巧

□以激勵人心的詩或故事結束此單元

親子關係治療單元 10
材料檢核表

建議材料

□單元 10：治療大綱（參見治療師手冊）

□父母訊息表格（隨同前面單元的治療師筆記，包括父母在單元 1 對主要聚焦孩子的描述）

□單元 9 的家庭作業〔外加一些備用的影本〕

□單元 10 的講義及家庭作業（參見父母手冊）

　　□父母筆記和家庭作業──單元 10

　　□基本原則與其他應謹記事項

□遊戲單元中「應做」與「不應做」事項海報（參見附錄 B）

□結業證書（參見附錄 A）

□手足適用的額外遊戲時間預約卡（參見附錄 A）

選做

□以激勵人心的詩或故事結束此課程

親子關係治療進展筆記

父母姓名：_____　案例編號：_____

所在地：_____　日期：_____

情緒：□情緒適中　□憂鬱　□生氣　□焦慮　□害怕　□激動　□面無表情

　　　□情緒高漲　□平靜　□喜悅　□其他：_____

行為：□合作　□不合作　□疏離　□激動　　□焦慮　□放鬆　□有敵意

　　　□開放　□過動　　□防衛　□強迫行為　□其他：_____

參與：

　程度：□有回應（□高　□低）　□抗拒　□起伏不定

　性質：□非預期的　□支持　□分享　□專注　□唐突　□獨占

討論的主題／議題：

單元目標：

　□評估　　　　□心理教育　　　　□減少_____症狀

　□領悟／了解　□改善問題解決技巧　□發展因應／社交技巧

　□改善溝通　　□行為管理　　　　□處理不配合

　□其他：_____

運用的主要介入：

家庭作業／建議：

其他事項：（有需要可寫在下一頁）

諮詢或轉介：_____

治療師簽名：_____　　督導簽名（有必要的話）：_____

親子關係治療進展筆記

額外的筆記

父母姓名：_____　　案例編號：_____

所在地：_____　　日期：_____

第_____單元

親子關係治療單元＿＿＿＿
治療師技巧檢核表

日期：＿＿＿＿＿＿

團體見面日數：＿＿＿＿＿

√－＋	技巧	範例／意見（長處標*）
	結構	
	有組織	
	保持不離題	
	保持在時間限制內	
	回應	
	示範反映式回應	
	在團體歷程與教導之間維持平衡	
	促進團體成員之間的連結	
	非口語	
	示範「同在」的態度：真誠／真實	
	放鬆／自在／有信心	

1. 出現在單元當中而想在督導時討論的感受／想法：

2. 長處：

3. 有待成長的領域：

附錄 A

親子關係訓練單元 3

「請勿干擾」門牌範本

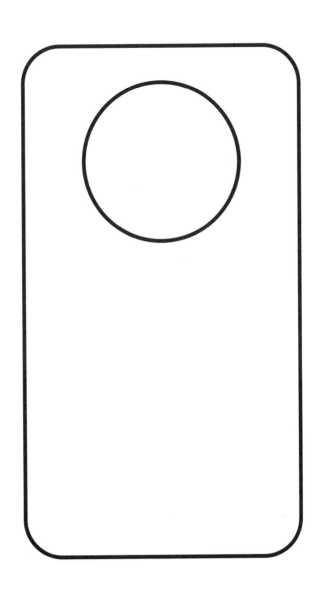

親子關係訓練 單元 3 與 10

遊戲時間預約卡（年幼孩子版）

特別的遊戲時間預約

給＿＿＿＿＿＿＿＿＿＿＿＿＿＿＿＿

跟＿＿＿＿＿＿＿＿＿＿＿＿＿＿＿＿

日期＿＿＿＿＿＿＿時間＿＿＿＿＿＿

特別的遊戲時間預約

給＿＿＿＿＿＿＿＿＿＿＿＿＿＿＿＿

跟＿＿＿＿＿＿＿＿＿＿＿＿＿＿＿＿

日期＿＿＿＿＿＿＿時間＿＿＿＿＿＿

特別的遊戲時間預約

給＿＿＿＿＿＿＿＿＿＿＿＿＿＿＿＿

跟＿＿＿＿＿＿＿＿＿＿＿＿＿＿＿＿

日期＿＿＿＿＿＿＿時間＿＿＿＿＿＿

特別的遊戲時間預約

給＿＿＿＿＿＿＿＿＿＿＿＿＿＿＿＿

跟＿＿＿＿＿＿＿＿＿＿＿＿＿＿＿＿

日期＿＿＿＿＿＿＿時間＿＿＿＿＿＿

特別的遊戲時間預約

給＿＿＿＿＿＿＿＿＿＿＿＿＿＿＿＿

跟＿＿＿＿＿＿＿＿＿＿＿＿＿＿＿＿

日期＿＿＿＿＿＿＿時間＿＿＿＿＿＿

特別的遊戲時間預約

給＿＿＿＿＿＿＿＿＿＿＿＿＿＿＿＿

跟＿＿＿＿＿＿＿＿＿＿＿＿＿＿＿＿

日期＿＿＿＿＿＿＿時間＿＿＿＿＿＿

特別的遊戲時間預約

給＿＿＿＿＿＿＿＿＿＿＿＿＿＿＿＿

跟＿＿＿＿＿＿＿＿＿＿＿＿＿＿＿＿

日期＿＿＿＿＿＿＿時間＿＿＿＿＿＿

特別的遊戲時間預約

給＿＿＿＿＿＿＿＿＿＿＿＿＿＿＿＿

跟＿＿＿＿＿＿＿＿＿＿＿＿＿＿＿＿

日期＿＿＿＿＿＿＿時間＿＿＿＿＿＿

親子關係訓練 單元 3 與 10

遊戲時間預約卡──較大孩子版

特別的遊戲時間預約

給＿＿＿＿＿＿＿＿＿＿＿＿＿＿＿＿

跟＿＿＿＿＿＿＿＿＿＿＿＿＿＿＿＿

日期＿＿＿＿＿＿＿時間＿＿＿＿＿＿

特別的遊戲時間預約

給＿＿＿＿＿＿＿＿＿＿＿＿＿＿＿＿

跟＿＿＿＿＿＿＿＿＿＿＿＿＿＿＿＿

日期＿＿＿＿＿＿＿時間＿＿＿＿＿＿

特別的遊戲時間預約

給＿＿＿＿＿＿＿＿＿＿＿＿＿＿＿＿

跟＿＿＿＿＿＿＿＿＿＿＿＿＿＿＿＿

日期＿＿＿＿＿＿＿時間＿＿＿＿＿＿

特別的遊戲時間預約

給＿＿＿＿＿＿＿＿＿＿＿＿＿＿＿＿

跟＿＿＿＿＿＿＿＿＿＿＿＿＿＿＿＿

日期＿＿＿＿＿＿＿時間＿＿＿＿＿＿

特別的遊戲時間預約

給＿＿＿＿＿＿＿＿＿＿＿＿＿＿＿＿

跟＿＿＿＿＿＿＿＿＿＿＿＿＿＿＿＿

日期＿＿＿＿＿＿＿時間＿＿＿＿＿＿

特別的遊戲時間預約

給＿＿＿＿＿＿＿＿＿＿＿＿＿＿＿＿

跟＿＿＿＿＿＿＿＿＿＿＿＿＿＿＿＿

日期＿＿＿＿＿＿＿時間＿＿＿＿＿＿

特別的遊戲時間預約

給＿＿＿＿＿＿＿＿＿＿＿＿＿＿＿＿

跟＿＿＿＿＿＿＿＿＿＿＿＿＿＿＿＿

日期＿＿＿＿＿＿＿時間＿＿＿＿＿＿

特別的遊戲時間預約

給＿＿＿＿＿＿＿＿＿＿＿＿＿＿＿＿

跟＿＿＿＿＿＿＿＿＿＿＿＿＿＿＿＿

日期＿＿＿＿＿＿＿時間＿＿＿＿＿＿

附錄 A

親子關係訓練單元 10
給父母的結業證書

親子關係訓練

【結業證書】

給

_____

你為孩子的生活帶來了重大的改變！

帶領者_____　　　　　　　日期_____

親子關係訓練

遊戲單元中「應做」與「不應做」事項

應做事項

1. 準備。

2. 讓孩子主導。

3. 積極參與孩子的遊戲，但是當一個跟隨者。

4. 用口語跟循孩子的遊戲（描述出你所看到的）。

5. 反映孩子的感受。

6. 設定明確和一致的限制。

7. 對孩子的力量致意，並且鼓勵他的努力。

8. 在口語上要積極主動。

不應做事項

1. 不批評任何行為。

2. 不讚美孩子。

3. 不詢問引導式的問題。

4. 不允許遊戲單元中的干擾。

5. 不給予訊息或教導。

6. 不說教。

7. 不主動開啟新的活動。

8. 不消極或沉默。

（不應做事項第 1 至 7 項引自 Guerney, 1972）

謹記「同在」的態度：

你透過行動、陪伴和回應所表達的意圖是最重要的。對你的孩子傳達：「我在這裡—我聽到／看到你—我了解—我關心。」

親子關係訓練單元 2
回應感受練習工作單

指示：(1)在尋找感受的線索時，要注視孩子的眼睛；(2)在找出孩子有何感受後，將感受化成簡短的回應，同時以「你」開頭，例如「你看起來很傷心」或「你現在真的很氣我」；(3)你的表情和聲調應該與孩子的一致（非口語比口語更能夠傳達同理）。

1. 你四歲的孩子正高興地笑著，將圖畫高舉在空中，同時跳上跳下邊說：「你看我畫的圖。」
   回應：

2. 你六歲的孩子突然中斷在紙上畫圖的動作，皺著眉頭，將紙張揉成團，然後把它丟在地上。
   回應：

3. 你五歲的孩子捶了充氣式不倒翁，結果不倒翁彈回來打到他自己。
   回應：

4. 你五歲的孩子拿出玩具刀，刺了充氣式不倒翁，然後大叫：「吃我一刀！」，然後跳到它上面並將它撲倒在地板上，接著就看著你。
   回應：

5. 你八歲的孩子放學回家，肩膀下垂、低著頭。他看起來好像快哭了，然後他說：「艾利克說我是娘娘腔，我沒有朋友了。」
   回應：

6. 在共處時間很少發生的安靜時刻裡，你 11 歲的孩子怯生生地說：「學校有一個學生在嗑藥。假如他要我跟他一起嗑藥，我該怎麼做呢？」
   回應：

親子關係訓練單元 2
回應感受練習答案單

指示：(1)在尋找感受的線索時，要注視孩子的眼睛；(2)在找出孩子有何感受後，將感受化成簡短的回應，同時以「你」開頭，例如「你看起來很傷心」或「你現在真的很氣我」；(3)你的表情和聲調應該與孩子的一致（非口語比口語更能夠傳達同理）。

1. 你四歲的孩子正高興地笑著，將圖畫高舉在空中，同時跳上跳下邊說：「你看我畫的圖。」

   回應：（聲音帶著熱情以配合孩子）「你很得意這張畫」、「你真的喜歡你的畫」或「你想要我看你畫了什麼」（重視這張畫）

2. 你六歲的孩子突然中斷在紙上畫圖的動作，皺著眉頭，將紙張揉成團，然後把它丟在地上。

   回應：（聲音要傳達出你所感受到孩子的情緒）「你真的不喜歡你畫的」、「好像畫不出你想要的樣子」或「你很失望畫出來的樣子」

3. 你五歲的孩子捶了充氣式不倒翁，結果不倒翁彈回來打到他自己。

   回應：（取決於孩子的表情）「嚇了你一跳」或「好痛」

4. 你五歲的孩子拿出玩具刀，刺了充氣式不倒翁，然後大叫：「吃我一刀！」，然後跳到它上面並將它撲倒在地板上，接著就看著你。

   回應：「你做到了……你真的很強」（回應傳達出孩子的力量）

5. 你八歲的孩子放學回家，肩膀下垂、低著頭。他看起來好像快哭了，然後他說：「艾利克說我是娘娘腔，我沒有朋友了。」

   回應：「可以聽得出你很難過」或「你很傷心艾利克說這種話」〔提醒父母避免將孩子從父母不喜歡的情緒中解救出來〕

6. 在共處時間很少發生的安靜時刻裡，你 11 歲的孩子怯生生地說：「學校有一個學生在嗑藥，假如他要我跟他一起嗑藥，我該怎麼做呢？」

   回應：「聽得出你很擔心」〔此問話暗示著孩子已經知道要說不，但有些害怕。鼓勵父母在指引孩子解決之前，先幫助孩子探索有關決定的情緒。反藥物方面的說教沒有用處，也會阻斷進一步的溝通。〕

親子關係訓練 單元 6
給予選擇練習工作單

指示：記住要給一些你和孩子都可以接受的選擇。假如孩子還沒有做好選擇的準備，你可以很有耐心地重述一次選項，然後問：「你要選哪一個？」

範例

情境：三歲的瓊安討東西喝

選擇：牛奶或果汁

回應：瓊安，妳想要喝牛奶或果汁？

1. 情境：你四歲的孩子需要穿上鞋子好帶他到賣場去，但他決定要光腳去。若要引導他穿鞋子，你可以說什麼？

   選擇：

   回應：

2. 情境：現在是上床的時間，但你三歲的孩子難以決定要抱哪隻填充動物睡覺。

   選擇：

   回應：

3. 情境：開始下大雨了，但你五歲的孩子還想要跟你在戶外玩球。

   選擇：

   回應：

4. 情境：你們的遊戲單元已經結束，該把玩具放下來了，但你四歲的孩子卻不願意離開遊戲區。

   選擇：

   回應：

附錄 C

親子關係訓練單元 6
給予選擇練習答案單

指示：記住要給一些你和孩子都可以接受的選擇。假如孩子還沒有做好選擇的準備，你可以很有耐心地重述一次選項，然後問：「你要選哪一個？」

範例

情境：三歲的瓊安討東西喝

選擇：牛奶或果汁

回應：瓊安，妳想要喝牛奶或果汁？

1. 情境：你四歲的孩子需要穿上鞋子好帶他到賣場去，但他決定要光腳去。若要引導他穿鞋子，你可以說什麼？

   選擇：耐吉或愛迪達球鞋

   回應：〔孩子的名字〕，你要穿耐吉球鞋或新買的愛迪達球鞋？

2. 情境：現在是上床的時間，但你三歲的孩子難以決定要抱哪隻填充動物睡覺。

   選擇：彼得兔或小熊維尼

   回應：〔孩子的名字〕，你要跟彼得兔還是小熊維尼一起睡（給選項的時候就拿起那隻填充動物）？

3. 情境：開始下大雨了，但你五歲的孩子還想要跟你在戶外玩球。

   選擇：在室內玩泡棉球或桌遊

   回應：〔孩子的名字〕，我們可以在你房間玩泡棉球或在廚房玩桌遊。

4. 情境：你們的遊戲單元已經結束，該把玩具放下來了，但你四歲的孩子卻不願意離開遊戲區。

   選擇：幫你把玩具放好或是去吃點心

   回應：〔孩子的名字〕，你可以幫我把玩具放好，然後我們去吃點心，或是我們直接去吃點心。

附錄

親子關係訓練單元 7
建立自尊的回應工作單

範例

情境：阿里把聽診器放在他爸爸的胸口上
回應：你知道怎麼使用那個東西！

情境：勞倫告訴你那條繩子是一條蛇
回應：你決定那是一條蛇。

情境：馬可仕仔細地將積木堆高
回應：你很努力地把那些堆到那麼高。

情境：米拉開始把蠟筆、紙張、剪刀和膠水放在一起
回應：看來你對接下來要做的事已經有了計畫。

1. 情境：你的孩子很努力地要把白板筆的蓋子打開
   回應：

2. 情境：你的孩子成功地把白板筆的蓋子打開
   回應：

3. 情境：你的孩子說：「我知道這是什麼，這是像比薩之類的東西！」（你並不確定
   孩子在說什麼）
   回應：

4. 情境：你的孩子問你希望他用黏土做出什麼東西
   回應：

5. 情境：在畫完圖之後，你的孩子對著你笑
   回應：

親子關係訓練單元 7

建立自尊的回應答案單

範例

情境：阿里把聽診器放在他爸爸的胸口上

回應：你知道怎麼使用那個東西！

情境：勞倫告訴你那條繩子是一條蛇

回應：你決定那是一條蛇。

情境：馬可仕仔細地將積木堆高

回應：你很努力地把那些堆到那麼高。

情境：米拉開始把蠟筆、紙張、剪刀和膠水放在一起

回應：看來你對接下來要做的事已經有了計畫。

1. 情境：你的孩子很努力地要把白板筆的蓋子打開

   回應：你下定決心要把它打開。

2. 情境：你的孩子成功地把白板筆的蓋子打開

   回應：你做到了！

3. 情境：你的孩子說：「我知道這是什麼，這是像比薩之類的東西！」（你並不確定孩子在說什麼）

   回應：你知道那是做什麼用的。或你決定那是做比薩用的。

4. 情境：你的孩子問你希望他用黏土做出什麼東西

   回應：這件事你可以決定。

5. 情境：在畫完圖之後，你的孩子對著你笑

   回應：你完成了你想要的樣子！

親子關係訓練單元 8
鼓勵 vs. 讚美工作單

範例

情境：小平首次成功用鑰匙打開手銬，並笑了

回應：你自己把它搞定了！

情境：瑪麗亞似乎在跟拼圖奮戰

回應：那不容易，但我敢打賭你一定可以想出來。（假如那個拼圖是適合他年齡的）

1. 情境：你的孩子很努力地要將黏土罐的蓋子打開

   回應：

2. 情境：你的孩子想要把積木堆高，即使已經垮下來兩次，他還是繼續嘗試

   回應：

3. 情境：你的孩子告訴你所有不同種類恐龍的名稱，但拼音不完全正確

   回應：

4. 情境：你的孩子花了很多時間用各色顏料畫了一張圖（你看不懂那在畫什麼），然後對著你笑

   回應：

親子關係訓練單元 8

鼓勵 vs. 讚美答案單

範例

情境：小平首次成功用鑰匙打開手銬，並笑了

回應：你自己把它搞定了！

情境：瑪麗亞似乎在跟拼圖奮戰

回應：那不容易，但我敢打賭你一定可以想出來。（假如那個拼圖是適合他年齡的）

1. 情境：你的孩子很努力地要將黏土罐的蓋子打開

    回應：你知道怎麼做了！那不容易，但你會繼續嘗試！

2. 情境：你的孩子想要把積木堆高，即使已經垮下來兩次，他還是繼續嘗試

    回應：你真的很努力在堆，你下定決心要做到你想要的樣子。

3. 情境：你的孩子告訴你所有不同種類恐龍的名稱，但拼音不完全正確

    回應：聽起來你知道很多有關恐龍的事情。

4. 情境：你的孩子花了很多時間用各色顏料畫了一張圖（你看不懂那在畫什麼），然後對著你笑

    回應：你照你自己像要的樣子畫這張圖，（指著畫並以重視的聲音說）你用了紅色、藍色、黃色和綠色……你用了全部的顏色。

親子關係訓練 單元 9

進階設限：給予選擇當作後果工作單

範例

在特別的遊戲時間裡，愛紗用上膛的飛鏢槍瞄準她媽媽。媽媽做了設限，說：

A：愛紗，我知道妳想要用槍射我

C：但是我不是用來射的

T：妳可以選擇射充氣式不倒翁或射牆壁（指向該處）

在限制已經陳述三次之後，愛紗再次用槍瞄準媽媽：

假如你選擇：用槍瞄準我

那麼你就是選擇：使用槍但不上膛

假如你選擇：不用槍瞄準我

那麼你就是選擇：使用槍而且可以上膛

1. 你的孩子把橡膠鯊魚丟向窗戶。你做了設限，說：

   A：

   C：

   T：

   在限制已經陳述三次之後，你的孩子又丟了一次鯊魚：

   假如你選擇：

   那麼你就是選擇：

   假如你選擇：

   那麼你就是選擇：

2. 你的孩子在遊戲單元結束之後堅持要帶走鯊魚。你做了設限，說：

　　A：

　　C：

　　T：

　　在限制已經陳述三次之後，你的孩子還繼續拿著鯊魚：

　　假如你選擇：

　　那麼你就是選擇：

　　假如你選擇：

　　那麼你就是選擇：

3. 你的孩子放學後沒有先寫作業，反而在打電動。你做了設限，說：

　　A：

　　C：

　　T：

　　在限制已經陳述三次之後，你的孩子放學後又在打電動：

　　假如你選擇：

　　那麼你就是選擇：

　　假如你選擇：

　　那麼你就是選擇：

親子關係訓練單元 9

進階設限：給予選擇當作後果答案單

範例

在特別的遊戲時間裡，愛紗用上膛的飛鏢槍瞄準她媽媽。媽媽做了設限，說：

A：愛紗，我知道妳想要用槍射我

C：但是我不是用來射的

T：妳可以選擇射充氣式不倒翁或射牆壁（指向該處）

在限制已經陳述三次之後，愛紗再次用槍瞄準媽媽：

假如你選擇：用槍瞄準我

那麼你就是選擇：使用槍但不上膛

假如你選擇：不用槍瞄準我

那麼你就是選擇：使用槍而且可以上膛

1. 你的孩子把橡膠鯊魚丟向窗戶。你做了設限，說：

    A：〔孩子的名字〕，我知道你想要丟那個

    C：但是鯊魚不是用來丟的

    T：泡棉球才是用來丟的

    在限制已經陳述三次之後，你的孩子又丟了一次鯊魚：

    假如你選擇：丟鯊魚

    那麼你就是選擇：今天不再玩鯊魚

    假如你選擇：不丟鯊魚

    那麼你就是選擇：可以繼續玩鯊魚

2. 你的孩子在遊戲單元結束之後堅持要帶走鯊魚。你做了設限，說：

    A：〔孩子的名字〕，我知道你真的很想要帶走鯊魚

    C：但是玩具要留在我們的特別遊戲時間玩具箱裡面

    T：下次你要玩的時候它還會在這裡

在限制已經陳述三次之後，你的孩子還繼續拿著鯊魚：

假如你選擇：不把鯊魚放在玩具箱裡

那麼你就是選擇：我們下次的特別遊戲時間裡不玩鯊魚

假如你選擇：把它放在玩具箱

那麼你就是選擇：下次可以玩鯊魚

3. 你的孩子放學後沒有先寫作業，反而在打電動。你做了設限，說：

A：〔孩子的名字〕，我知道你想要玩電動，好進到下一關

C：但是在作業寫完之前不能玩電動

T：你作業寫完之後就可以玩.

在限制已經陳述三次之後，你的孩子放學後又在打電動：

假如你選擇：繼續玩電動

那麼你就是選擇：在週間都不能玩電動

假如你選擇：先完成作業

那麼你就是選擇：之後可以玩電動

國家圖書館出版品預行編目（CIP）資料

親子關係治療手冊：父母的十單元親子遊戲治療訓練模式／
Sue C. Bratton 等著；陳信昭等譯.--初版.--新北市：心理，2019.01
　　面；　公分.--（心理治療系列；22166）
　　譯自：Child parent relationship therapy (CPRT) treatment manual: a
10-session filial therapy model for training parents

　　ISBN 978-986-191-851-8（平裝）

　　1.遊戲治療　2.心理治療

　　178.8　　　　　　　　　　　　　　　　　　　　　107022643

心理治療系列 22166

親子關係治療手冊
父母的十單元親子遊戲治療訓練模式

作　　者：Sue C. Bratton、Garry L. Landreth、Theresa Kellam、Sandra R. Blackard
校 閱 者：陳信昭、陳碧玲
譯　　者：陳信昭、曾正奇、蔡翊楦、蔡若玫、陳碧玲
執行編輯：高碧嶸
總 編 輯：林敬堯
發 行 人：洪有義
出 版 者：心理出版社股份有限公司
地　　址：新北市新店區光明街 288 號 7 樓
電　　話：(02) 29150566
傳　　真：(02) 29152928
郵撥帳號：19293172　心理出版社股份有限公司
網　　址：http://www.psy.com.tw
電子信箱：psychoco@ms15.hinet.net
駐美代表：Lisa Wu（lisawu99@optonline.net）
排 版 者：辰皓國際出版製作有限公司
印 刷 者：辰皓國際出版製作有限公司
初版一刷：2019 年 1 月
初版二刷：2020 年 1 月
I S B N：978-986-191-851-8
定　　價：新台幣 380 元